全国高等职业教育规划教材

实用语文

（上册）

主编　张廷辉

参编　冯　斌　张旭光　宋　柯

机械工业出版社

《实用语文》是高职院校五年制职业技术教育各专业的公共必修课教材。本教材的编写依照“科学定位，适应学生，注重实用，强调能力，打造特色，适当延伸”的原则，贯彻素质教育精神，探索新的教学方法，注重基础知识的系统性，注重提高学生的语言素养和人文素养，力求体现高职语文课程的功能目标，实现模块教学（听、说、读、写四大模块）与能力培养的有机结合，突出职业院校培养学生综合能力和职业素养的教育特色。

本教材建立了一个开放的学习体系，强调合作学习、自主学习和探究学习等方式，使学生成为教学的主体，师生互动、学生互动，听、说、读、写等技能训练有机地结合并贯穿始终。本教材强调学习方法和学习态度的培养，强调过程性学习。教学活动的设计充分考虑到学生的心理特征、已有的经验、兴趣和需要，运用尽可能多的学习活动形式激发学生的学习兴趣。

本教材的编者为多年从事一线语文教学的教师，深知应试教育的弊端给学生带来的危害，故在本教材的编写上，彻底打破了传统教材编写模式的束缚，自主创新地编写出了这部实用性、适用性强的教材。

图书在版编目（CIP）数据

实用语文．上册/张廷辉主编．—北京：机械工业出版社，2012.6（2015.7 重印）
全国高等职业教育规划教材
ISBN 978-7-111-38984-2

Ⅰ．①实…　Ⅱ．①张…　Ⅲ．①大学语文课-高等职业教育-教材
Ⅳ．①H19

中国版本图书馆 CIP 数据核字（2012）第 140965 号

机械工业出版社（北京市百万庄大街 22 号　邮政编码 100037）
责任编辑：鹿　征
责任印制：刘　岚
北京四季青印刷厂印刷
2015 年 7 月第 1 版・第 2 次印刷
184mm×260mm・10.75 印张・265 千字
2001—3500 册
标准书号：ISBN 978-7-111-38984-2
定价：29.00 元

凡购本书，如有缺页、倒页、脱页，由本社发行部调换

电话服务	网络服务
社服务中心：(010)88361066	教材网：http://www.cmpedu.com
销售一部：(010)68326294	机工官网：http://www.cmpbook.com
销售二部：(010)88379649	机工官博：http://weibo.com/cmp1952
读者购书热线：(010)88379203	**封面无防伪标均为盗版**

前　言

“实用语文”是高职院校五年制职业技术教育各专业的公共必修课。其课程目标是：从五年制高职学生的思维特点出发，针对职业岗位对人才的素质要求，加强高职语文教学内容的实用性，变知识语文训练为素质语文训练、能力语文训练。实用语文课程要充分发挥其促进学生发展的独特功能，使全体学生获得应该具备的语文素养，并为学生的不同发展倾向提供更大的学习空间；为造就时代所需要的多方面人才，弘扬和培育民族精神，增强民族创造力和凝聚力发挥应有的作用。

现今，应试教育的缺陷导致考入职业院校的学生在语文能力方面普遍眼高手低，真正具备熟练写作、成功表达能力的学生很少；但当今社会对各类人才的语文能力却提出了更高的要求，许多企事业单位对职业院校学生的语文能力仍然寄予很大的期望。针对这一矛盾，提高语文的教学效果，强化学生的语文能力，无论是为提高和完善语文教学本身，还是为满足社会、企业对人才能力素质的要求，都有现实而长远的意义。

（一）课程性质

语文是最重要的交际工具，是人类文化的重要组成部分。工具性与人文性的统一，是语文课程的基本特点。五年制高职语文课程应进一步提高学生的语文素养，使学生具有较强的语文应用能力和一定的语文审美能力、探究能力，形成良好的思想道德素质和科学文化素质，为提高职业素质、终身学习和有个性的发展奠定基础。

（二）课程的基本理念

五年制高职语文课程的建设，应根据新时期高职语文教育的任务和学生的需求，从听、说、读、写四个方面出发，设计课程目标，努力改革课程的内容、结构和实施机制。

1．全面提高学生的语文素养，充分发挥语文课程的育人功能

五年制高职语文课程应帮助学生获得较为全面的语文素养，在继续发展和不断提高的过程中有效地发挥作用，以适应未来学习、生活和工作的需要。

五年制高职语文课程必须充分发挥自身的优势，弘扬和培育民族精神，使学生受到优秀文化的熏陶，塑造热爱祖国和中华文明、献身人类进步事业的精神品格，形成健康美好的情感和奋发向上的人生态度；应增进课程内容与学生成长的联系，引导学生积极参与实践活动，学习认识自然、认识社会、认识自我、规划人生，实现本课程在促进人的全面发展方面的价值追求。

2. 注重语文应用、审美与探究能力的培养，促进学生均衡而有个性地发展

五年制高职语文课程，应注重应用，加强与社会发展、科技进步的联系，加强与其他课程的沟通，以适应现实生活和学生自我发展的需要。要使学生掌握语言交际的规范和基本能力，并通过语文应用，使学生养成认真负责、实事求是的科学态度。

审美教育有助于促进人的知、情、意全面发展。未来社会更崇尚对美的发现、追求和创造。语文具有重要的审美教育功能，五年制高职语文课程同样要培养学生审美情趣和审美创造能力的提高。

现代社会要求人们思想敏锐，富有探索精神和创新能力，对自然、社会和人生具有更深刻的思考和认识。高职学生身心发展渐趋成熟，已具有一定的阅读表达能力和知识文化积累，促进他们探究能力的发展应成为高职语文课程的重要任务。所以，在继续提高学生观察、感受、分析、判断能力的同时，还应重点关注学生思考问题的深度和广度，使学生增强探究意识和兴趣，学习探究的方法，使语文学习的过程成为积极主动探索未知领域的过程。

3. 遵循共同基础与多样选择相统一的原则，构建开放、有序的语文课程

五年制高职语文课程应遵循共同基础与多样选择相统一的原则，精选学习内容，变革学习方式，使全体学生都获得必需的语文素养；同时，必须顾及学生在原有基础、自我发展方向和学习需求等方面的差异，激发学生的兴趣和潜能，增强课程的选择性，为每一个学生创设更好的学习条件和更广阔的成长空间，促进学生特长和个性的发展。

五年制高职语文课程应该具有相对稳定的结构系统，并形成富有弹性的实施机制。学校应在课程标准的指导下，有选择地、创造性地设计和实施课程，帮助教师提高水平、发展特长，开发和利用各方面的课程资源，建立互补互动的资源网络，建设开放、多样、有序的语文课程体系。

（三）课程设计思路

依照“科学定位，适应学生，注重实用，强调能力，打造特色，适当延伸”的原则，贯彻素质教育精神，探索教材教法新的组合方式，注重基础知识的系统性，注重把人文教育贯穿于语文课程始终，提高学生的能力素养和鉴赏能力，力求体现高职语文课程的功能目标，实现模块教学——听、说、读、写四大模块——与能力培养的有机结合，突出高等职业学院培养人才综合能力的教育特色。

建立开放的学习体系。强调合作学习、自主学习和探究式学习方式，让学生成为教学的主体。师生互动、学生互动，听、说、读、写等技能有机地结合在一起进行学习，强调学习方法和态度的培养。

强调过程性学习。在教学活动过程中，充分考虑到学生心理特征、已

有的经验、兴趣和需要，在提出每个模块的学习目标后，通过讨论、回答问题、阅读、对话等活动形式激发学生积极思考，提高学习兴趣。

重视评价的功能。每个模块的最后都针对教学目标设计了能力训练，在此基础上指导学生对自己在本模块的学习行为和成果进行自我评价，以提高学生进行自我评价、自我反思、自我提高的能力，使其最终形成自主学习的意识、实现目标的成就感和自我激励机制，从而树立良好的学习态度。

本书的编写是本院优秀课程建设的重要内容之一、五年制高职课程改革的重要内容之一。在我院各级领导的指导下，我院任课教师在长期的教学实践和教学研究的基础上，总结了许多宝贵的经验，又参考了大量相关的资料，终于自主创新编写出了这部实用性、适用性强的教材。

本书由张廷辉担任主编，各章编写分工如下：冯斌负责编写“模块一”、“模块二”的内容，张廷辉负责编写“模块三”、“模块四”的内容，张旭光、宋柯负责全书的校订、审核。

本书在编写过程中，引用了一些书刊和网络上的相关资料，凡是能够确定出处的资料，编者都予以载明；但由于部分资料经过网络多次转载，致使编者费尽周折也无法确定出处，故请相关未注明出处的资料原创者及时与我们联系，我们会及时修订补正。在此，对相关资料的原创者、转引者及摘编者一并表示衷心的感谢！

北京信息职业技术学院基础部

目录

模块一

听的能力训练

一、普通话正音（听）

（一）普通话常识

普通话是“以北京语音为标准音，以北方话为基础方言，以典范的现代白话文著作为语法规范”的现代汉民族共同语。这是在 1955 年的全国文字改革会议和现代汉语规范问题学术会议上确定的。这个定义实质上从语音、词汇、语法三个方面提出了普通话的标准，那么这些标准如何理解呢?

就语音标准来看，普通话“以北京语音为标准音”，指的是以北京话的语音系统为标准，并不是把北京话一切读法全部照搬，普通话并不等于北京话。普通话语音有鲜明的特点：

（1）音节结构简单，声音响亮。普通话中，一个音节最多只有 4 个音素，其中，发音响亮的元音占优势，是一般音节中不可缺少的成分。一个音节内可以连续出现几个元音（最多三个），如 huài（坏），但普通话音节中没有复辅音，即没有像英语 lightning（闪电）和俄语 Встреца（遇见）那样几个辅音连在一起的现象。

（2）音节界限分明，节律感强。汉语的音节一般都是由声母、韵母、声调三部分组成，声母在前，韵母紧随其后，再带一个贯穿整个音节的声调，便有了鲜明的音节界限。从音素分析的角度观察，辅音和元音互相间隔而有规律地出现，给人周而复始的感觉，因而极便于切分音节。

（3）声调抑扬顿挫，富于音乐性。普通话声调变化高低分明，高、扬、转、降区分明显，听起来就像音乐一样动听。

就词汇标准来看，普通话“以北方话为基础方言”，指的是以广大北京话地区普遍通行的说法为准，同时也要从其他方言吸取所需要的词语。

普通话的语法标准是“以典范的现代白话文著作为语法规范”，这个标准包括 4 个方面意思：“典范”就是排除不典范的现代白话文著作作为语法规范；“白话文”就是排除文言文；“现代白话文”就是排除“五四”以前的早期白话文；“著作”就是指普通话的书面形式，它建立在口语基础上，但又不等于一般的口语，而是经过加工、提炼的语言。

（二）普通话与北京话的区别

在语音上，北京人说话（这里说的是老北京话，按北京人的说法是老北京胡同里的话）舌尖后音（翘舌音）zh、ch、sh、r 卷舌不够，且发音位置偏后。儿化韵、轻声词比较多，说话还普遍存在吃字现象，比如把“天安门”说成“天门”，只是“天”字发音略长；“珠市口”说成“珠 ri 口”，而“ri”不发声母“r”的音；把“半步桥”说成“半 m 桥”等。另外，一些“老北京”还存在尖团音现象（j、q、x 做声母的字词）等。

北京话与普通话的最大区别在于词汇的使用，北京话至今仍存在或使用着大量的方言词汇，比如普通话里的“跑”叫“撒丫子”，“不可告人的事”叫“猫儿腻”，“太阳”叫“老爷儿”，“经济困难”叫“饥荒”，“死了”叫“膈儿屁着凉了”，“肥皂”叫“胰子”，“明天”叫“赶明儿”，“大栅栏”叫“dà shi lànr”，“傍晚”叫“晚半（m）晌儿”，“斥责”叫“呲儿”，“吝啬”叫“抠门儿”等，举不胜举。

在语法上，北京话与普通话的区别不是太大，但也有不合普通话语法的语言，比如“你吃饭了吗”会说成“吃了您哪”，“这话怎么说呢”或“怎么会这样呢”说成“这怎么话儿说呢”，“回家”说成“家去（qi）”等。

北京话还有许多土音，比如：老北京人把连词“和（hé）”说成“hàn”，把“蝴蝶（húdié）”说成“hùtiěr”，把“告诉（gàosù）”说成“gàosong”等。

所以说，北京话不等于普通话，北京话是北京方言。

从 1956 年开始，国家对北京土话的字音进行了多次审订，制定了普通话的标准读音。因此，普通话的语音标准，当前应该以 1985 年公布的《普通话异读词审音表》以及 2005 年版的《现代汉语词典》为规范。

【听的能力练习】

仔细倾听所给的听力材料，分辨出读音错误的字词做个记号，并将正确的汉语拼音标在横线上。听力材料如下：

1. 容易读错的形声字。

砭______针砭
糙______粗糙
撑______撑船　支撑
恫______恫吓
犷______粗犷
吓______恫吓
汲______汲取
粳______粳米　粳稻
恪______恪尽职守
傀______傀儡
霾______阴霾

濒______濒危　濒临
刹______刹那
炽______炽热
咄______咄咄逼人
吭______引吭高歌
讳______忌讳
浃______汗流浃背
痉______痉挛
脍______脍炙人口
莅______莅临
耄______耄耋

哺______哺育　哺乳
嗔______嗔怒　嗔怪
玷______玷污　玷辱
尴______尴尬
涸______干涸
畸______畸形
歼______歼灭　围歼
矩______规矩　矩形
岿______岿然不动
镂______镂空　金石可镂
袂______联袂

澹______愤懑 蓦______蓦然回首 捺______按捺不住
讷______木讷 掂______掂轻怕重 泞______泥泞
葩______奇葩 癖______癖好 嗜酒成癖 媲______媲美
讫______收讫 起讫 葺______修葺一新 倩______倩影
樵______渔樵 樵夫 锲______锲而不舍 惬______惬意
倾______倾盆大雨 倾诉 觑______面面相觑 蜷______蜷缩 蜷伏
赡______赡养 娠______妊娠 莘______莘莘学子
蜃______海市蜃楼 恃______有恃无恐 涮______涮洗
吮______吮吸 悚______毛骨悚然 溯______回溯 溯源
塑______塑料 塑造 獭______水獭 旱獭 挞______鞭挞
悌______孝悌 腆______腼腆 腆着肚子 迢______千里迢迢
湍______湍急 湍流 臀______臀部 斡______斡旋
膝______膝盖 促膝谈心 纤______纤细 纤弱 涎______涎水 垂涎
弦______琴弦 弦外之音 霰______霰雪 霰弹 骁______骁勇善战
屑______不屑一顾 纸屑 酗______酗酒 炫______炫耀
眩______眩晕 渲______渲染 魇______梦魇
赝______赝品 怏______怏怏不乐 诣______造诣 苦心孤诣
裔______后裔 莠______良莠不齐 迂______迂腐 迂回
咤______叱咤风云 砧______砧板 臻______日臻完善
诤______诤友 诤谏 栉______栉风沐雨 峙______对峙

2. 容易读错的多音多义字。

阿____拉伯 阿____谀 刚直不阿____ 挨____近 挨____打 挨____饿
方兴未艾____ 自怨自艾____ 扒____车 扒____皮 扒____窃
扁____平 扁____舟 薄____纸 轻薄____ 薄____荷
复辟____ 开辟____ 停泊__ 漂泊____ 湖泊____ 血泊____
自暴____自弃 一暴____十寒 场____院 一场____秋雨 剧场____
汤匙____ 钥匙____ 臭____气 乳臭____未干
处____理 处____所 益处____ 牲畜____ 家畜____ 畜____牧
创____伤 重创____ 创____造 撮____合 一撮____头发
当____代 当____年（指过去）当____年（指同一年） 当____真
提供____ 供____销 招供____ 衣冠____ 冠____军
和____睦 附和____ 和____面 横____行 飞来横____祸 发横____财
几____乎 茶几____ 几____何 夹____杂 夹____袄
角____落 主角____ 情不自禁____ 禁____止
用劲____ 干劲____ 刚劲____有力 卡____片 关卡____
扛____枪 力能扛____鼎 空____想 空____腹 空____白
累____赘 果实累累____ 积累____ 连篇累____牍 罪行累累____
俩____人 哥儿俩____ 伎俩____ 丈量____ 估量____ 量____体裁衣
笼____子 笼____罩 笼____统 抹____布 涂抹____ 拐弯抹____角

埋____藏　埋____怨　奢靡____　风靡____一时　萎靡____不振

模____范　模____糊　模____样　模____具　宁____愿　宁____死不屈

肥胖____　心宽体胖____　炮____制　枪炮____

劈____木柴　劈____刀　劈____柴　劈____两半

刚强____　强____词夺理　勉强____　倔强____

曲____线　曲____折　丧____事　丧____失　沮丧____

省____悟　不省____人事　俯首帖____耳　请帖____　字帖____

开拓____　拓____片　屡见不鲜____　鲜____为人知

校____对　校____正　兴____盛　兴____奋　兴____致勃勃

旋____转　旋____涡　旋____风　应____允　应____届　应____和　应____用

赠与____　参与____　与____会　晕____头转向　晕____船　眼晕____

记载____　三年五载____　装载____　载____歌载舞

作____坊　作____践　自作____自受　作____揖

3. 口语、书面语中容易读错的不同读音的字。

剥____夺　剥____花生　颤____抖　打颤____

逮____捕　逮____老鼠　供给____　给____予

贝壳____　卡壳____　地壳____　躯壳____　暴露____　露____马脚

翘____首企盼　翘____尾巴　边塞____　堵塞____

掉色____　色____酒　相似____　似____的

削____减　刀削____面　血____案　鲜血____　血____糊糊

锁钥____　钥____匙　选择____　择____菜　择____席

4.《普通话异读词审音表》中容易读错的统读字。

庇____护　蝙____蝠　惩____罚　档____案　悼____念

踱____步　拂____袖而去　刽____子手　徘徊____　教诲____

嫉____妒　脊____梁　汗流浃____背　歼____灭　揩____油

蓓____蕾　恶劣____　掠____夺　谬____误　气馁____

酝酿____　呕____吐　匹____夫　乒乓____球

剖____析　亲戚____　潜____力　侵____犯　教室____

虽____然　隧____道　轻佻____　骰____子　违____背

挟____持　穴____位　驯____服　友谊____　良莠____不齐

娱____乐　暂____时　憎____恨　确凿____　号召____

脂____肪　秩____序　驱逐____　笨拙____　卓____越

5. 成语中容易读错的字。

飞扬跋扈____　刚愎____自用　分道扬镳____　为虎作伥____　风驰电掣____

相形见绌____　蹉跎____岁月　言简意赅____　殚____精竭虑　呱呱____坠地

病入膏肓____　放荡不羁____　风声鹤唳____　同仇敌忾____　振聋发聩____

高屋建瓴____　未雨绸缪____　否____极泰来　心怀叵____测　杞____人忧天

罄____竹难书　茕____茕孑立　色厉内荏____　耳濡目染____　繁文缛____节

众口铄____金 暴殄____天物 沆瀣____一气 邂逅____相遇 揠____苗助长
负隅____顽抗 饮鸩____止渴 炙____手可热 别出机杼____ 越俎____代庖
觥____筹交错 咎____由自取 鳞次栉____比 戮____力同心 奴颜婢____膝
忍俊不禁____ 如法炮____制 韬____光养晦 图穷匕见____ 荼____毒生灵
推心置腹____ 纨绔____子弟 休戚____相关 妄自菲____薄 委曲____求全

【考核标准】

【听的能力练习】听力判断正确率60%以上的合格，80%以上的优秀。

二、方言辨音

（一）方言常识

高职生毕业之后走上工作岗位，很有可能会进入有一部分同事、领导不擅长说普通话的工作环境。虽然国家推广普通话工作已经有很多年了，但效果并不尽如人意，要真正实现“语同音”还任重道远。所以，除了我们自己要说标准的普通话之外，还要具备一定的方言辨别能力，这对工作中与人更加顺畅地交流是很有好处的。

方言是语言的变体，根据性质，方言可分地域方言和社会方言，地域方言是语言因地域方面的差别而形成的变体，是全民语言的不同地域上的分支，是语言发展不平衡性在地域上的反映。社会方言是同一地域的社会成员因为在职业、阶层、年龄、性别、文化教养等方面的社会差异而形成的语言变体。

在我国现代几大汉语方言中，北方方言可以看成是古汉语经过数千年在广大北方地区发展起来的，而其余方言却是北方居民在历史上不断南迁逐步形成的。在早期的广大江南地区，主要是古越族的居住地，他们使用古越语，与古汉语相差很远，不能通话。后来，北方的汉人曾有几次大规模的南下，带来不同时期的北方古汉语，分散到江南各地区，于是逐步形成现在彼此明显不同的六大方言。现各方言之间差异，究其产生原因有三：一是北方汉语与南方古越语在彼此接触之前，其内部就有各自的地区性方言；二是北方汉语南下的时间不同，自然汉语本身就不相同；三是南方各方言分别在一定独特环境中发展。

汉族社会在发展过程中出现过程度不同的分化和统一，因而使汉语逐渐产生了方言。

现代汉语有各种不同的方言，它们分布的区域很广。现代汉语各方言之间的差异表现在语音、词汇、语法各个方面，语音方面尤为突出。一些国内学者认为多数方言和共同语之间在语音上都有一定的对应规律，词汇、语法方面也有许多相同之处，因此它们不是独立的语言。国外学者认为，各方言区的人互相不能通话，因此它们是独立的语言，尤其是闽方言中的各方言。根据方言的特点，联系方言形成和发展的历史，以及目前方言调查的结果，可以对现代汉语的方言进行划分。当前我国语言学界对现代汉语方言划分的意见还未完全统一，大多数人的意见认为现代汉语有七大方言。

七大方言如下：

1. 北方方言

北方方言，即官话方言，是现代汉民族共同语的基础方言，以北京话为代表，内部一致性较强。在汉语各方言中它的分布地域最广，使用人口约占汉族总人口的73%。

北方方言可分为四个次方言：①华北、东北方言；②西北方言；③西南方言；④江淮方言。

2. 吴方言

在江苏南部、浙江绝大部分、上海和安徽南部部分地区使用，使用人数大约为汉族总人口的8.4%。

3. 客家方言

在中国南方的客家人中广泛使用，主要包括广东东部、北部，福建西部，江西南部，广西东南部，台湾桃园、新竹、苗栗三县，四川，浙江等地，以梅县话为代表。客家话是在北方移民南下影响中形成的，因而保留了一些中古中原话的特点。使用客家话的人口大约占汉族总人口的4%。

4. 闽方言

闽语，或称闽方言，在我国的福建、台湾、广东东部及西南部、海南、广西东南部、浙江东南部等地以及东南亚的一些国家使用。由于闽语的内部分歧较大，通常分为闽北方言、闽东方言、莆仙方言、闽中方言和闽南方言。其中影响最大的是闽南语，被学术界认为是最接近上古汉语的方言。使用闽南语的人口大约占汉族总人口的4.5%。

5. 粤方言

以广州话为代表，主要用于广东省、广西壮族自治区、香港和澳门特别行政区，以及海外华人中间。粤方言是保留中古汉语特征较完整的方言之一。使用粤语的人口大约占汉族总人口的5%。

6. 湘方言

在湖南使用。通常被分为老湘语和新湘语两类。新湘语更接近北方话。湘方言以长沙话（新）及娄部片（老）为代表，使用者约占汉族总人口的5%。

7. 赣方言

赣方言，古称傒语。属汉藏语系汉语，主要用于江西大部、湖南东部、安徽西南部等地。使用人口5千多万。

（二）部分方言的发音特点

1. 北方方言区之四川方言的发音特点

大部分地区所使用的四川话没有平舌和翘舌之分，基本上把普通话中的翘舌音念为平舌音，比如：“智商”说成“zǐsāng”，音同“子桑”；“超市”说成“cáosǐ”，音同“曹死”；“支持”说成“zīci”，音同“资瓷”。

在四川话（不包括成都话）以鼻音“n”开头的音节中，如果韵母不是“i”开头（如“i”或者“in”），则“n”都通读为“l”，比如：“南方”，说成“lánfāng”，音同“兰方”。

2. 粤方言的发音特点

粤语声调非常复杂，广州话有9个声调。同时也是保留中古汉语特征较完整的方言之

一，包含 p，t，k，m，n，ng 六种辅音韵尾。

3. 北京部分郊区县发音特点

（1）平谷方言：平谷方言是北京市平谷区的方言，在《中国语言地图集》中被划入官话方言的冀鲁官话，是北京地区所有方言中唯一不属于北京官话的方言。同四周方言及北京话相比，平谷方言在语音、词汇和语法等方面，都有着鲜明的特色。

在语音方面除了一些字词的特殊读音外，平谷方言最显著的特点是一声和二声互换，即阴平和阳平互换。比如："上学"，平谷方言是"上 xūe"；"白天"，平谷方言是"bāi tián"。再如"把枪挂在墙上"一句中的"枪"、"墙"二字在平谷话中却为"qiáng"、"qiāng"。

（2）延庆方言：现在延庆最早的居民，多数是来自山西晋中南地区。因此延庆方言明显带有晋中南的特点。在发音上山西话比北京话多两个辅音，即"ng"和"ni"。

"ng"是舌根鼻音，发音时将舌根抵住颚口盖，使气息从鼻腔中透出，读如苏州音的"额"，在现代汉语中已不用。延庆话对"ng"的保留虽不如雁北地区和怀来、赤城重，不把"我"说成"nge"，但在单用元音"a、o、e、ai、ei、ao、ou、an、en、ang、eng"时，都要加上"ng"做辅音，如"鹅"读"nge"、"安"读"ngan"、"熬"读"ngao"等。再一个就是"ni"。其为舌前鼻音，发音时将舌尖抵住硬口盖和牙根，使气息从鼻腔里透出，读如苏州音的"尼"，在现代汉语中已不用。这个音较多表现在疑问句和陈述句中的"呢"上，还有一个就是对"娘"的昵称，读"nia"。

【听的能力练习一】

1. 仔细倾听不同方言的听力材料（《再别康桥》《猫和老鼠》）内容，请几位同学用普通话朗诵听力材料，其他同学指出他们读音不准确的地方。

2. 仔细倾听北京部分郊区方言的听力材料（《辛头的故事》《吉祥三宝》）内容，请同学们用普通话"翻译"出来。

【听的能力练习二】

由本班远郊区县的同学用家乡方言朗读文段、诗歌或二人对话，由城近郊的同学用普通话"翻译"过来，再由用方言表演的同学用普通话纠正"翻译"错误的地方。

【考核标准】

【听的能力练习一】 具备一定的方言辨音能力，能用比较标准的普通话表达方言听力材料中内容的，合格。具备较高的方言辨音能力，能用标准的普通话表达方言听力材料中内容的，优秀。

【听的能力练习二】 方言表演到位、普通话"翻译"基本准确的，合格；方言表演生动有趣、普通话"翻译"标准的，优秀。

【补充练习】

1. 识字量达标练习——字音部分。

（1）下列加点字注音有误的一组是（ ）。

A. 沉吟 yín 攀登 pān 兴奋 xīng B. 束缚 fù 阶梯 jiē 嘱托 zhǔ

C. 按捺 nài 火焰 yán 臆想 yì D. 骰子 tóu 脱蕾 lěi 分析 xī

(2) 下列加点字注音有误的一组是（　　）。

A. 凝聚 jù　维系 xì　衡量 héng　B. 萌发 méng　频繁 pín　梗阻 gěng
C. 奠定 diàn　积累 jī　障碍 ài　D. 诵读 sòng　应试 yìng　不朽 qiǔ

(3) 下列加点字注音有误的一组是（　　）。

A. 睥睨 bì nǐ　吸吮 yǔn　凌驾 líng　参悟 cān
B. 徘徊 pái　翘盼 qiáo　奇迹 jì　溢满 yì
C. 旮旮旯旯 lá　倒影 dào　纳凉 nà　单薄 bó
D. 残留 cán　可怜兮兮 xī　漂浮 fú　扩散 sàn

(4) 下列加点字注音有误的一组是（　　）。

A. 皱缬 xié　尘滓 zǐ　高峻 jùn　丛叠 cóng
B. 鞠躬 jū　蕴蓄 yùn　几绺 liǔ　石穹门 gōng
C. 镶嵌 xiāng　裙幅 fú　比拟 nǐ　明眸善睐 móu
D. 盘踞 jù　倏 shǔ　掬 jū　挹 yì

(5) 下列加点字注音有误的一组是（　　）。

A. 模糊 hu　采花酿蜜 niàng　朱熹 xī　阻塞 sè
B. 篡言 cuǎn　开山铸铜 zhù　庶几 jī　发掘 jué
C. 四稽 jī　颠倒 diān　恰当 dàng　混乱 hùn
D. 荆轲 kē　粗制滥造 làn　崩溃 bēng　提要钩玄 xuán

(6) 下列加点字注音有误的一组是（　　）。

A. 灼热 zhuó　明眸善睐 lài　负笈 jí　网络 luò
B. 猪圈 juàn　脍炙人口 kuài　四稽 jī　绉缬 xié
C. 扎实 zhā　旮旮旯旯 gā　亚洲 yà　襟袖 jīn
D. 几乎 jī　赐名 cì　旖旎 ní　纤细 qiān

(7) 下列加点字注音有误的一组是（　　）。

A. 睚眦 yá zì　倔强 jué jiàng　伎俩 jì　犀利 xī
B. 梦魇 yǎn　免冠 guān　澄清 chéng　行当 xíng
C. 呜呜不已 wū　自惭浅薄 cán　尽心竭力 jié　惴惴不安 zhuì
D. 众口铄金 shuò　积毁销骨 xiāo　淆乱乾坤 xiáo　抛头露面 lù

(8) 下列加点字注音有误的一组是（　　）。

A. 铁砧 zhēn　铜器作 zuō　白芨浆 jī　缺憾 hàn
B. 颈 jìng　铁椎 chuí　着力 zháo　拌和 huò
C. 釉 yòu　铁臼 jiù　铁屑 xiè　舀 yǎo
D. 腹 fù　蘸 zhàn　驱遣 qiǎn　禁得起 jīn

(9) 下列加点字注音有误的一组是（　　）。

A. 单薄 báo　悚然 sǒng　迸流 bìng　累赘 zhuì
B. 拖沓 tà　描摹 mó　惩 chéng 罚　绽 zhàn 出
C. 缜密 zhěn　记载 zǎi　比较 jiào　束缚 shù
D. 剖析 pōu　曲解 qū　恃才傲物 shì　恪守 kē

(10) 下列加点字注音有误的一组是（　　）。

A. 祭祖 jì　　蒜瓣 bàn　　薏仁米 yì　　蜜饯 jiàn

B. 焚化 fén　　风筝 zheng　　榛子 zhén　　爆竹 bào

C. 庇佑 bì　　吆喝 yāo　　翡翠 fěi　　间断 jiàn

D. 火炽 chì　　祈祷 qí　　庸俗 yōng　　酬劳 chóu

(11) 下列加点字注音有误的一组是（　　）。

A. 脍炙人口 kuài　　气氛 fēn　　俚曲 lǐ　　呕心 ǒu

B. 景仰 jǐng　　绰然堂 chuò　　拈须 niān　　奕世 yì

C. 镶嵌 qiàn　　聊斋 liáo　　幕客 mù　　屡试不第 lǚ

D. 坎坷 kē　　窘迫 jiǒng　　私塾 shú　　瞻仰 shàn

(12) 下列加点字注音全对的一组是（　　）。

A. 称赞 chēng　　塞外 sài　　夹袄 jiá　　吞咽 yàn

B. 差遣 chāi　　糊涂 hú　　洞穴 xué　　树丛 cōng

C. 薄荷 bò　　召唤 zhāo　　瓶塞 sāi　　差别 chā

D. 咽喉 yān　　允许 rún　　糊弄 hù　　对称 chèn

(13) 下列加点字注音全对的一组是（　　）。

着粉　分寸　不瘟不火　不偏不倚

A. zhuó　fèn　wēn　yī　　B. zhuó　fēn　wēn　yǐ

C. zhù　fēn　yūn　yí　　D. zháo　fèn　wén　yǐ

(14) 下列加点字注音全部正确的一组是（　　）。

A. 拘泥 nì　　罢黜 chù　　是非曲直 qū

B. 脊梁 jí　　剖析 pāo　　无声无臭 xiù

C. 颤栗 zhàn　　拙劣 zhuó　　涂脂抹粉 zhī

D. 疾 jí 病　　羁绊 pàn　　排忧解难 nán

(15) 下列词语注音全正确的一组是（　　）。

A. 刀俎 zǔ　　采掇 duō　　陨 yǔn 落　　河水汤汤 tāng

B. 提防 dī　　酒馔 zhuàn　　迤逦 yǐ lǐ　　长歌当哭 dāng

C. 丛冢 zhǒng　　罪愆 qiān　　雪茄 jiā　　汗涔涔 jīn

D. 搭讪 shàn　　渑池 miǎn　　火炽 zhì　　壬戌之秋 rénxū

(16) 下列加点字注音没有错误的一组是（　　）。

A. 引言 yǐn　　预约 yuē　　惩罚 chěng　　挪动 nuó

B. 旋转 xuán　　卧倒 wò　　创作 chuàng　　遵守 zūn

C. 优劣 lüè　　自传 zhuàn　　策略 lüè　　梦想 xiǎng

D. 什么 me　　慰藉 jiè　　驳船 bó　　拂晓 fú

(17) 下列词语注音没有错误的一项是（　　）。

A. 婀娜 ē nuó　　睚眦 yá zì　　窘态 jiǒng tài　　虫豸 chóng zhì

B. 眼睑 yǎn liǎn　　点缀 diǎn zhuì　　诅咒 zǔ zhòu　　诡秘 guǐ mì

C. 形骸 xíng hái　　自诩 zì yǔ　　悚然 sǒng rán　　寒碜 hán chen

D. 芜杂 wú zá　　梦魇 mèng yǎn　　臆造 yì zào　　俨然 yán rán

(18) 下列各组加点字读音有误的一组是（ ）。

A. 叱咤 zhà　洞穴 xué　着陆 zhuó　哄堂大笑 hòng

B. 眩晕 xuàn　慰藉 jiè　角逐 jué　命运多舛 chuǎn

C. 谛听 dì　透辟 pì　窥视 kuī　屡见不鲜 xiān

D. 褒贬 bāo　窈窕 yǎo　横祸 hèng　并行不悖 bèi

(19) 下列加点词语注音全部正确的一组是（ ）。

A. 冠冕 guān　唱和 hè　买椟还珠 dú　茅塞顿开 sè

B. 玷辱 diàn　埋怨 mái　吹毛求疵 cī　处心积虑 chù

C. 缄默 jiān　走舸 gě　分外妖娆 fēn　差强人意 chà

D. 饿殍 fú　濒临 bīn　情不自禁 jìn　载歌载舞 zài

(20) 下列加点字注音有误的一组是（ ）。

A. 造诣 yì　枢纽 shū　酗酒 xù　桎梏 kù

B. 绮丽 qǐ　龋齿 qǔ　抨击 pēng　矜持 jīn

C. 酝酿 niàng　咄咄 duō　辍学 chuò　谬论 miù

D. 泥泞 nìng　分娩 miǎn　谄媚 chǎn　干涸 hé

2. 全拼打字竞赛。

要求：①1 分钟自选内容 +1 分钟抽题内容；②必须每个字都用全拼，不得使用简拼、句拼；③必须在 2 分钟之内准确打完所有的内容，包括标点符号。

自选内容如下：

① 白日依山尽，黄河入海流；欲穷千里目，更上一层楼。床前明月光，疑是地上霜；举头望明月，低头思故乡。秦时明月汉时关，万里长征人未还；但使龙城飞将在，不教胡马度阴山。

② 春眠不觉晓，处处闻啼鸟；夜来风雨声，花落知多少。向晚意不适，驱车登古原；夕阳无限好，只是近黄昏。朝辞白帝彩云间，千里江陵一日还；两岸猿声啼不住，轻舟已过万重山。

③ 松下问童子，言师采药去；只在此山中，云深不知处。空山不见人，但闻人语响；返景入深林，复照青苔上。故人西辞黄鹤楼，烟花三月下扬州；孤帆远影碧空尽，唯见长江天际流。

【考核标准】

识字量达标练习解题正确率 60% 以上的合格，80% 以上的优秀。全拼打字竞赛按要求完成的，前 5 名优秀，后 5 名合格。

三、筛选信息

（一）提高筛选信息能力的重要性

人类社会已经进入信息时代。首先，大众传媒飞速发展；其次，信息种类五花八门。人们每天在学习、工作、生活的各个领域都要面对大量信息。信息往来无时不有，无处不在。信息深入社会生活的各个角落，并对社会生活产生着广泛而深刻的影响。一条有价值的信

息，就是一个潜在的机会。信息的价值正在不断地被人发现、开发并加以利用。

面对扑面而来的各种信息，我们必须及时对其加以鉴别，从中筛选出有价值的信息，依据信息内容及时作出反应，从而把握发展的机遇。因此，准确而迅速地筛选信息的能力，也就成了信息时代对人才的必然要求。

在日常生活中，听，是不可缺少的交际方式。“人有两个耳朵，一个嘴巴，就是要多听少说。”“三年读书，不如听讲。”“尊重别人的最佳方法，就是专心地听别人的讲话。”如果我们不能听清楚、听明白别人所讲的话的内容，就不能有效地与别人进行交流，更不能建立相互间的信任和友谊，必将对学习、生活和工作产生极大的负面影响。

随着人们生活节奏的加快和市场经济中人与人之间交往的密切，以及现代通信手段的发达，人们将越来越多地使用听、说而减少读、写的活动。从信息论的观点看，听和读都是对语言信息的接收。听侧重于对流动语言信息的接收，读侧重于对固定语言信息的接收。此二者对人身体器官的要求是有区别的。要想听明白对方用语音符号传递过来的流动的语言信息，人必须动员身体中一切相关器官并利用它们的机能，接收、分析、筛选语音中包含的各种信息，根据其轻重缓急断连的状况，确定信息真正的要点与内涵，并反映到大脑神经系统，才完成“听”的任务。

一个正常人，“听”力与生俱来，懂得接收、处理日常生活中的各种语音信息，是不是就可以“听”懂任何语音信息并理解其深层含义呢？答案是否定的。其实，我们平时能“听”懂别人说的话，是因为对相关语音组合已经经过无数遍的反复练习了。我们人类有多种多样的语言、语音，使用不同语言、语音的人需经学习才能进行交流就是一个明证。何况，我们有时候要听的是内容繁杂且不断大量涌来的语音信息呢！例如，讨论、辩论、谈判、演讲等。

听力是直接获取信息的重要能力，是语文素质的最基本能力之一。同学们有了良好的听力，不但能够更好地促进说、读、写能力的全面发展，而且能够更直接地增强参与实践、大胆创新的意识，能够培养我们的创新精神和实践能力。

听力训练中的“筛选信息”训练，就是根据一定的获取信息的目的，从语音材料中准确而迅速地筛选出所需要的信息。所谓筛选，指的是从纷繁的语音材料中找出所需的重要信息，提取主要信息，筛掉次要信息。其实也就是对词语、句子、段落、篇章的高度概括性理解。

本节的内容就是从“听”的角度来训练筛选信息的能力，包括从“通知”中筛选信息，从“消息”中筛选信息，从“日常生活对话”中筛选信息。

（二）如何提高筛选信息“听”的能力

1．如何从“通知”中筛选信息

通知是一种上级对下级，组织对所属成员传达信息或布置工作常用的应用文。同级单位之间有什么事情需要互相告诉，有什么活动需要请有关方面参加，也可以发通知。一般情况下，通知的发布者都会以书面的形式发布，但也常常会用口头的方式、广播的方式、要求某人转达的方式来发布。那么，用“听”来筛选信息的能力就很重要了。

如何从通知中筛选信息呢？很简单，了解了通知的一般写作要求，即可了解如何从通知中筛选信息了。

虽然通知的种类很多，写法不同，但我们日常学习、工作、生活中常见到的通知，一般都会包括如下要素：① 时间；② 地点；③ 事由；④ 相关人员；⑤ 通知对象；⑥ 通知发布者。那么，不论通知内容简单还是繁杂，我们都可以从中筛选出所需的主要信息。

2．如何从"消息"中筛选信息

这里的所谓消息即指狭义的新闻，它是对新近发生的有社会意义并引起公众兴趣的事实的简短报道。常见的消息发布媒体主要有电视、广播、网站、报刊等。接收消息的方式不仅有视觉的，也有听觉的，如广播发布的，口头传达的等。

从消息中筛选信息同样可以从消息的写作特点中找到方法。消息写作的构成要素通常为"5W"，即：When（何时）、Where（何地）、Who（何人）、What（何事）、Why（何故）。有的新闻学上补充了一个要素 How（如何）。在"5W"中，最主要的是 What（何事）、Who（何人）。所以，从消息中筛选信息的关键，就是把握住这"5W"。那么，不论消息的内容如何，我们都可以从中筛选出所需的主要信息。

3．如何从"老师讲话"中筛选信息

在学习生活中，同学们会经常听到老师、班主任或辅导员给大家说一些重要的事情，通常说一遍就完了。然而，有不少同学听了老师的讲话却不能够准确地筛选出重要的信息并记在心里，于是时常出现丢三落四、执行不力、办事拖沓甚至重大失误的结果。这种能力上的不足如果不能得到改善，日后走上工作岗位，势必会严重影响发展前程。那么，如何准确地从老师的讲话中筛选信息呢？其实很简单，一般情况下，只要老师讲的是针对全班的事务的话，你都可以参照前两个内容（"通知"、"消息"）筛选信息的方法去做。

4．如何从记叙文中筛选信息

所谓记叙文，是以叙述为主要表达方式，以写人、叙事、写景、状物为主要内容，通过描述人物、时间及状物、写景来表达一定中心的文体。筛选记叙文的主要信息，可从以下几方面入手：

（1）提取六要素。记叙文的主要信息就是记叙文的六要素：时间，地点，人物，事情的起因、经过、结果。可以表达为：主要人物在什么时间什么情形下做（或说）什么事（或话），最终结果怎样。当然，有些时候要视具体情况来确定，有时有的要素可以有所取舍。

（2）提炼关键词语或中心词句。即在听的过程中，必须注意对理解文章内容有帮助的关键词；同时更要注意文章中的一些特殊句子，如开头句、结尾句、过渡句等，它们往往与文章中心内容要点密切相关。

（3）段意合并。即在听的过程中，注意那些内容集中的自然段，把整个文章分成几个部分。分段可按时间顺序、事情发展的顺序、总分顺序等划分。分段以后，用一两句话说出大致意思。然后将各段的段意合并起来就是文章的主要内容。

（4）去粗取精。即在概括的时候，找准与原因或条件相关联的词句，去除不必要的修饰语、限制语，保留极为重要的、必不可少的、关键的、能够揭示事物因果关系或条件关系的词句。

在选用上述方法筛选信息时，必须遵循两个原则：一是"准确"，不能以偏概全；不能以罗列代替概括；二是"简洁"，语言一定要精练，切忌啰唆。

5．如何从说明文中筛选信息

说明文是以说明为主要表达方式来解说事物、阐明事理而给人知识的文章体裁。它通过揭示概念来说明事物特征、本质及其规律性。

筛选说明文的主要信息，可以参照筛选记叙文主要信息的（2）、（3）、（4）点。同时，

要注意以下几点：

(1) 要区分说明文的类型。由于说明对象的不同，说明文主要包括事物性说明文和事理性说明文。事物性说明文常从事物的形状、性质、方位、构造、类别、功能等方面进行说明；事理性说明文则常从概念、原理、成因、规律、联系等方面进行说明。

(2) 要准确把握说明的对象。事物性的说明文要通过听来了解文章到底在说明什么。在了解说明对象的前提下，才谈得上对其特征的把握。事理性的说明文，则可通过听来搞清它究竟是在阐释一个怎样的事理。

(3) 注意抓住文章中的关键句、中心句。作者为了要在文中清楚、准确地说明事物的特征，往往会将有关事物特征性的句子放在显著的位置。一般来说，放在篇首或节前。但由于每篇文章的格局不同及作者对文章的考虑不同，有时上一节的某个特征也会出现在下一节的开头或放在篇末。但不管怎么说，中心句一般都是明确而简洁的。所以说把握中心句、寻找关键句是我们迅速把握被说明事物特征，迅速筛选主要信息的有效方法。

6. 如何从议论文中筛选信息

议论文是一种剖析事物、论述道理、发表意见、提出主张的文体。主要特点是以摆事实、讲道理为主要表现方式，运用概念、判断、推理、证明等逻辑罗思维手段来论证自己的主张和见解。

议论文的信息筛选，主要是找出中心论点、分论点及关键论据。

议论文中心论点的常见表现形式有：

(1) 指示型中心论点，即中心论点直接出现于文章中。例如：

① 从开篇看。在议论文的写作中，开头就提出中心论点的居多。常见的表达形式有解题型（对文章的题目进行解释）、设问型（文章以设问开头，紧接着的回答就是中心论点）、引言型（用引言作为开头，导出中心论点）、叙述型（在开头简述一件事，然后引出中心论点）。

② 从文章的标题看。有的议论文的题目就是中心论点。

③ 从文章的收篇看。有的作者经过层层深入的论述，在文章的结尾才指明中心论点。

(2) 包孕型中心论点，即在文章中找不到作为中心论点的现成句子，只能通过仔细分析，领悟其中的内容，自己归纳出来。

（三）筛选信息能力训练示例

1. 通知。

国庆放假通知

全市各级各类学校：

接上级通知，国庆放假安排如下：10 月 1 日至 8 日放假，共 8 天。9 月 26 日（星期六）正常放假，9 月 27 日（星期日）、10 月 10 日（星期六）上班。

放假期间，各校要认真做好值班、安全保卫等工作，遇有重大突发事件，要按规定及时报告并妥善处理，确保节日期间学校安全稳定。

福清市教育局

2009 年 9 月 21 日

从这则通知中，我们可以筛选出如下主要信息：

（1）时间：10月1日至8日放假，9月27日、10月10日上班；

（2）地点：无；

（3）事由：放假安排及假期确保安全的要求；

（4）相关人员：全市所有学校的教职工；

（5）通知对象：全市所有学校的领导；

（6）通知发布者：福清市教育局。

关于缴纳社保的通知

新进公司的全体员工：

经公司领导班子研究决定，新进公司的员工，一年转正定级后，公司给统一办理缴纳社保。现在由员工自己缴纳社保，缴费收据上交到公司人事部门。为保证员工的合法权益，公司将以现金的形式给予补偿，每月每人补人民币180元，体现在个人的工资里。此规定从2010年6月1日起执行。

特此通知。

公司人事部

2010年6月1日

从这则通知中，我们可以筛选出如下主要信息：

（1）时间：2010年6月1日；

（2）地点：无；

（3）事由：新员工先自己缴纳社保，公司每月给180元补偿，一年转正定级后再由公司缴纳；

（4）相关人员：新员工；

（5）通知对象：新员工；

（6）通知发布者：公司人事部。

2．消息。

青海西宁市一大型商场发生火灾　伤亡情况不明

新华网西宁4月9日（记者侯德强、王博）4月9日下午3时左右，青海省西宁市一大型商场纺织品大楼发生火灾。

记者在位于西宁市城西区的纺织品大楼火灾现场看到，滚滚浓烟弥漫在大楼周围，消防队员正在紧急灭火，部分人员被困在大楼的顶部，他们挥舞着帽子等物品向外求救。

在火灾现场，全副武装的消防队员组成多个小分队进楼救人，然而由于火势较大，救援受到严重阻碍。到记者发稿为止，有两名受困人员已被消防队员成功救出，并被紧急送至医院治疗。

目前火灾原因尚不明，人员伤亡情况尚不清楚。

——http://wews.xinhuanet.com

从这则消息中，我们可以根据“5W”的构成要素筛选出如下主要信息：

（1）When：4月9日下午3时左右；

（2）Where：青海省西宁市一大型商场纺织品大楼；

（3）Who：受困人员，消防队员；

(4) What：发生火灾；

(5) Why：火灾原因不明；

(6) How：两名受困人员被救，其他人员伤亡情况不明。

黑龙江一男子潜入千余QQ群诈骗20余万元

新华网哈尔滨4月9日电（记者梁书斌）黑龙江一男子以虚假身份加入千余个QQ群，通过群友聊天获取信息实施诈骗，在一年多的时间里先后作案10余起，诈骗20余万元。大庆市警方日前将犯罪嫌疑人赵某抓获。

今年3月28日，大庆市公安局网安支队接到市民任某报案称，3月27日，有人在QQ群中冒用其好友网名，以购买按摩椅为名，请求他帮助垫付6万元钱，任某付钱后发现被骗。接报后，警方立即开展工作。

经调查，警方查明了犯罪嫌疑人的真实身份和犯罪实施地。3月30日，民警赶赴沈阳市。4月1日，在当地警方的配合下，将犯罪嫌疑人赵某抓获，警方当场收缴实施诈骗用的银行卡3张、电话卡2张。

赵某供认，2009年以来，他利用虚假信息注册QQ号码，先后加入全国住宅小区群1000余个，通过观察群成员的聊天内容确定群成员之间的关系，利用受害人麻痹大意的心理，冒充受害人的亲友骗取钱财，先后作案13起。其中，涉及深圳市5起、北京市4起、杭州市3起、大庆市1起，涉案金额20余万元。

——http://news.xinhuanet.com

从这则消息中，我们可以根据“5W”的构成要素筛选出如下主要信息：

(1) When：4月1日；

(2) Where：沈阳市；

(3) Who：大庆市警方、犯罪嫌疑人赵某；

(4) What：大庆市警方抓获犯罪嫌疑人赵某；

(5) Why：赵某以虚假身份加入千余个QQ群，诈骗20余万元。

3. 老师的讲话。

某学校班主任老师走进教室对同学们说了下面的一番话：

都坐好，别说话了！张大鹏，把手机收起来，再玩就没收了啊！安静！我说几个事儿：

一个是凡是上学期考试不及格补考还不及格的同学，可以参加重修。但是，如果重修补考再不及格，你还想要求重修的，就必须交重修费了，一门课90元。需要参加重修的同学到学习委员那里报名。明天上午学习委员王雪把名单交给我。

再一个是运动会的事，咱们学校的秋季田径运动会下个月举行，咱们班一定要赛出个好成绩来。都给我积极报名参加啊！每个项目限报3人，比赛项目表在体育委员李旭那儿。李旭，明天下午把报名名单交给体育组高老师。

第三件事是下周一每人交50元保险费，周末回家跟家长说一声。生活委员刘刚收齐登记名单之后交给我。

还有，放学以后大扫除，谁要是敢溜号儿就记一次旷课。

如果你是本班的学生，你该如何从班主任老师的讲话里筛选出重要的信息呢？首先，从老师的讲话中，可以听出内容较多，信息较繁杂，但并不是每个信息都是针对每个同学的，显然，各取所需即可。再有，老师的讲话的主要内容与一般的通知类似，当然可以用从通知

中筛选信息的方法来获取所需的重要信息。例如：

（1）如果我不是张大鹏、王雪、李旭、刘刚，我上学期没有不及格的科目，且不打算报名参加运动会，那么，班主任的讲话中我需要筛选的重要信息就是：

时间：下周一 / 放学后；
地点：本班教室 / 同；
事由：交50元 / 大扫除；
相关人员：生活委员刘刚。

（2）如果我打算参加运动会的铅球比赛，那么：

时间：下周一 / 明天下午前 /放学后；
地点：本班教室 / 同 /同；
事由：交50元 / 报名参加运动会 /大扫除；
相关人员：生活委员刘刚 /体育委员李旭。

（3）如果我是王雪，那么……

依此类推。

4．记叙文。

割肉自啖

战国时代，在齐国的一个无名小镇上，住着两个自命不凡，爱说大话，自诩为最勇敢、最顽强、最不怕死的人。

有一天，这两个人碰巧同时来到一家酒楼喝酒。相互寒暄了一番后，便选中靠窗的一张干净的餐桌相对而坐。不一会儿，酒保送上来一坛陈年老酒，店小二替他们剥去坛口的封泥，打开了酒坛盖子，一股香气扑鼻而来。

这两个“最勇敢”的人喝了一会酒，聊了一会天，渐渐觉得有酒无肉实在是有点乏味。其中“最勇敢”者甲提议说：“老兄，稍等一会再喝。这样光喝酒不吃肉也不是味，我到菜市场去买几斤肉来，叫这酒店厨师加工后端上桌子供我们下酒。咱俩难得在一起，今天喝个痛快。”“最勇敢”者乙答道：“老兄，不必到菜市场去买肉了。你我身上不都长着肉吗？听人说腿肚子上的肉是精肉，我们就从自己身上割下肉来下酒，又新鲜、又干净，岂不更好？只叫店小二端盆酱来蘸着吃就行了。”“最勇敢”者甲为了表现自己的“勇敢”，只好同意了对方的提议。不一会儿，店小二将一盆酱端来了，放在桌子上。于是，二人喝了一碗酒后，就各自抽出腰刀，在自己的大腿上割下一大块肉来，血淋淋的在酱盆里蘸一下，再送到嘴里吃下去。

在场的人看了又惊讶又害怕，但谁也不敢上前干预。这两个“最勇敢”者在酒楼里一边喝酒，一边吃着从自己身上割下的肉，谁也不肯在对方面前认输。就这样，酒一大碗一大碗地喝下去，他们身上的肉也一大块一大块地被割下来；鲜血不断地从他们身上流出，流到地上……没多久，这两个自诩为最勇敢的人都由于失血过多而死去。

——http://www.tonghua5.com

从这篇记叙文中，可以筛选出以下主要信息：

时间：战国时代；
地点：齐国的一个无名小镇；
人物：两个自命不凡，不怕死的人；
事件：两个人用“割肉自啖”的方式比勇敢，结果双双死去。

5．说明文。

荆州民歌

民歌是人类历史上最古老的艺术样式之一，它以口头传唱的形式流行于民间，是反映民俗风情的一面镜子。

荆州民歌有悠久的历史。据载，约在“唐虞之世”就产生“楚歌”的雏形了。到了周代初年，民歌更是在楚地盛行。屈原在搜集、加工、改造南方民歌的基础上创造的《楚辞》，对荆楚民歌的发展起到了巨大的推动作用。《说苑》中的《越人歌》是楚民歌向“楚辞体”发展的标志。

荆州民歌的曲种繁多。有田歌、号子、山歌、情歌、灯歌、风俗歌等数十种，荆州民歌曲调也十分丰富，仅江陵民歌就有五大调即喇叭调、伙计调、嘚嘚调、叮当调、呵吹调，乐曲声调高亢，节奏明快，旋律优美，地方特色浓郁。有些曲牌后来发展为荆州花鼓戏的主要唱腔，脍炙人口，流传全国。

荆州民歌的内容十分广泛。有反映农业生产的，有反映爱情生活的，还有把生产劳动与男女爱情结合起来的，也有劳动之余打趣逗乐的。

——摘自2008荆州市中考卷

从这篇说明文中，可以筛选出以下主要信息：

说明文类别：事物性说明文；

说明对象：荆州民歌；

说明对象的特征：历史悠久，曲种繁多，曲调婉转，内容广泛，形式多样。

6．议论文。

时间就是生命

“时间就是生命”，这是人们听得耳膜起了老茧的话了。在家中，有父母的叮咛；到学校，有老师的教诲。可是，有多少人真正引起重视，去自觉珍惜，像对待生命一样对待时间呢？

君不见：校园里，某君患感冒，心急如焚，不顾课业冲向医务室。大包小包的“良”药被他吞下。为什么？他很珍惜生命。可是“龙”体康复之后，却在课堂上以古龙、金庸把数理化取而代之。他珍惜生命吗？

只有珍惜时间，才能踏上成功之路。古今中外，每一个有成就的人都是珍惜时间的楷模。法国作家雨果成名之后，一张张请柬雪片般飞来。对此，他没有陶醉，他明白这要耗去生命的一部分。于是他毅然拿起剪刀剪下自己的一半头发和胡子，使自己无法出门。待到头发、胡子长全了，世界名著《悲惨世界》也问世了。爱国将领冯玉祥为了学习英语闭门谢客，在大门上挂出了写着“冯玉祥死了”的牌子。待到学有所成，又把“冯玉祥复活”挂了出去。

哥白尼写《天体运行》用了三十年，达尔文著《物种起源》花去二十二年，歌德写《浮士德》耗去六十年……他们的时间从何而来？正像鲁迅先生所说，他们是把别人用来喝咖啡的时间都用在了工作上。

不珍惜时间，会空度人生。“黑发不知勤学早，白首方悔读书迟”的事实屡见不鲜。晋平公问于师旷曰：“吾年七十，欲学，恐已暮矣。”师旷曰：“何不秉烛乎？”晋平公虽然“亡羊补牢，为时未晚”，但为什么“年七十”才“欲学”呢？这也许与他年轻时不珍惜时间有关。

假如人生以七十为限，那么三分之一的时间要睡去，再除去幼年一段时间，学习工作的

时间只有三十五年左右，也就是一万多天。虚度一日就等于耗费生命的万分之一。

怎样对待时间呢？聪明者，利用时间；愚昧者，等待时间；有志者，赢得时间；无志者，放弃时间。愿我们是“聪明者”、“有志者”！

——http://zhidao.baidu.com

从这篇议论文中，可以筛选出以下主要信息：

中心论点：时间就是生命。

分论点：

（1）只有珍惜时间，才能踏上成功之路。论据：雨果、冯玉祥、哥白尼的故事。

（2）不珍惜时间，会空度人生。论据：晋平公与师旷的故事。

结论：聪明者，利用时间；愚昧者，等待时间；有志者，赢得时间；无志者，放弃时间。

【听的能力练习一】

通知的听力训练。请同学们准备好纸笔，根据听力材料的内容筛选出重要的信息。

听力材料一（东区第一届“校园跳蚤市场”开市通知）：

（1）时间：______

（2）地点：______

（3）事由：______

（4）相关人员：______

（5）通知对象：______

（6）通知发布者：______

（7）其他重要信息：______

听力材料二（关于召开公司安全生产工作会议的通知）：

（1）时间：______

（2）地点：______

（3）事由：______

（4）相关人员：______

（5）通知对象：______

（6）通知发布者：______

（7）其他重要信息：______

听力材料三（陕西光电科技有限公司招聘公告）：

（1）时间：______

（2）地点：______

（3）事由：______

（4）相关人员：______

（5）通知对象：______

（6）通知发布者：________________

（7）其他重要信息：________________

【听的能力练习二】

消息的听力训练。请同学们准备好纸笔，根据听力材料的内容筛选出重要的信息。

听力材料一（云南罗平煤与瓦斯突出事故遇难者善后赔偿每人68万）：

（1）When：________________

（2）Where：________________

（3）Who：________________

（4）What：________________

（5）Why：________________

（6）How：________________

听力材料二（汽车工程系与中国汽车流通协会合作开展二手车营销师培训）：

（1）When：________________

（2）Where：________________

（3）Who：________________

（4）What：________________

（5）Why：________________

（6）How：________________

【听的能力练习三】

老师讲话的听力训练。请同学们准备好纸笔，根据听力材料的内容筛选出重要的信息。

听力材料（班主任老师的讲话）：

（1）________________

（2）________________

（3）________________

（4）________________

（5）________________

（6）________________

【听的能力练习四】

记叙文的听力训练。请同学们准备好纸笔，根据听力材料的内容筛选出重要的信息。

听力材料（名落孙山）：

时间：________________

地点：________________

人物：________________

事件：

【听的能力练习五】

说明文的听力训练。请同学们准备好纸笔，根据听力材料的内容筛选出重要的信息。

听力材料（低温世界）：

说明文类型：

说明对象：

说明对象的特征：

【听的能力练习六】

议论文的听力训练。请同学们准备好纸笔，根据听力材料的内容筛选出重要的信息。

听力材料（为人处世话方圆）：

论点：

分论点：

结论：

【考核标准】

能够从所给听力材料中筛选出主要的、重要的信息，且最关键的核心信息没有遗漏，所填写的内容大意正确60%以上的合格，80%以上的优秀。

四、概括要点

（一）怎样概括要点

所谓概括要点，是在仔细听了所给听力材料，理解了内容并经过筛选信息之后，经过提炼概括，用简明扼要的语言准确转述听力材料内容的一种形式。其中，提炼概括的过程就是理解的过程；提炼概括的结果标志着理解的准确和深入程度；而提炼概括的形式，包括或直接摘引原句，或自行组织语言等。

概括要点的能力训练，有助于同学们把握听力材料的大意，从听力材料中捕捉到最重要的信息。所以概括要点实际上就是对听力材料进行精要的提炼，其方法主要有以下几种：

提取法，即提取听力材料中的中心句、主旨句、结论句，将其摘取出来，作为概括性的文字。这种方法既适用于那些要求用原文语句答题的题目，又适用于要求对内容、主旨进行概括的题目。

组合法，即组合文中的关键性语句或关键性的词语来进行概括。这种方法适用于内容基本清晰，重点语句比较突出，而全文的中心句、关键语句等不太突出的听力材料。组合的视点要放在听力材料总说段的主干、文章或者文段的起始句以及文中反复出现的语句之上。

自写法，即基本上用自己的语言或完全用自己的语言进行概括。这在很多情况下是进行概括的最重要的方法。适用于那些提炼中心、概括风格、概括作者观点、简述故事情节、给

文章加上标题等方面的概括性题目。在答题时应进行要点综合式的概括，进行分步分层的概括，进行突出重点、突出主体的概括。

（二）概括要点能力训练示例

1. 请听电影《狮子王》中狮王穆法萨和儿子辛巴的对话（听力材料1），完成（1）~（2）题。

听力材料1：

穆法萨：辛巴，你看，阳光所照到的一切都是我们的国度。

辛　巴：哇！

穆法萨：一个国王的统治就跟太阳的起落是相同的，总有一天，太阳将会跟我一样慢慢下沉，并且在你当国王的时候一同上升。

辛　巴：这一切都是我的吗？

穆法萨：所有的一切！

辛　巴：阳光能照到的所有的东西，那有阴影的地方呢？

穆法萨：那在我们的国度之外，你绝不可以去那个地方！

辛　巴：我以为国王可以随心所欲呀？

穆法萨：你错了，国王也不可以凡事随心所欲。

辛　巴：不能吗？

穆法萨：辛巴，世界上所有的生命都有它存在的价值。身为国王，你不但要了解，还要去尊重所有的生物，包括爬行的蚂蚁和跳跃的羚羊。

辛　巴：但是，爸，我们不是吃羚羊吗？

穆法萨：是呀，我来给你解释一下。我们死后尸体会变成草，而羚羊是吃草的。

（1）辛巴和父亲穆法萨产生了怎样的分歧？

答：______________________________

（2）辛巴有个疑惑：狮子要尊重羚羊，却为什么还要吃羚羊。穆法萨是如何解释的？对这一解释，你是如何理解的？

穆法萨的解释：______________________________

你的理解：______________________________

参考答案：

（1）国王是否可以随心所欲？

（2）穆法萨的解释：我们死后尸体会变成草，而羚羊是吃草的。

你的理解：食物链中的一切都是相互关联的，狮子吃羚羊，羚羊吃草，而狮子死后又变成了草。自然界没有绝对的强者，所以应该相互尊重。

2. 认真听一篇短文（听力材料2）的录音，完成（1）~（3）题。

（1）一个有气量的人往往是____________而又能_____________的人。

（2）文中两个事实论据涉及4个有气度的人物，其中突出赞赏的两人是（　　）。

A. 韩愈/马克思　B. 韩愈/恩格斯　C. 柳宗元/马克思　D. 柳宗元/恩格斯

（3）我们青少年培养气度，应克服哪些不良习气？

答：____

听力材料2：

说 气 度

气度也称气量，一个有气量的人，往往是胸有大志而又能体谅别人的人。胸有大志，就不会计较小事，不争一日之短长、一言之褒贬；体谅别人，就能容忍别人的缺点。

古之成大器者，都是有气度的。

唐朝的韩愈和柳宗元在政治见解、文学见解上很不相同，两个人几乎论战了一生。但是，当柳宗元死后，韩愈怀着哀痛的心情写了《柳子厚墓志铭》，赞扬了柳宗元品格上的高风亮节，并没有因为多年的政治和文学论战而耿耿于怀。

谅解别人，不计较别人对自己的褒贬，是一种美德，是一种高尚情操。人与人之间，争论是难免的，但不能记仇，事过之后，仍以同志、同学、朋友相对待，这样才算得上有气度。

伟大导师马克思和恩格斯之间的友谊，是人类友谊的典范。这种友谊是基于共同的伟大革命理想而建立的，也是靠彼此的理解、谅解来巩固的。恩格斯在夫人逝世后，由于没有接到马克思的哀悼信，也曾有些难过。但是，他对马克思的经济资助一如既往。后来，恩格斯得知马克思一家在获悉他夫人逝世消息时，曾痛苦万分，哭得很伤心，他又主动向老友一家表示了歉意。革命导师的这种博大胸怀，更是我们学习的榜样。

青少年在培养自己道德情操时，要有意识地加强自己的气度培养，克服斤斤计较的毛病，克服妒忌思想，克服猜疑心理，这对于成就大器是很有帮助的。一个人只有理解别人，谅解别人，才能获得别人的理解和谅解。只有人与人之间形成了和睦友好的关系，社会上才能形成积极健康的良好氛围。

——http：//wenku. baidu. com

参考答案：

（1）胸有大志　体谅别人

（2）B

（3）①克服斤斤计较的毛病；②克服妒忌思想；③克服猜疑心理。

【听的能力练习一】

仔细听两遍听力材料（《金子》），回答下面的问题。

（1）人们在萨文河畔找金子的目的是什么？

答：____

（2）彼得·弗雷特有没有寻找到金子？

答：____

（3）在他准备离开时发生了一件什么事？

答：________________

（4）彼得决定留下来做什么？是否取得了成功？

答：________________

（5）本文给了你什么启示？

答：________________

【听的能力练习二】

仔细听两遍听力材料（《珍视自己的存在价值》）之后回答问题。

（1）仪山师傅的弟子为什么取法号为"滴水和尚"？

答：________________

（2）如何理解"滴水和尚"这个法号？

答：________________

（3）写出你听到的成语（至少两个）。

答：________________

（4）文中引用了几位作家的话？选择一位进行简要的介绍。

答：________________

（5）如果处在社会的最底层该怎么办？

答：________________

（6）你如何理解仪山禅师对弟子所说的话？

答：________________

（7）听完本文后，你从中学到什么？

答：________________

【听的能力练习三】

仔细听两遍听力材料（《______》），按下面的要求答题。

（1）根据科学家估计，地球的年龄大约有多少年？

答：________________

（2）人类称霸万物，任意宰割万物，其实是在为自己酿造什么？

答：________________

（3）请任意写出短文中的5个成语。

答：________________

（4）短文中有一组鲜明的对比句，准确地表现了其他生物和人类此消彼长的状况，其内容是什么？

答：________________

(5) 由于人们缺乏理性和盲目发展，在人的自我生存欲面前不复存在的是什么？

答：________________

(6) 给这篇短文拟两个恰当的标题。

答：①________________ ②________________

(7) 这篇短文主要想告诉人们什么？

答：________________

(8) 作为人类的一员，如果造物主也请你提出改进意见，你会怎么说？

答：________________

【考核标准】

按要求回答问题，正确率60%以上的合格，80%以上的优秀。

五、会议记录

(一) 怎样做好会议记录

高职生走上工作岗位之后，不论在何种单位，都会参加各种大大小小的会议。有些会议必须做好会议记录。做会议记录的人有时是所有参会的人，有时是秘书，有时是经理助理，有时是临时指定的参会员工，所以，能做好会议记录是高职生必备的职业能力，而这种能力的提高首先是听的能力要提高，其次是记录能力的提高。

会议记录，是开会当场把会议的情况如发言人姓名、会上的报告内容、讨论的问题、与会者的发言、通过的决议等如实地记录下来的书面材料。会议记录的基本要求是快和准。快是为了完整、全面地记录，准是为了忠于原意。

会议记录一般分两个部分：

1. 会议的基本情况

主要有：会议的名称，开会的时间，地点，出席人，列席人，主持人，记录人。这些内容要在宣布开会前写好。如果会议人数不多，出席人的姓名可一一写上。如果参加会议的人数多，可以只写他们的职务，如各校正副校长、教导主任；也可只写总人数。如是工作例会，可只写缺席人的名字和缺席原因。

2. 会议的内容

主要有：主持人的发言、会议的报告或传达、与会者的讨论发言、会议的决议等。内容的记录，有摘要记录和详细记录两种，采用哪一种，要根据会议的性质和内容来定。

(1) 详细记录。对特别重要的会议或者特别重要的发言，要作详细记录。详细记录要求尽可能记下每个人发言的原话，不管重要与否，最好还能记下发言时的语气、动作表情及与会者的反应。如果发言者是照稿子念的，可以把稿子收做附件，并记下稿子之外的插话、

补充解释的部分。需要详细记录的发言，可采取速记的方法。现代化生活为我们提供了方便，还可以先录音，会后再整理。

（2）摘要记录。摘要记录是抓住重点，摘录要义，如发言要点、结论、会议通过的决议等。摘要记录对记录人员素质要求较高，记录人员在记录时必须迅速作出分析概括，抓住重点，领会要义，明白取舍，既要准确地表达发言者的中心意思，又要做到简明扼要。会议的重点一般都是领导同志的发言，会议的决定、决议。

（二）会议记录的技巧

一般说来，有四条：一快、二要、三省、四代。

一快，即记得快。字要写得小一些、轻一点，多写连笔字。要顺着肘、手的自然去势，斜一点写。

二要，即择要而记。就记录一次会议来说，要围绕会议议题、会议主持人和主要领导同志发言的中心思想，与会者的不同意见或有争议的问题、结论性意见、决定或决议等作记录；就记录一个人的发言来说，要记其发言要点、主要论据和结论，论证过程可以不记。就记一句话来说，要记这句话的中心词，修饰语一般可以不记。要注意上下句子的连贯性、可讯性，一篇好的记录应当独立成篇。

三省，即在记录中正确使用省略法。如使用简称、简化词语和统称。省略词语和句子中的附加成分，比如“但是”只记“但”；省略较长的成语、俗语、熟悉的词组；句子的后半部分，画一曲线代替；省略引文，记下起止句或起止词即可，会后查补。

四代，即用较为简便的写法代替复杂的写法。一可用姓代替全名，二可用笔画少易写的同音字代替笔画多难写的字；三可用一些数字和国际上通用的符号代替文字；四可用汉语拼音代替生词难字；五可用外语符号代替某些词汇，等等。但在整理和印发会议记录时，均应按规范要求处理。

（三）会议记录的一般格式

会议名称：____________________

会议时间：____________________

会议地点：____________________

出席与列席会议人员：____________________

缺席人员：____________________

会议主持人：____________________

记录人：____________________

主要议题：____________________

发言记录：

____

例文：

××公司办公会议记录

时间：2011年×月×日×时

地点：公司办公楼五楼大会议室

出席人：××× ××× ××× ××× ××× ……

缺席人：××× ×××……

主持人：公司总经理

记录人：办公室主任刘××

主持人发言：……

与会者发言：

张××：……………………………………………………

王××：……………………………………………………

散会

主持人：×××（签名）

记录人：×××（签名）

（本会议记录共×页）

（四）会议记录示例

1. 详细记录示例。

时间：1984年12月3日

地点：某校初二（2）班教室

出席者：语文教师、全班同学（共42人）

主持人：语文课代表陈扬

记录人：王怡

会议议题：怎样认识“丑石”的形象（《丑石》，散文，作者：贾平凹）

发言记录：

李丽：我觉得“丑石”是最美的，它补过天，发过光，可是在落到地上以后却甘于寂寞，从不炫耀自己；被人误解，被人嘲骂也从不辩解。这样的品质真是伟大呀！做人就要做具有这种品质的人。

张平：李丽说得对。生活里就有许多这样的人，像《红岩》里的华子良就是。他忍受被同志误解、怀疑的痛苦，寂寞地生存，直到最后发挥作用。

王小明：华子良并没有寂寞地生存，他在战斗。战斗有轰轰烈烈，也有静悄悄的，形式不同，性质一样。

主席：请注意，我们讨论的是“丑石”的形象，而不是华子良的形象，请继续对“丑石”发表意见。

江岚：很明显的，作者是赞美“丑石”而且要我们向“丑石”学习的。我不同意贾平凹先生的见解。他是要我们80年代的青年去当奴隶，一切都逆来顺受，至少是无所作为。不错，“丑石”补过天，发过光，但那是它的过去。现在怎么样呢？它一躺就是几百年，不给人民干活，不为社会发展出力。如果不是天文学家发现了它，它还能这么“伟大”个几百年，上千年。所以，它的“伟大”也正是它的错误，是丑而不是美，应该批评，而绝不

应该赞扬。

王淑玲：不，不是这样的。“丑石”是美的，它过去是众人仰望的明星，为人类补过天，而现在却能在一个偏僻的小村庄寂寞地生存，淡泊自守，任人责骂，却从不提往日的功绩。这种胸襟和那种整天追名逐利，一有所得，沾沾自喜，一有所失，便怨天尤人，“进亦忧退亦忧”的人的心胸相比，不正是鲜明的对照吗？一篇作品，只能说明一两个哲理，不可能面面俱到。不管作者原意是什么，但我读了后能受到教益，懂得一个人有了成绩以后不应炫耀，处于逆境时不应懊丧，应该谦虚忍让，不为世俗之见所左右，这就够了。

黄立刚：不，不够。“丑石”是美的，但美得不足，美得不够，甘于寂寞是它本质的优点，但恰恰也是它的致命弱点。有了成绩不炫耀，身处逆境不懊丧，这都是美的，我们应该有这样的修养和品德。但光这样就够了吗？我们在需要腾飞的时代，能像“丑石”那样一躺几百年以显示自己胸襟开阔、甘于寂寞的美吗？不，我们不能等别人来发现，而是要毛遂自荐，要敢于说自己行，敢于把本事都拿出来，连一分钟都不等。

江岚：对，对，我也是这个意思，可能说得不清楚。一篇作品应该有时代感，今天时代要求我们成为开拓者，成为创造型人才，我们绝不应甘于寂寞，要敢于争光，要争做出头鸟，敢于表现自己的才能和价值。

徐峰：是否可以这样认为：做出了成绩，对成绩应该甘于寂寞，不去卖弄，不去沽名钓誉；面对未来，应该继续追求，不能满足于已为社会作过贡献而甘于寂寞。贾平凹同志的观点不完善，它反映了传统的习惯看法，却不能反映时代的潮流。

李力珍：请注意，我们这里可没有明星，谁也没有发过光，更没有补过天，所以根本谈不上寂寞生存的伟大。我们应该做的就是不甘寂寞，要为“四化”，为中华的崛起去努力拼搏。

郑里：我们没有发过光，但今天有些人的发言却很有光彩。我很喜欢这样的讨论会，听听别人的发言，自己脑子也变得聪明灵活了。

2. 摘要记录示例

安全工作会议记录

时间：2009 年 4 月 2 日下午 4：00—5：00

地点：3502 教室

参加会议人员：郑俊老师，钱森老师，李炜老师，申屠金坤老师，凌玉炎老师，各班安全委员，以及学生会、团总支、学生社团各骨干成员

内容：文理学院安全会议扩大会议

主持人：钱森老师

一、钱老师发言

钱老师对我院安全会议问题作出了以下几点安排和要求：

(1) 制定安全防范措施；

(2) 积极开展法制教育；

(3) 维护学校的日常安全及秩序；

(4) 定期检查教室设施安全；

(5) 调节学生之间的矛盾纠纷；

(6) 禁止打、吵、闹，防止出现安全问题。

钱老师提出了我们应该从多方面进行安全防范，他通过亲身经历向我们讲述了有关安全的问题，讲述了打架、矛盾、纠纷等都可能成为最后走上犯罪的导火线。最后，向与会的各位同学通报了学生科几位老师的联系方式，有事可以直接向他们反映。

二、郑俊老师发言

郑老师告诫我们要警钟长鸣，要防微杜渐，要把安全意识上升到一定高度，要时刻注意身边的安全问题。

三、总结

通过安全教育、安全宣传等方法，提高大学生的自我保护意识，避免与一些危险的人接触。减少安全事故的发生，维护学校良好的学习环境，离不开我们任何一个人。

安全，让我们从学校做起，从自身做起。

【听的能力练习一】

仔细倾听两遍“××公司工作会议”的内容并做好详细记录。

【听的能力练习二】

仔细倾听“夕阳红河北骑行队队委会会议”的内容并做好摘要记录。

【考核标准】

【听的能力练习一】能将会议内容详细记录下60%以上的合格，80%以上的优秀。

【听的能力练习二】能将会议内容摘要记录下60%以上的合格，80%以上的优秀。

模块二
说的能力训练

一、普通话正音（说）

（一）普通话的声母

声母是汉语音节开头的辅音。普通话有21个辅音声母，不同的声母是由不同的发音部位和发音方法决定的。发音部位指气流受到阻碍的位置。发音方法指阻碍气流和解除阻碍的方式、气流的强弱及声带是否颤动等。按发音部位分类声母，可分为七类：双唇音、唇齿音、舌尖前音、舌尖中音、舌尖后音、舌面音、舌根音。按发音方法分类，声母可分为五类：塞音、擦音、塞擦音、鼻音、边音。

1. 按发音部位给声母分类的说明

（1）双唇音：

b 发音时，双唇闭合，软腭上升，堵塞鼻腔通路，声带不颤动，较弱的气流冲破双唇的阻碍，迸裂而出，爆发成音。如“辨别”、“标本”的声母。

p 发音的状况与 b 相近，只是发 p 时有一股较强的气流冲开双唇。如“乒乓”、“批评”的声母。

m 发音时，双唇闭合，软腭下降，气流振动声带从鼻腔通过。如“美妙”、“弥漫”的声母。

（2）唇齿音：

f 发音时，下唇接近上齿，形成窄缝，气流从唇齿间摩擦出来，声带不颤动。如“丰富”、“芬芳”的声母。

（3）舌尖中音：

d 发音时，舌尖抵住上齿龈，软腭上升，堵塞鼻腔通路，声带不颤动，较弱的气流冲破舌尖的阻碍，迸裂而出，爆发成声。如“等待”、“定夺”的声母。

t 发音的状况与 d 相近，只是发 t 时气流较强。如“淘汰”、“团体”的声母。

n 发音时，舌尖抵住上齿龈，软腭下降，打开鼻腔通路，气流振动声带，从鼻腔通过。如“能耐”、“泥泞”的声母。

l 发音时，舌尖抵住上齿龈，软腭上升，堵塞鼻腔通路，气流振动声带，从舌头两边通过。如“玲珑”、“嘹亮”的声母。

（4）舌根音：

g 发音时，舌根抵住软腭，软腭后部上升，堵塞鼻腔通路，声带不颤动，较弱的气流冲破舌根的阻碍，爆发成声。如“巩固”、“改革”的声母。

k 发音的状况与 g 相近，只是气流较强。如“宽阔”、“刻苦”的声母。

h 发音时，舌根接近软腭，留出窄缝，软腭上升，堵塞鼻腔通路，声带不颤动，气流从窄缝中摩擦出来。如“欢呼”、“辉煌”的声母。

(5) 舌面音：

j 发音时，舌面前部抵住硬腭前部，软腭上升堵塞鼻腔通路，声带不颤动，较弱的气流把阻碍冲开，形成一条窄缝，气流从窄缝中挤出，摩擦成声。如“境界”、“将就”的声母。

q 发音的状况与 j 相近，只是气流较强。如“秋千”、“亲切”的声母。

x 发音时，舌面前部接近硬腭前部，留出窄缝，软腭上升，堵塞鼻腔通路，声带不颤动，气流从窄缝中挤出，摩擦成声。如“形象”、“虚心”的声母。

(6) 舌尖后音：

zh 发音时，舌尖上翘，抵住硬腭前部，软腭上升，堵塞鼻腔通路，声带不颤动。较弱的气流把阻碍冲开一条窄缝，从窄缝中挤出，摩擦成声。如“庄重”、“主张”的声母。

ch 发音的状况与 zh 相近，只是气流较强。如“车床”、“长城”的声母。

sh 发音时，舌尖上翘接近硬腭前部，留出窄缝，气流从缝间挤出，摩擦成声，声带不颤动。如“闪烁”、“山水”的声母。

r 发音状况与 sh 相近，只是声带不颤动。如“容忍”、“柔软”的声母。

(7) 舌尖前音：

z 发音时，舌尖平伸，抵住上齿背，软腭上升，堵塞鼻腔通路，声带不颤动，较弱的气流把阻碍冲开一条窄缝，从窄缝中挤出，摩擦成声。如“总则”、“自在”的声母。

c 和 z 的发音区别不大，不同的地方在于 c 气流较强。如“粗糙”、“参差”的声母。

s 发音时，舌尖接近上齿背。气流从窄缝中挤出，摩擦成声，声带不颤动。如“思索”、“松散”的声母。

2. 按发音方法给声母分类的说明

(1) 按发音时构成阻碍、保持阻碍和解除阻碍的方式，分为 5 种。

① 塞音（6 个）：b　p　d　t　g　k

② 擦音（6 个）：f　h　x　sh　s

③ 塞擦音（6 个）：j　q　zh　ch　z　c

④ 鼻音（3 个）：m　n　ng（ng 不做声母）

⑤ 边音（1 个）：l

(2) 按发音时声带是否颤动，分为两大类。

① 清音（17 个）：b　p　f　d　t　g　k　h　j　q　x　zh　ch　sh　z　c　s

② 浊音（4 个）：m　n　l　r

(3) 按发音时呼出气流的强弱，可把声母的塞音、塞擦音分为两大类。

① 不送气音（6 个）：b　d　g　j　zh　z

② 送气音（6 个）：p　t　k　q　ch　c

参见下面的普通话声母分类表：

普通话声母分类表

发音部位	塞音		塞擦音		擦音		鼻音	边音
	清音		清音		清音	浊音	浊音	浊音
	不送气	送气	不送气	送气				
双唇音	b	p					m	
唇齿音					f			
舌尖前音			z	c	s			
舌尖中音	d	t					n	l
舌尖后音			zh	ch	sh	r		
舌面音			j	q	x			
舌根音	g	k			h			

【说的能力练习】

1. 声母对比辨音练习。

b/p

被俘—佩服　毕竟—僻静　背脊—配给　备件—配件　火爆—火炮　七遍—欺骗

d/t

盗取—套取　吊车—跳车　赌注—土著　调动—跳动

n/l

千年—牵连　恼怒—老路　允诺—陨落　难住—拦住　门内—门类　南部—蓝布
蜗牛—涡流　无奈—无赖

g/k

骨干—苦干　河谷—何苦　歌谱—科普　工匠—空降　个体—客体　感伤—砍伤

f/h

开方—开荒　防空—航空　幅度—弧度　理发—理化　复员—互援　防止—黄纸
开发—开花　初犯—出汗　公费—工会　飞机—灰鸡　仿佛—恍惚　发现—花线
舅父—救护　附注—互助　防虫—蝗虫　斧头—虎头　奋战—混战　方地—荒地

j/q

经常—清偿　手脚—手巧　迹象—气象　激励—凄厉　积压—欺压　集权—齐全
居室—趋势　简陋—浅陋　咀嚼—取决

z/zh

综和—中和　自立—智力　栽花—摘花　姿势—知识　暂时—战时　增收—征收

s/sh

三头—山头　司徒—师徒　私人—诗人　散光—闪光　俗语—熟语　死命—使命

c/ch

字词—自持　言辞—延迟　词人—吃人　冲刺—充斥　从军—充军　凑钱—臭钱

j/zh

墨迹—墨汁　交际—交织　密集—密植　边际—编制　就业—昼夜　课件—客栈

q/ch

浅明—阐明　砖墙—专长　迁进—掺进　气色—赤色

x/shi

洗礼—失礼　详细—翔实　缺席—确实　获悉—获释　逍遥—烧窑　修饰—收拾

电线—电视　艰辛—坚实　姓名—实名

n/l

无奈—无赖　水牛—水流　男裤—蓝裤　女客—旅客　脑子—老子　年夜—连夜

留念—留恋　浓重—隆重　南部—蓝布　烂泥—烂梨　牛黄—硫黄　大娘—大梁

l/r

碧蓝—必然　娱乐—余热　阻拦—阻燃　囚牢—求饶　卤汁—乳汁　露馅—肉馅

近路—进入　流露—流入　衰落—衰弱　脸色—染色　收录—收入　聋子—绒子

2. 声母绕口令练习。

n/l

牛良蓝衣布履杠楠木，刘妞绿衣挎篓买蓝布，牛良的楠木上房梁，刘妞的蓝布做衣裳。

大梁拴好牛在柳树下纳凉，碰上从牛栏山牛奶站挤了牛奶要拎到岭南乡牛奶店的刘奶奶，大梁忙拉刘奶奶到柳树下纳凉，接过刘奶奶的牛奶去岭南乡牛奶店送牛奶。

刘庄有个刘小柳，柳庄有个柳小妞。刘小柳放奶牛，柳小妞路边种杨柳。刘小柳的牛踩了柳小妞的柳，柳小妞的柳扎了刘小柳的牛。

蓝教练是女教练，吕教练是男教练，蓝教练不是男教练，吕教练不是女教练。蓝教练是教男篮的女教练，吕教练是教女篮的男教练。

f/h

我们要学理化，他们要学理发。理化不是理发，理发也不是理化，理化理发要分清。学会理化却不会理发，学会理发却不会理化。

丰丰和芳芳，上街买混纺。红混纺，粉混纺，黄混纺，灰混纺，红花混纺做裙子，粉花混纺做衣裳。红、粉、灰、黄花样多，五颜六色好混纺。

红凤凰，黄凤凰，粉红墙上飞凤凰，凤凰飞，飞凤凰，红黄凤凰飞满墙。

风吹灰堆灰乱飞，灰飞花上花堆灰。风吹花灰花飞去，灰在风里花乱飞。

r/y

人是人，银是银，人银要分清。银不是人，人不是银，发不清人银弄不清语音。

肉眼不念右眼，仍然不念赢盐，远山不念软山，然后不念言后，日夜不念肄业，瞎念语言就不准确。

s/sh

四是四，十是十，十四是十四，四十是四十。不要把十四说成四十，不要把四十说成十四。要想说对四和十，得靠舌头加牙齿。谁说四十是戏习，谁的舌头没用力，谁说四十是事实，谁的舌头没伸直，要想说对常练习，四十十四十四十。

我说四个石狮子，你说十个纸狮子。石狮子是死狮子，四个石狮子不能嘶；纸狮子也是死狮子，十个纸狮子也不能撕。狮子嘶，撕狮子，死狮子，狮子尸。要想说清这些字，必须读准四、十、死、尸、狮、撕、嘶。

j/zh

精致不是经济，组织不是举机，把不直念成不急，秩序就会变成继续，死人就会变成洗银。

【考核标准】

普通话声母的发音比较准确，说绕口令比较流畅的，合格。普通话声母的发音标准，说绕口令清楚、洪亮、流畅的，优秀。

（二）普通话的韵母

普通话有 39 个韵母，韵母按结构可以分为单元音韵母、复元音韵母和带鼻音韵母三类，下面是韵母的分类及发音方法说明：

1. 单韵母

ɑ 舌面，央，低，唇不圆。

o 舌面，后，中，唇圆。

e 舌面，后，半高，唇不圆。

ê 舌面，前，中，唇不圆。

er 卷舌，央，中，唇不圆。

‘i 舌尖前，近齿背，唇展，口半闭（前 i），仅与 z、c、s 拼读。

i’ 舌尖近前硬腭，唇展，口半闭（后 i），仅与 zh、ch、sh 拼读。

i 舌面，前，高，展唇。

u 舌面，后，高，圆唇。

ü 舌面，前，高，撮唇。

2. 复韵母

（1）前响复韵母：

ɑi 从舌面，前，低，不圆唇元音 ɑ（前 ɑ）滑向舌面，前，次高，不圆唇元音 i。

ei 从舌面，前，半高，不圆唇圆音 ě 滑向舌面，前，次高，不圆唇元音 i。

ɑo 从舌面，后，低，不圆唇元音 ɑ̆（后 ɑ）滑向舌面，后，次高，圆唇元音 u。

ou 从舌面，央，中，不圆唇元音 ė（央 e），实际发音略圆，滑向舌面，后，次高，圆唇元音 u。

（2）后响复韵母：

iɑ 从舌面，前，高，不圆唇元音 i 滑向舌面，央，低，不圆唇元音 ɑ。

ie 从舌面，前，高，不圆唇元音 i 滑向舌面，前，中，不圆唇元音 ê。

uɑ 从舌面，后，高，圆唇元音 u 滑向舌面，央，低，不圆唇元音 ɑ。

uo 从舌面，后，高，圆唇元音 u 滑向舌面，后，中，圆唇元音 o。

üe 从舌面，前，高，撮唇元音 ü 滑向舌面，前，中，不圆唇元音 ê。

（3）中响复韵母：

iɑo 从舌面，前，高，不圆唇元音 i 起音，滑向舌面，后，低，不圆唇元音 ɑ̆ 再滑向舌面，后，次高，圆唇元音 u。

iou 从舌面，前，高，不圆唇元音 i 滑向舌面，央，中，不圆唇元音 ė，但舌位略后，再滑向舌面，后，次高，圆唇元音 u。

uai 从舌面，后，高，圆唇元音 u 滑向舌面，前，低，不圆唇元音 ɑ，再滑向舌面，前，次高，不圆唇元音 i。

uei 从舌面，后，高，圆唇元音 u 滑向舌面，央，中，不圆唇元音 ė，但舌位偏前，再滑向舌面，前，次高，不圆唇元音 i。

（4）前鼻音韵母：

ɑn 从舌面，前，低，不圆唇元音 ɑ，过渡到舌尖中，浊，鼻音 n。

en 从舌面，央，中，不圆唇元音 ė过渡到 n。

iɑn 从舌面，前，高，不圆唇元音 i 滑向舌面，前，次低，不圆唇元音 ɑ，再过渡到 n。

in 从舌面，前，高，不圆唇元音 i 过渡到 n。

uɑn 从舌面，后，高，圆唇元音 u 滑向舌面，前，低，不圆唇元音 ɑ，再到 n。

uen 从舌面，后，高，圆唇元音 u 滑向舌面，央，中，不圆唇元音 ė，再到 n。

üɑn 从舌面，前，高，撮唇元音 ü 滑向舌面，前，次低，不圆唇元音 ɑ，再到 n。

ün 从 ü 过渡到 n。

（5）后鼻音韵母：

ɑng 从舌面，后，低，不圆唇元音 ǎ 到舌根，浊，鼻音 ng。

eng 从 e 到舌根，浊，鼻音 ng。

ong 从舌面，后，次高，圆唇元音 u 到 ng。

iɑng 从舌面，前，高，不圆唇元音 i 滑向舌面，后，低，不圆唇元音 ǎ，再过渡到 ng。

ing 从舌面，前，高，不圆唇元音 i 到 ng。

iong 从舌面，前，高，撮唇元音 ü 到 ng。

uɑng 从舌面，后，高，圆唇元音 u 滑向舌面，后，低，不圆元音 ǎ，到 ng。

ueng 从 u 滑向 e 到 ng。

w、y 为零声母。

【说的能力练习】

1. 韵母对比辨音练习。

e/o

老哥—老郭　河水—活水　客栈—扩展　为恶—帷幄

ü/i

生育—生意　居住—记住　聚会—忌讳　取名—起名　于是—仪式　名誉—名义

遇见—意见　舆论—议论　美育—美意　姓吕—姓李　雨具—雨季　区域—奇遇

ie/üe

切实—确实　列表—略表　猎取—掠取　日夜—日月　竹叶—逐月　午夜—五岳

ɑn/ɑng

扳手—帮手　女篮—女郎　担心—当心　看家—康佳　栈房—账房　冉冉—嚷嚷

涂染—土壤　办展—班长　担当—铛铛　繁忙—防盲　半碗—傍晚

en/eng

陈旧—成就　真气—蒸汽　上身—上升　人参—人生　晨风—成风　同门—同盟
出身—出生　粉刺—讽刺

ian/iang

扮演—半仰　眼睑—演讲　现象—象限　绵延—绵羊　先天—香甜　念旧—酿酒
思恋—思量

uan/uang

开关—开光　净宽—镜框　端砖—端庄　万转—万状　回还—辉煌　青砖—轻装

in/ing

红心—红星　人民—人名　劲头—镜头　因而—婴儿　临时—零时　禁止—静止
印象—映象　宾馆—冰棺

uei/uen

规范—滚翻　桂竹—滚珠　魁首—困守　会试—婚事　灰暗—昏暗　吹风—春风
溪水—吸吮　追叙—准许　会合—混合

ian/üan

建议—倦意　前线—权限　当前—当权　前程—全程　庄严—庄园　方言—方圆

2. 韵母绕口令练习。

ai/an/ian/uan

掰白菜，搬白菜，掰完白菜搬白菜，搬完白菜掰白菜。

盼盼拆了半辫大蒜，片片掰了半篮蒜瓣；盼盼拆的半辫大蒜太乱，片片掰的半篮蒜瓣太烂。

ai/ei：

大妹和小妹，一起去收麦。大妹割大麦，小妹割小麦。大妹帮小妹挑小麦，小妹帮大妹挑大麦。大妹小妹收完麦，噼噼啪啪齐打麦。

ai/uai

槐树歪歪，坐个乖乖，乖乖用手，摔了老酒，酒瓶摔坏，奶奶不怪，怀抱乖乖，出外买买。

ang/eng：

长城长，城墙长，长长长城长城墙，城墙长长城长长。

ang/uang

小光和小刚，抬着水桶上山岗。上山岗，心发慌，抡着扁担玩打仗。乒乒乒，哐哐哐，打来打去砸了缸。小光怪小刚，小刚怪小光，小光小刚都怪扁担和水缸。

老方扛着黄幌子，老黄扛着方幌子。老方要抢老黄的方幌子，老黄要抢老方的黄幌子。最后方幌子碰破了黄幌子，黄幌子碰破了方幌子。

ao/iao

东边庙里有个猫，西边树梢有只鸟。猫鸟天天闹，不知是猫闹树上鸟，还是鸟闹庙里猫。

高高山上有座庙，庙里住着两老道，一个年纪老，一个年纪少。庙前长着许多草，有时候老老道煎药，小老道采药；有时候小老道煎药，老老道采药。

e/o

阁上一窝鸽，阁下一铁锅；鸽渴叫咯咯，锅破水半泼。哥哥端锅搁水给鸽喝，鸽子喝水不渴不咯咯。鸽子回鸽窝，哥哥扔破锅。

en/eng：

陈庄程庄都有城，陈庄城通程庄城。陈庄城和程庄城，两庄城墙都有门。陈庄城进程庄人，陈庄人进程庄城。请问陈程两庄城，两庄城门都进人，哪个城进陈庄人，程庄人进哪个城？

老彭拿着一个盆，路过老陈住的棚。盆碰棚，棚碰盆，棚倒盆破棚压盆。老陈要赔老彭的盆，老彭不要老陈来赔盆。老陈陪着老彭去补盆，老彭帮着老陈来修棚。

ian/üan

山前有个阎圆眼，山后有个阎眼圆，二人山前来比眼，不知是阎圆眼的眼圆，还是阎眼圆的眼圆。

男演员、女演员，同台演戏说方言。男演员说吴方言，女演员说闽南言。男演员演远东劲旅飞行员，女演员演鲁迅著作研究员。研究员、飞行员；吴方言、闽南言。你说男演员演得全还是女演员演得全？

ing/en

一平盆面，烙一平盆饼，饼碰盆，盆碰饼。

人名是人名，营门是营门，人名不能说成营门，营门也不能说成人名，因为营门上写着人名，人名里有人也叫营门。

ou/iu

大柳河旁边有六十六棵大青柳，大青柳下有六十六个柳条篓，有六十六个人伍六个月的新战士学编篓，教编篓的是大柳河乡大柳河村六十六岁的刘老六。

ong/uang　an/uan

红饭碗，黄饭碗，红饭碗盛满饭碗，黄饭碗盛半饭碗；黄饭碗再盛半碗饭，像红饭碗一样满饭碗。

ua/uo

哥挎瓜筐过宽沟，过沟筐漏瓜滚沟。隔沟挎筐瓜筐扣，瓜滚筐空哥怪沟。

【考核标准】

普通话韵母的发音比较准确，说绕口令比较流畅的，合格。普通话声母的发音标准，说绕口令清楚、洪亮、流畅的，优秀。

（三）普通话的变音

1. 轻声

普通话的每一个音节都有声调，分4个声调。但在双音节词里或在说话的语流中，有些音节常常会失去原来的声调，读成一个较轻、较短的调子，这就是轻声。轻声不是四声中的一个调。轻声是词语连读时产生的一种音变现象。如果是双音节词的话，它往往是处在后一个音节上的。

轻声有区别语意的作用。比如“东西”，后一音节如果读成轻声，它表明是一件物品；如果读成阴平声，则表示是东面和西面两个方向，意义完全不同。

轻声读音的特点是：音长短，音高不固定。即轻声发音时音的长度特别短，音高随着前一音节的音高而变化。例如：

类别	例词	轻声的音高
阴平+轻声：	包子	2
阳平+轻声：	瓶子	3
上声+轻声：	点子	4
去声+轻声：	凳子	1

从上例我们可以看出，上声音节后面的轻声音高最高，是4，去声音节后面的轻声音高最低，是1。据此类推，我们就可以发好相应的轻声音节。

有一部分轻声词是有规律可循的。在无法一下子掌握全部的普通话轻声词时，我们可以先掌握其中带有规律的一部分。

（1）助词和语气词：

结构助词——的、地、得（de）

动态助词——着、了、过

语气助词——吗、吧、呢

（2）叠音词和动词重叠的后一个音节：

姐姐　婷婷　看看　劝劝　等等　拾掇拾掇　解释解释　表演表演

（3）构词用的虚语素：

子——桌子　点子　筷子　果子（zi）

头——丫头　枕头　指头　里头（tou）

了——算了　罢了　好了　得了（le）

们——我们　他们　你们　人们（men）

得——觉得　使得　值得　记得（de）

么——这么　那么　多么　怎么（me）

（4）名词、代词后表示方位的语素或词：

楼上　乡下　花园里　门外　底下

（5）动词形容词后表示趋向的词语：

跑来　躲开　干起来　说下去　走上去

（6）量词“个”、“些”：

三个臭皮匠，顶个诸葛亮。他险些丢了性命。

（7）动词后面的“在”、“到”一般读轻声：

抄在纸上　贴在墙上　调到北京　回到老家

2. 普通话的儿化

普通话的儿化现象漫谈

普通话里的儿化，是一个相当普遍的语言现象，一个人在最简单的几句话里也难以躲开。外国人学汉语，最头疼的就是儿化。不要说外国人，就是中国人，南方许多方言区的人也都把对儿化的模仿视为畏途。一位福建朋友热情地邀请我说："请你抽空也到我们那里去玩一玩啦！"这个"玩"，就跟"完"是一个读音，没有经过儿化处理，听起来怪腔怪调的，不得劲儿。在北方，除了"玩具"之类的在词汇中作为词素出现的"玩"不必儿化，作为动词独立存在的"玩"，如果不经过儿化就说出来，听的人就会觉得别扭。一直在普通话环境中生活的人，不大容易感觉儿化的重要，只有听到方言区的人讲没有儿化现象的普通话时，才发现没有儿化的普通话，就像做菜没有放盐。

南方多数方言中没有儿化现象，北方官话区的四川话里，有的地方的儿化现象比北京还要厉害，还要泛化，这现象也挺有意思的。南京一带的儿化，又另是一路，这个"儿"不甘于自己的附属地位，于是就独立于前面的词而存在着。女作家陆星儿的名字，在北京人看来就是不可思议的，因为北方人不可能把名字中儿化的一个词中的"儿"单独标示出来，除了唱歌的时候可能是个例外。譬如说白毛女，叫喜儿。评剧《刘巧儿》中有个巧儿。口语中都是一个音节，可在歌里一唱，就变成两个音节了，"儿"被独立出来。

普通话中的儿化现象是不是标示出来，如何标示出来，似乎也是一笔糊涂账。赵元任先生曾经建议而且也自己作出标示的实践：他把儿化的"儿"用小号的字体附着在前一个字的后面。这办法清楚明白、一目了然是肯定的了，但无论是原来的铅字排版还是现在的电脑写作，这种做法都十分繁琐、麻烦，况且也不大好看，所以不便推行。现在的普通话，对词汇中的儿化，有的标示出来，譬如"眼药水儿"、"变戏法儿"、"炒肝儿"、"填个表儿"等，更多的时候根本没有标示，全靠自己的语言习惯把儿化念出来，譬如"小孩"、"赚点钱"、"哥们"、"啃书本"中的"孩"、"点"、"们"、"本"字，都是靠经验和习惯，自然就读成了儿化音，而且也不能想象，不经过儿化处理人们怎么能轻易地接受。但像现在这样，有的儿化标示出来，有的又不作标示，确实让南方人有点无所适从。

在许多现代汉语的语法书里，都把儿化的语法、语义功能之一定位为"指小"、"表爱"，意思是经过儿化的词，表示是这种事物中的偏小的一类，从口吻上说也带有喜爱的色彩。这种在形态和读音上稍加变化用以"指小"或者"表爱"的做法，在其他语言中也屡见不鲜。在现代汉语中，一般笼统地说，儿化体现出来的意义和色彩是"指小、表爱"，大致也不算错，但如果细究起来，这种概括并不严密，因为特例太多。"小偷儿"、"出错儿"，人们喜爱吗？"老头儿"、"地球儿"等词标示的事物也并不小。有一句俗语，叫"大眼儿瞪小眼儿"，"小眼儿"儿化，合情合理，"大眼儿"也儿化，光是拿"指小、表爱"来解释，就不够了。

——http：//www. qstheory. cn

3. 普通话的变调

普通话除了"轻声"、"儿化"的变音现象之外，还有一种变音现象——变调。

汉语的每一个音节都有它固定的声调，但在音节与音节连接得很紧密的时候，有些音节的调值就会发生一些变化，这种现象就叫变调。

（1）上声的变调。上声是个曲折调，又比较长，在快速连读时常常会挤短、扯直，不是把开头的下降部分挤掉，就是把末尾的上升部分挤掉。上声的变调规律：

① 上声 + 上声 → 阳平 + 上声

例如："好米"听起来像"毫米"；"马场"听起来像"麻场"

如果三个上声相连，前两个都变成近似阳平的调值。例如：展览馆、洗脸水。有的词语

第一个音节可以变阳平，也可以变“半上”，这与词语内部语法结构有关。例如：纸老虎、小组长等。

② 上声 + 非上声（阴平、阳平、去声）→“半上” + 非上声

例如：很高　很长　很大　老张　老王　老赵

③ 上声字后如果是轻声音节，这个上声字一般要根据它后面轻声字原来的声调来变化

上声 + 轻声（非上声字）→“半上” + 轻声

例如：喜欢　你们　早上

上声 + 轻声（上声字）→ 阳平 + 轻声

例如：老虎　想想　洗洗

但是有两类“上声＋轻声（上声字）”的词是按上声＋轻声（非上声字）的规律变化的。这两类是：

A. 上声 +“子”（轻声）→“半上” +“子”（轻声）

例如：椅子　斧子　板子

B. 亲属称呼中上声字的重叠 →“半上” + 轻声

例如：姐姐　奶奶　姥姥

（2）“一、不”的变调。“一、不”这两个字单念时，“一”念阴平声，“不”念去声。用在语句中，则要看后面的一个音节的声调而定，变化比较复杂。

①“一”的4种声调

A. 单说，或在语句末尾，都念阴平（“第一、十一、二十一”等看成一个数词，“一”字都读阴平原调；表“序数”的“第一”和简称“一”时，也读阴平原调，不变；夹在一串数字中，看做是单说的一个数字，也不变）。

如：“一、二、三!”“《列宁在一九一八》”“一八三五一六”“天下第一”“五一”“长春一中”“三营一连”“住在南一楼”“统一”“始终如一”“其说不一”“八十一天”。

B. 在去声前念阳平。

例如：一部书　一致　一样　一个人（“个”是去声变为轻声的，仍按去声看待）　一对（如读一声表示第一队；如读二声表示一个对）

C. 在非去声前念去声。

例如：一杯茶　一条心　一眼井　一楼（如读一声表示第一层楼；如读四声表示满楼）

D. 夹在叠用动词中间念轻声。

例如：看一看　试一试

②“不”的3种声调

A. 单说，或在语句末尾念原调去声。

例如：不，还要提高警惕！　我偏不！　谁敢说个“不”字？

B. 在阴平、阳平、上声（即一切“非去声”）前也念原调。

例如：不多　不成　不理　不约而同　不遗余力　不可思议

C. 在去声前念阳平

例如：不错　不对　不锈钢

D. 在动词后的补语中，或夹在词语当中念轻声。

例如：拿不动　了不起　好不好　年不年节不节的

【说的能力练习】

1. 轻声练习。

（1）找出所有不读轻声的词。正确一个1分，正确率60%以上的合格。

衣裳　词典　干净　优酷　先生　知识　消息　吩咐　纸张　容易　图书　明白
鼠标　毛病　黄瓜　眉毛　葡萄　桃花　活泼　云彩　机关　随和　凉快　喜欢
毛糙　牡丹　脑袋　好处　电池　打扮　打听　眼睛　比方　认识　母亲　队伍
想法　衣服　月亮　力气　故事　照顾　漂亮　手机　话题　快活　地方　记性
困难　事情　老爷　休息　字帖　耳朵　情形　头发　学生　知识　师傅　丈夫
结实　舒服　老实　便宜　麻烦　糊涂　精神　钢琴　二胡　胡琴　电源　桌椅
笑话　相声　委屈　参谋　嘱咐　称呼　和尚　佩服　宽敞　篱笆　机灵　稳当
吓唬　岁数　沟通　见识　柴火　合同　大方　衙门　翻腾　我们　失误　设计
咱们　什么　怎么　多么　本子　梳子　棋子　为了　强调　得了　好了　爸爸
太太　姑娘　有的　似的　目录　觉得　省得　免得　接着　跟着　觉着　里头
美国　骨头　馒头　喉头　拳头　学过　听过　见过　路过　躲开　离开　打开
放开　八开　拦住　站住　居住　盖上　关上　拿去　过去　离去　送来　对吗
走吧　书呢　谁的　坏的　树上　落下　敲敲　拍拍　试试　逛逛　冷饮　冷酷

（2）将下列句中的轻声准确地读出来。

① 他太大意了，把段落大意都写错了。

② 哥哥是一个买卖人，弟弟是一个工人。一次，哥哥看到木头这东西很便宜，想让弟弟做一次买卖试试。兄弟俩商量了一下，决定买下这些木头，做一次买卖。

③ 请你把买来的这些摆设在房间各处摆设好。

④ 他本事真大，把与本事有牵连的人和事一一查清了。

⑤ 他家帘子上的图案画的是莲子。

⑥ 他是一名编辑，正在编辑稿件。

⑦ 人家的闺女有花戴。

⑧ 小桥流水人家。

⑨ 他说山东话很地道。

⑩ 这个地道很深。

2. 儿化练习。

（1）下列词语中将儿化标示都去掉了，请同学们找出其中所有不能儿化的词语。正确一个1分，正确率60%以上的合格。

刀把　路霸　号码　戏法　宪法　在哪　找茬　打杂　板擦　擦擦　名牌　鞋带
壶盖　锅盖　小孩　加塞　快板　老伴　陪伴　蒜瓣　脸盘　算盘　脸蛋　收摊
包干　笔杆　门槛　药方　甲方　赶趟　香肠　盲肠　瓜瓤　掉价　估价　一下
豆芽　小辫　照片　扇面　汤面　差点　一点　雨点　聊天　拉链　锚链　项链
冒尖　坎肩　里间　车间　牙签　露馅　心眼　鼻梁　山梁　透亮　花样　脑瓜
大褂　麻花　笑话　大话　牙刷　一块　茶馆　宾馆　饭馆　火罐　落款　打转
拐弯　好玩　大腕　蛋黄　打晃　天窗　门窗　烟卷　手绢　出圈　包圆　人缘

绝缘 绕远 杂院 意愿 刀背 脊背 夹被 摸黑 老本 花盆 骨盆 嗓门
闸门 把门 哥们 纳闷 烦闷 后跟 别针 一阵 走神 大婶 杏仁 刀刃
手刃 钢镚 夹缝 脖颈 提成 半截 小鞋 旦角 主角 跑腿 一会 耳垂
墨水 雪水 围嘴 走味 打盹 胖墩 砂轮 游轮 冰棍 恶棍 没准 开春
瓜子 石子 没词 挑刺 墨汁 锯齿 记事 针鼻 垫底 肚脐 玩意 有劲
送信 脚印 花瓶 打鸣 图钉 门铃 眼镜 蛋清 火星 人影 毛驴 小曲
痰盂 合群 族群 模特 逗乐 娱乐 唱歌 挨个 打嗝 饭盒 在这 碎步
没谱 媳妇 贵妇 梨核 泪珠 明珠 有数 果冻 门洞 涵洞 胡同 抽空
酒盅 小葱 红包 灯泡 半道 手套 跳高 叫好 口罩 口哨 蜜枣 鱼漂
火苗 跑调 面条 豆角 开窍 衣兜 老头 猪头 年头 小偷 门口 卡口
出口 纽扣 线轴 起皱 小丑 加油 炼油 顶牛 吹牛 抓阄 棉球 火锅
做活 大伙 灾祸 邮戳 出错 不错 小说 被窝 狗窝 耳膜 粉末 本末

（2）将下列句中的儿化音准确地读出来。

① 下了班，上对门小饭馆，买一斤锅贴，带上点爆肚、蒜瓣，再弄二两白干，到你家慢慢喝。

② 进了门，倒杯水，喝了两口运运气。顺手拿起小唱本，唱一曲又一曲，练完了嗓子我练嘴皮。绕口令，练字音，还有单弦牌子曲。小快板，大鼓词，又说又唱我真带劲。

3. 变调练习。

（1）准确读出下列词语中上声的变调。

美满 水浒 影响 小组 整体 铁塔 感慨 手表 减少 品种 海岛 粉笔
理想 管理 厂长 场所 美好 领导 永远 指导 友好 采访 辗转 坎坷
选举法 勇敢者 导火索 水彩笔 洗脸水 举手礼 果品厂 讲演稿 展览馆
手写体 蒙古语 纸老虎 冷处理 我打水 你洗脸 小拇指 孔乙己 很理想
厂党委 省体委 好导演 海产品 女选手 小雨雪 甲乙丙 好好好 稳准狠
某某某 走走走 软懒散 卡塔尔 索马里 马祖卡 短小好 李可染 马厂长
李小姐 武导演 史可法

岂有此理 买把纸雨伞 你把美好理想给领导讲讲 请你给我打点儿洗脸水
种马场养有五百匹好母马 天上美景总是引起童心的好奇和遐想

（2）准确读出下列词语中“一、不”的变调。

统一 单一 初一 第一届 一楼一号 六月一日 一一述说 天下第一
一百一十一 一千一百一十一点一 一万一千一百一十一 一亿一千一百一十一
一天 一家 一帮 一年 一本 一尺 一曲 一伙 一斤 一吨 一回 一枚
一次 一句 一下 一件 一样 一向 一阵 一派 一届 一片 一辆 一律
笑一笑 说一说 洗一洗 看一看 尝一尝 闻一闻 试一试 查一查 整一整
一心一意 一丝一毫

星期一一大早，我就看了一本书。

一帆一桨一叶舟，一个渔翁一钓钩。一俯一仰一顿笑，一江明月一江秋。

一蓑一笠一渔舟，一个渔翁一钓钩。一拍一呼还一笑，一人独占一江秋。

不必 不要 不怕 不但 不大 不让 不会 不顾 不退 不利 不定 不断
不愧 不妙 不善 不去 不信 不像 不用 不对 不够 不听 不妨 不通

不该　不美　不灵　不佳　不争　不服　不足　不齐　不想　不甜　不真　不喊
不和　不熟　不匀　不改　不鲜　不仅
说不说　肯不肯　来不来　疼不疼　去不去　好不好　走不动　说不清　对不起
差不多　用不上　挡不住　写不完　快不快　了不起　吃不下　拿不动　买不起
不伦不类　不即不离　不劳而获　不谋而合　不言而喻　不遗余力　不约而同
不知所措　不置可否　不上不下　不前不后　不大不小　不清不白　不动声色
你要不来，我也不去。信不信由你。

不怕苦，不怕死，不为名，不为利，不计较工作条件好坏，不计较报酬多少，不讲分内分外，一心为工作，一心为人民。

干什么工作都要一心一意，言行一致，表里如一。有了成绩不能骄傲，遇到困难不能失掉信心，工作热情不要一高一低，要始终如一，积极上进。干什么工作都要不折不扣，不讲价钱，不要态度，这样才是一个对工作认真负责的人。

【考核标准】

普通话轻声、儿化、变调的发音比较正确的，合格。普通话轻声、儿化、变调的发音全都标准的，优秀。

二、普通话水平测试（读字读词、命题说话部分）

（一）普通话水平测试及其等级标准

1. 普通话水平测试（PSC：PUTONGHUA SHUIPING CESHI）

普通话水平测试是我国为加快共同语普及进程、提高全社会普通话水平而设置的一种语言口语测试，全部测试内容均以口头方式进行。普通话水平测试不是口才的评定，而是对应试人掌握和运用普通话所达到的规范程度的测查和评定，是应试人的汉语标准语测试。

普通话水平测试是我国现阶段普及普通话工作的一项重大举措。在一定范围内对某些岗位的人员进行普通话水平测试，并逐步实行普通话等级证书上岗制度，标志着我国普及普通话工作走上了制度化、规范化、科学化的新阶段。开展普通话水平测试工作，将大大加强推广普通话工作的力度，加快速度，使“大力推行、积极普及、逐步提高”的方针落到实处，极大地提高全社会的普通话水平和汉语规范化水平。

2. 普通话水平测试等级标准

普通话是现代汉语的标准语。由国家语言文字工作委员会和国家教育委员会、广播电影电视部颁布的《普通话水平测试等级标准（试行）》（国语［1997］64 号）把普通话水平分为三个级别（一级可称为标准的普通话，二级可称为比较标准的普通话，三级可称为一般水平的普通话），每个级别内划分甲、乙两个等次。三级六等是普通话水平测试中评定应试人普通话水平等级的依据。

（1）一级（标准的普通话）：

一级甲等（测试得分：97 分～100 分之间）朗读和自由交谈时，语音标准，词语、语法正确无误，语调自然，表达流畅。

一级乙等（测试得分：92 分～96.99 分之间）朗读和自由交谈时，语音标准，词语、语法正确无误，语调自然，表达流畅。偶然有字音、字调失误。

（2）二级（比较标准的普通话）：

二级甲等（测试得分：87 分～91.99 分之间）朗读和自由交谈时，声韵调发音基本标准，语调自然，表达流畅。少数难点音有时出现失误。词语、语法极少有误。

二级乙等（测试得分：80 分～86.99 分之间）朗读和自由交谈时，个别调值不准，声韵母发音有不到位现象。难点音失误较多。方言语调不明显。有使用方言词、方言语法的情况。

（3）三级（一般水平的普通话）：

三级甲等（测试得分：70 分～79.99 分之间）朗读和自由交谈时，声韵母发音失误较多，难点音超出常见范围，声调调值多不准。方言语调较明显。词语、语法有失误。

三级乙等（测试得分：60 分～69.99 分之间）朗读和自由交谈时，声韵调发音失误多，方音特征突出。方言语调明显。词语、语法失误较多。外地人听其谈话有听不懂的情况。

根据国家及有关部委的要求，现阶段各类人员的普通话水平应达到的等级标准如下：播音员、节目主持人、影视话剧演员为一级以上水平；教师和大学生为二级以上水平；公务员和社会公共服务行业从业人员为三级以上水平。目前，一些省市和行业系统根据实际需要，在依照国家原则要求的基础上，对部分人员的普通话水平达标要求做了细化，促进普通话进一步普及，促进运用普通话的能力进一步提高。

普通话水平测试等级证书是证明应试人普通话水平的有效凭证，证书由国家语言文字工作委员会统一印制。普通话一级乙等以下成绩的证书由省（直辖市）级语言文字工作委员会加盖印章后颁发，普通话一级甲等的证书须经国家普通话水平测试中心审核并加盖国家普通话水平测试中心印章后方为有效。有效的普通话水平测试等级证书全国通用。

（二）普通话水平测试考试方法及评分标准

经报名核准后，应试者应在规定的日期，凭本人的准考证和身份证，进入指定的考场，并按指定试卷上的内容进行测试。每个考场有 2～3 位测试员负责对应试者的普通话水平进行判定。总时间在 15 分钟左右。

首先抽签朗读作品和说话题目，准备约 10 分钟的时间，进入考场后首先报自己的单位、姓名，然后按照四项（五项）内容先后进行测试：100 个单音节字词、50 个双音节词语、（判断测试）、作品朗读、说话。测试全程录音，测试完成后方可离开测试现场，一周左右可进行成绩查询，并得到相应的普通话水平等级证书。

考试内容

试卷包括五个部分：

1. 读单音节字词 100 个（排除轻声、儿化音节）

目的：考查应试人声母、韵母、声调的发音。

评分：此项成绩占总分的 10%，即 10 分。读错一个字的声母、韵母或声调扣 0.1 分。读音有缺陷每个字扣 0.05 分。一个字允许读两遍，即应试人发觉第一次读音有口误时可以改读，按第二次读音评判。

限时：3 分钟。超时扣分（3～4 分钟扣 0.5 分，4 分钟以上扣 0.8 分）。

2. 读双音节词语 50 个

目的：除考查应试人声母、韵母和声调的发音外，还要考察上声变调、儿化韵和轻声的读音。

评分：此项成绩占总分的 20%，即 20 分。读错一个音节的声母、韵母或声调扣 0.2 分。读音有明显缺陷每次扣 0.1 分。

限时：3 分钟。超时扣分（3～4 分钟扣 1 分，4 分钟以上扣 1.6 分）。

（注意：1 和 2 两项测试，其中有一项或两项分别失分在 10% 的，即 1 题失分 1 分，或 2 题失分 2 分即判定应试人的普通话水平不能进入一级。应试人有较为明显的语音缺陷的，即使总分达到一级甲等也要降等，评定为一级乙等。）

3. 朗读（从《测试大纲》第五部分朗读材料（1～50 号）中任选）

目的：考查应试人用普通话朗读书面材料的水平，重点考查语音、连读音变（上声、“一”、“不”）、语调（语气）等项目。

计分：此项成绩占总分的 30%。即 30 分。对每篇材料的前 400 字（不包括标点）作累积计算，每次语音错误扣 0.1 分，漏读一个字扣 0.1 分，不同程度地存在方言语调一次性扣分（问题突出，扣 3 分；比较明显，扣 2 分；略有反映，扣 1.5 分。停顿、断句不当每次扣 1 分；语速过快或过慢一次性扣 2 分）。

限时：4 分钟。超过 4 分 30 秒以上扣 1 分。

4. 判断测试

目的：重点考查应试人员全面掌握普通话词汇、语法的程度。题目编制和计分：此项成绩占总分的 10%，即 10 分。

判断（一）：根据《测试大纲》第三部分，选列 10 组普通话和方言说法不同的词语（每组至少有两种不同的说法），由应试人判断哪种说法是普通话的词语。错一组扣 0.25 分。对外籍人员的测试可以省去这个部分，判断（三）的计分加倍。

判断（二）：根据《测试大纲》第四部分抽选 5 个量词，同时列出可以与之搭配的 10 个名词，由应试人现场组合，考查应试人掌握量词的情况。搭配错误每次扣 0.5 分。

判断（三）：根据《测试大纲》第四部分，编制 5 组普通话和方言在语序或表达方式上不一致的短语或短句（每组至少有两种形式），由应试人判定符合普通话语法规范的形式。判断失误每次扣 0.5 分。

在口头回答时，属于答案部分的词语读音有错误时，每次扣 0.1 分；如回答错误已扣分就不再扣语音失误分。

限时：3 分钟。超时扣 0.5 分。

5. 说话

目的：考查应试人在没有文字凭借的情况下，说普通话的能力和所能达到的规范程度。以单向说话为主，必要时辅以主试人和应试人的双向对话。单向对话：应试人根据抽签确定的话题，说 4 分钟（不得少于 3 分钟，说满 4 分钟主试人应请应试人停止）。

评分：此项成绩占总分的 30%（40%），即 30（40）分。

（1）语音面貌占 20%，即 20 分。其中档次为：

一档 20 分：语音标准；

二档 18 分：语音失误在 10 次以下，有方音不明显；

三档 16 分：语音失误在 10 次以下，但方音比较明显；或方音不明显，但语音失误大致在 10～15 次之间；

四档 14 分：语音失误在 10～15 次之间，方音比较明显；

五档 10 分：语音失误超过 15 次，方音明显；

六档 8 分：语音失误多，方音重。

语音面貌确定为二档（或二档以下）即使总积分在 97 分以上，也不能入一级甲等；语音面貌确定为五档的，即使总积分在 87 分以上，也不能入二级甲等；有以上情况的，都应在等内降等评定。

（2）词汇语法规范程度占 5%，即 5 分。计分档次为：

一档 5 分：词汇、语法合乎规范；

二档 4 分：偶有词汇或语法不符合规范的情况；

三档 3 分：词汇、语法屡有不符合规范的情况；

（3）自然流畅程度占 5%，即 5 分。计分档次为：

一档 5 分：自然流畅；

二档 4 分：基本流畅，口语化较差（有类似背稿子的表现）；

三档 3 分：语速不当，话语不连贯；说话时间不足，必须主试人用双向谈话加以弥补。

试行阶段采用以上评分办法，随着情况的变化应适当增加说话评分的比例。

（三）普通话水平测试（读字读词部分）示例

一、读单音节字词（100 个音节，共 10 分，限时 3.5 分钟）。

发齿召胖骑拎挪蠢刹嗜　抄纲瞎饼挫屡薄日缫尚　芽鸣拽拒抹儿透藏爹凉

踹趣德骇着瞪苗琼快绢　符灾版横搅泳瑞玄瑟哀　谈牛铺髓群饿备干脓柳

服灌寻自肥黯肿厩出轮　尊辞黑陈绒免抓捆司岛　伸密否旷之告仁敌评托

黄乃叩封戒巷桂薜乐同

二、读多音节词语（100 个音节，共 20 分，限时 2.5 分钟）。

久远　家禽　悄然　交融　叙述　弱点　怀抱　明白　古代　在哪儿

取舍　夸耀　嫩绿　他人　花生　王国　团体　亏损　灯笼　耳垂儿

抢险　烟卷　顷刻　铁路　训练　黄昏　喜欢　增长　对比　跑调儿

提防　全身　挫折　虽说　快乐　罢工　破裂　派遣　村庄　粉末儿

被告　敏感　姊妹　磁场　扭转　金丝猴　爵士乐　胸有成竹

三、朗读短文（400 个音节，共 30 分，限时 4 分钟）。

两个同龄的年轻人同时受雇于一家店铺，并且拿同样的薪水。可是一段时间后，叫阿诺德的那个小伙子青云直上，而那个叫布鲁诺的小伙子却仍在原地踏步。布鲁诺很不满意老板的不公正待遇。终于有一天他到老板那儿发牢骚了。老板一边耐心地听着他的抱怨，一边在心里盘算着怎样向他解释清楚他和阿诺德之间的差别。

“布鲁诺先生，”老板开口说话了，“您现在到集市上去一下，看看今天早上有什么

卖的。”

布鲁诺从集市上回来向老板汇报说，今早集市上只有一个农民拉了一车土豆在卖。

“有多少？”老板问。

布鲁诺赶快戴上帽子又跑到集上，然后回来告诉老板一共四十袋土豆。

“价格是多少？”

布鲁诺又第三次跑到集上问来了价格。

“好吧，”老板对他说，“现在请您坐到这把椅子上一句话也不要说，看看阿诺德怎么说。”

阿诺德很快就从集市上回来了。向老板汇报说，到现在为止只有一个农民在卖土豆，一共四十口袋，价格是多少多少；土豆质量很不错，他带回来一个让老板看看。这个农民一个钟头以后还会弄来几箱西红柿，据他看价格非常公道。昨天他们铺子的西红柿卖得很快，库存已经不多了……

四、命题说话（请在下列话题中任选一个，共40分，限时3分钟）。

1. 我的学习生活

2. 谈谈服饰

【说的能力练习一】

普通话水平测试模拟试题（读字部分）练习——读单音节字词（100个音节，共10分，限时3.5分钟）

题（1）

凝截内在执蔡翔跨夏瓜　嗅家块悬望沾集旁翁次　超藤斑匪涉仁撤糟褐闸
扔眉怀貂稿茬浑兄窜突　罐雨渗瘾耐砖眶竖驴仓　迟刑电赏瞄索妾恐诱陪
旦揉规唾斋阅俄劝画艘　犯膜侵陵松偿醉多换队　洼飘运声绝封困周钛霜
钵轮匾坡标佯扭君汗钠

题（2）

抿墙早怯慢夺页宅全鞭　宫继蚕巨云卧奏丸饷鸣　垒绕李壅籽凶扭挖镜确
宾丈荒摄状肩耸层慎春　环口泼狭踹刘孙梅显郎　妄型跨罚侧连育叠表茶
钡棚妥伯爱爬扳侄捏池　梗浙刊枕略嫩坤船迎吊　鲁帅乔返烫毁庙哑霜嗣
刷筹砂话熏蕊栽拔筐因

题（3）

撒七插岳租摇尊釉乖残　亮碑钾氯峻镁第走帛纸　代卤诵纠贫这衰援光豆
贞坡讯碱权塔畏冬锤扭　吃韩葬疆版黑滩断凑杀　病矛锁壶免刮扩祥废桦
驼默准蛇窃黄跪顶个熊　棒迈嘴蒸下垮瘸才捏神　津川票卧藻湾盟标客拘
楔乃文螯掌痈偶窗赖穗

题（4）

破匪跨鬃焚枚扭皇飘拒　翅撅罕聘赫低童鲸兜词　泰蛹胁崽铂认搭甩萌岭
班鸟汁网尤奶荤扯忙官　庙匀问索弦彭啃座倦箩　寄滑寸丙缀腰喂淡增骗
外展册雄柴叙套洁欧诊　虾襟粤法价群豹暖壮户　巡麝球挖流快容泪防垣

碘亚灶款卦隋蜜蹿沫收

题（5）

窍惹跨波惯钧报掷挥附　要聋贫抓马排雷叶八善　赤花锻仄捆凝铁酸妙扭

块潘障寡废胸配辛翼挽　寿玄笨亏跃怪久臣佑加　捏绸竟旗诀洒汰烘睬寻

怕整耗僧帽唱酶暂绫园　旺叹摘窜床涌投褶惧尹　扮嗓存爽岁嘘胆赐捉吨

谋被洽篷详莫戳准漏填

【说的能力练习二】

普通话水平测试模拟试题（读词部分）练习——读多音节词语（100 个音节，共 20 分，限时 2.5 分钟）。

题（1）

浓度　的确　里头　枪毙　状态　条款　文明　性能　西北　防空　容量　诞辰

女工　垂直　用处　他人　群众　意思　发愣　狩猎　光临　鸦片　遵循　身份

臂膀　情节　奇怪　去年　差别　教化　国民　落日　顺序　流传　飞涨　推翻

使劲　外科　拍子　辅导　号啕　蒙古包　做活儿　大腕儿　哥们儿　棉球儿

委员会　不胫而走

题（2）

改编　豹子　门口　熟悉　心思　罚款　民国　钢铁　食堂　制作　春天　湍流

累赘　挑选　群体　根本　分开　前往　楼房　情况　生气　内在　含混　冷饮

红叶　名称　收入　关卡　晌午　复杂　风味　操持　评论　道德　挖掘　歪曲

耷拉　燃烧　通常　空中　专政　经纪人　形容词　饭盒儿　一点儿　火苗儿

小瓮儿　不言而喻

题（3）

断层　欣赏　昆虫　连接　避免　强制　发明　传播　日夜　创作　喇叭　食物

身躯　然而　邻居　思量　学术　高昂　工会　摩擦　风筝　锅台　年度　气候

缺少　海港　遵守　参考　归队　亲切　犯罪　成本　不怕　妇女　同情　赔偿

抓获　特权　古董　初春　栗子　荧光屏　天主教　拐弯儿　老头儿　被窝儿

小碗儿　相得益彰

题（4）

同学　混合　蜜蜂　境遇　民兵　健儿　导演　传说　列车　偏颇　地区　公众

后退　称呼　包括　钢琴　使命　目光　春天　旁边　稀饭　苛求　桥梁　开放

平等　分别　日前　位子　气温　发生　外国　复杂　上司　对待　租赁　嘉奖

神韵　空旷　职权　特务　跳动　少年　海里　规律　主人翁　大伙儿　小葱儿

落款儿　高跟儿鞋

题（5）

佛寺　照相　亲切　返青　耻辱　爽快　局面　钢铁　传说　人群　摧毁　爱国

挫折　篱笆　报答　随后　盼望　修养　明白　英雄　军阀　的确　公民　从中

暖瓶　深化　难怪　温柔　内在　调和　总得　恰好　完善　眉头　夸张　学习

窘迫　毽子　典雅　妇女　标准　螺旋桨　幼儿园　灯泡儿　拉链儿　提成儿

逗乐儿　不速之客

【考核标准】

参见“（二）普通话水平测试考试方法及评分标准”。达到二级标准的合格，达到一级乙等的优秀。

（四）普通话水平测试（命题说话部分）示例

一、命题说话（请在下列话题中任选一个，共30分，限时3分钟）。

1. 我喜爱的动物（或植物）
2. 我的假日生活

答：我的假日生活

我是一个性格比较内向的人，但我喜欢旅游，尤其在假期。可以说，只要有足够的时间和金钱，我的假日生活一般是旅游。都说“智者乐水，仁者乐山”。我喜欢有山有水的地方，倒不是认为自己既是智者，也是仁者，只是觉得山可以让我看得更远，水可以让我心地更纯净。

旅游是一种生活方式，旅游过程中的体验就是对生活的体验，虽然很虚无，但是谁敢说，他不爱旅游？有钱的时候，我会选择这种方式生活；没钱的时候，我会努力争取，直到梦想成为现实。每一个旅人不管以什么样的心态进行自己的旅游活动，其间所经历过的身心变化都是纯属自身所有而充满独特性的。即使是一次三十几人的团体旅游，尽管行程一致，风景无异，旅游结束时每个人的感受都不可能一模一样。我领略过大都市高楼林立的风采，也饱览过山川河流的秀美绰约风姿，可我仍然对旅游乐此不疲。

我期盼每一次旅游都能带来丰硕的成果。这些成果，可能是充分地放松休息，可能是赏尽丽景，尝遍美食，可能是一偿夙愿终于到此一游，更可能是一次心灵的蜕变与改革。不管是哪一种成果，它们其实已超越“成果”两个字的表面意义，而引领着我朝向下一次的旅程迈步，带来旅游中无限的成长与乐趣。有一定的时间，有一定的金钱，我就旅游去！

二、命题说话（请在下列话题中任选一个，共30分，限时3分钟）。

1. 我喜爱的职业
2. 我和体育

答：我和体育

说实在的，我从小就不怎么喜欢体育。上学时，我各科成绩都不错。唯独我的体育成绩一直在及格线上挣扎。最不喜欢上的就是体育课，偏偏学校提出“德智体全面发展”的口号。体育不及格还不能当三好学生。所以，我为此付出了很多辛苦。

我不胖，体质也不算弱。但不知道为什么体育就不能达到优秀。最怕跳高与长跑了，仰卧起坐相对而言好些，但也只是达标没问题。于是打心底里羡慕那些轻而易举在体育方面拿高分的人！我知道他们努力过，但我付出的也不比他们少，甚至远远比他们多！而成效却微乎其微啊。

尽管如此，体育还是给我带来了许多乐趣。初一时我被老师选上参加篮球比赛，记得那

次比赛我们班还赢了呢！如果不是因为怕耽误学习，就继续练下去了。后来我迷上了乒乓球，还参加了课外乒乓球兴趣小组。一番折腾下来，还算小有成就，能打两下子了。现在觉得羽毛球不错，有时去打打，技术有点进步。去年又因为世界杯，对足球大感兴趣。开始爱看球赛，弄清了"角球"、"越位"等一些术语，并有点后悔上学时怎么没学足球，无论结果如何我热衷于参与过程。最近常常早起晨练，其实我深深地知道，没有一个健康的身体，什么都做不成，也就是说体育锻炼是很重要的。

这就是我和体育，苦恼并快乐着。

【说的能力练习】

普通话水平测试模拟试题（命题说话部分）练习：请在下列六组话题中任选一组，任选一题，限时 3 分钟。

（一）

1. 我的学习生活
2. 谈谈服饰

（二）

1. 我喜爱的动物（或植物）
2. 我的假日生活

（三）

1. 我尊敬的人
2. 我的成长之路

（四）

1. 童年的记忆
2. 谈谈卫生与健康

（五）

1. 我喜爱的职业
2. 我和体育

（六）

1. 我的朋友
2. 难忘的旅行

【考核标准】

参见"（二）普通话水平测试考试方法及评分标准"。达到二级标准的合格，达到一级乙等的优秀。

【补充练习】

2 分钟口头自我介绍。要求：①敢上讲台；②声音洪亮；③发音标准；④表达流畅；⑤内容充实有特点；⑥仪态大方；⑦2 分钟以上。

【考核标准】

口头自我介绍过程中，声音比较大、发音比较标准、表述比较流畅、内容比较充实、描

述出自己一些个性特点的，合格。敢在讲台前面向大家，声音洪亮、发音标准、表述流畅、内容充实、个性突出、仪态大方的，优秀。

三、复　述

（一）什么是复述

在学习、工作和日常生活中，我们经常需要将某些信息准确、完整地或相对准确、完整地口头转达给他人，如果转达得不准确、不完整，就可能会给我们的学习、工作和生活带来问题。这种转达能力就是复述能力。虽然小学、初中的语文教学近年来加强了对课文的复述训练，但根据对目前五年制高职生的实用语文应用能力的考查分析，学生的实用复述能力普遍不高，仍需加强训练。有效的实用语文复述训练，不仅可以提高记忆能力，强化知识；还可以提高有序、有节、有理、有力的口头表达能力，对今后的学习、工作和日常生活具有重要意义。

复述分为重复性复述和改造性复述两大类：

1. 重复性复述

重复性复述又分为详细复述和摘要复述两种。详细复述要尽量完整地保留原作的观点、情节或内容，不改变原作中材料的顺序。摘要复述要根据要求截取主要观点、主要情节或内容。摘要性复述可以直接引用原作的语言，但不可避免要对原作语言做必要的调整。

2. 改造性复述

改造性复述就是转述。转述是要求改变原作结构、顺序、角度或表现方法的复述。它可以分为不同的类型。一种是概括性转述，它要求删去次要的、解释性的和修饰性的内容，并要求对内容进行必要的抽象，再用自己的语言加以组织和概括；一种是改编性转述。

在学习、工作和日常生活中，不同的信息需要采用不同的复述方法，或简要复述，或详细复述，或改造性复述。然而不论采取哪种形式的复述，都要注意把握以下几点：

第一，把书面语转换为口头语；

第二，突出重点，准确地体现原材料的中心和重点；

第三，条理清楚，反映各部分内容的内在联系，如果叙述一件事情，复述时一定要交代清楚时间，地点，人物，事情的起因、经过、结果等；

第四，语言力求准确。

（二）复述能力训练示例

1. 将下面的内容用“详细复述”的方法复述给大家。

（1）截至本月9日，已有约50万人申请小客车摇号指标，其中，本月份新增1.7万多个个人摇号指标。虽然每个月的26日都有约2万个幸运儿中签，获得摇号指标购买小汽车，但截至目前，数万幸运儿中仅有1.2万人购车。

答：截至本月9日，已有约50万人申请小客车摇号指标，其中，本月新增1.7万多个个人摇号指标。虽然每月26日都有约2万人中签，获得购买小汽车的摇号指标，但截至目前，仅有1.2万人购车。

(2) 广大移动互联网用户对手机游戏、手机音乐、手机阅读、移动IM、搜索浏览器有很高的需求，高要求的应用服务同样会对运营商造成更大的开发压力。

面对移动通信和互联网融合产生的巨大价值空间，诺基亚、苹果、微软、谷歌、腾讯等终端厂商和信息服务提供商，进军移动互联网的战略部署和市场布局早已开始。Google TV，iPhone 等融合性极强的终端服务平台已经成为最新利润增长点。

答：广大移动互联网用户对手机游戏、手机音乐、手机阅读、移动IM、搜索浏览器有很高的需求，对运营商造成了更大的开发压力。

面对移动通信和互联网融合产生的巨大价值空间，诺基亚、苹果、微软、谷歌、腾讯等终端厂商和信息服务提供商，进军移动互联网的战略部署和市场布局早已开始。Google TV，iPhone 等融合性极强的终端服务平台已经成为最新利润增长点。

2. 将下面的内容用"改造复述"的方法复述给大家。

初二男生发明自动跳绳机 快慢可以通过音乐调节

只需要通电，跳绳机便能自动甩绳，让学生们感受到跳绳锻炼身体的乐趣。在昨日26届重庆青少年科技创新大赛青少年科技作品展上，市一中初二学生罗昊天、罗晨书两人联手发明的自动跳绳机吸引了众人的目光。

自动跳绳机省去甩绳的麻烦。

"自动跳绳机的原理很简单，它主要是通过机械不停转动，带动跳绳稳定甩动。"昨天，罗昊天和罗晨书向大家展示着他们发明的自动跳绳机：一根短绳（跳绳）两侧连接着两个固定装置，左侧固定装置为辅助装置，右侧固定装置由电动机、齿轮等驱动装置构成，只要一通电，右侧的驱动装置便会带动跳绳快速匀速转动起来，就可以跳绳了。

谈到发明自动跳绳机的初衷，罗昊天和罗晨书说，现在全市中小学生都开设了跳绳课，虽然跳绳学起来简单，但有时候因为甩绳的两位同学配合不好而让人跳不好绳。为解决这个问题，同住在一个寝室的小哥俩开始构想：如果发明一种自动甩绳的机器，不用人来甩绳就好了。

甩绳快慢可通过音乐调节。

想到了就去做，两人用了两个多月的时间，做出了自动跳绳机，"通过机械传动甩出稳定的跳绳，不但让所有同学都能参加到跳绳运动中，还省去甩绳的麻烦。"罗昊天说。

如果有同学在跳绳过程中不小心绊绳或踩绳会不会摔倒？放心，这个问题罗昊天和罗晨书也想到了，他们在自动跳绳机上装置了一个压力开关，一旦发生有人绊绳或踩绳的现象，这个压力开关便会自动关闭电动机，保证跳绳者的安全。

为增加跳绳的乐趣，他们还在自动跳绳机上设计了音乐播放器，绳子的转速还能根据音乐的节奏变化，可快可慢；自动跳绳机上的跳绳长短和甩绳高度都可进行调节，满足不同年龄和身高者的需要。

——《重庆晨报》(2011年04月18日)　刘敏

答：2011年4月17日，重庆市一中初二学生罗昊天、罗晨书两人联手发明的一种自动跳绳机，在第26届重庆青少年科技创新大赛青少年科技作品展上吸引了众人的目光。

这种自动跳绳机的原理是：一根跳绳两侧连接着两个固定装置，一侧为辅助装置，一侧由电动机、齿轮等驱动装置构成，只要一通电，驱动装置便会使跳绳匀速地甩起来，就可以跳绳了。

自动跳绳机上还设计了音乐播放器，绳子的转速能根据音乐节奏的快慢来变化，跳绳的长短和甩绳的高度也能调节，可以使不同年龄、不同身高的人都能用这个机器跳绳。

不仅如此，这种自动跳绳机还装有压力开关，一旦有人被绳绊到或踩了绳子，机器便会自动停止，可以保证跳绳者的安全。

3. 将下面的内容用“摘要复述”的方法复述给大家。

八年前，由于一次意外的事故，公司进口的五台插件机损坏。国外商社的驻京代表前来察看后，满口答应帮助修复。但第二天却声称无法修复，必须买新整机。公司提出供应部分零件，由自己修理，回答仍是不行。结果公司集中全部优秀人才自己动手，经过七个月奋战竟然将机器全部修复一新，大长了公司上下的志气！

答：公司不为外商压力屈服，自己努力修复机器，既节省资金，又长了志气。

4. 摘要性复述选择题训练。

（1）芒果、荔枝、桂圆这些南国水果珍品，大庆人过去只能在电视上看到或在罐头中尝过，现在它们已摆上了大庆市各农贸市场、社区居民点的摊床上，寻常百姓不必远涉千山万水到广东、海南水果产地或驱车几百公里到省城购买，只消几步就可大饱口福了。最能准确复述这段话主要意思的是（　　）。

A. 芒果、荔枝、桂圆属南方水果珍品，北方人吃不到

B. 南方水果被运到大庆，解决了居民购买难的问题

C. 以前人们也同样能吃到南方水果

D. 大庆人喜欢南方水果

答案：B

（2）随时随地为别人着想，成了高建栋的习惯。今年5月，高建栋因患窦性心律骤停，去北京检查治疗。刚下火车就遇上北京市红十字会组织的义务献血活动。他不顾身体虚弱，献了血。他就是这样不顾自己，只为别人着想。最能准确复述这段话主要意思的是（　　）。

A. 高建栋一心只为别人，从不为自己着想

B. 高建栋身体并不好，今年5月他还去北京治病

C. 高建栋养成了随时随地为别人着想的习惯，连去北京治病时都不顾身体虚弱义务献血

D. 高建栋是在身体不佳的情况下主动义务献血的

答案：C

【说的能力练习一】

请详细复述下列内容。

（1）作为草根微博用户，有两种方式进行微博创业：一是养账号，专注于一个细分的领

域，比如时尚、街拍等；二是开发 API 应用插件。新浪的草根微博中排名前 100 的，基本上都是养账号的，一条嵌有广告的链接，价格从几百元到上千元不等。

（2）不久前还一机难求的 iPhone 4 如今无需预约即可直接购买，但是每人限购两部。不过，与此前需要身份证的严格限购条件相比，“限购两部”只是说说而已，实际买几部都没问题，用户最低只需 4999 元即可买到 iPhone 4 裸机。至于传说有些“果粉”称因没见到火爆排队现象而失落，应该属于无稽之谈。

【说的能力练习二】

请改造复述下列内容。

（1）在当前的手机市场，苹果 iPhone 和谷歌 Android 的盛行，似乎将市场和用户带进了一个智能手机的时代。不错，智能手机将是未来移动互联网终端的发展趋势。但不可否认的事实是，即便是在智能手机发展最快的美国市场，其智能手机的渗透率也就在 40% 左右。由此不难看出，市场和用户从传统的功能性手机转向智能手机将是一个循序渐进的过程，在这一过程中，功能性手机在创新的基础上仍可以满足市场和用户的需求。只是这种创新较以往将更具有破坏性。

（2）被誉为“信息高速公路”的光纤宽带网络正受到前所未有的重视，在“十二五”规划纲要中，已明确提到下一代通信网络是重点。然而在上海，尽管光纤宽带建设已经展开一年多，10M 网速已成为不少小区用户上网的标配，却仍有相当部分家庭被阻隔在“光网”之外，他们通常被告知的理由是：本小区没有进行光纤网络改造。《IT 时报》记者采访发现，由于不少小区物业公司提出高额“入场费”，或者直接阻挠运营商光纤网络改造，不少市民离光速的“智慧生活”，还有点远。

【说的能力练习三】

1. 请做下列摘要复述选择题。

（1）那天在博览会上，一个西装革履、油光满面的中年人热情地迎上来跟我握手，还问我爱人是否还在原单位上班。我一下子不知所措：我根本就没结婚，哪来的爱人？

最能准确复述这段话主要意思的是（　　）。

A. 一个我不认识的人跟我打招呼

B. 有人莫名其妙地问我不相干的问题

C. 跟我说话的人肯定把我错当成了别人

D. 跟我说话的是个无聊之辈

（2）《春秋》是我国现存最早的编年史，它以鲁国为主，兼及周王室和其他诸侯国，是鲁人系统叙述春秋时期历史的著作。《春秋》原出于鲁国史官之手，后来经过孔子整理。孔子修《春秋》，体现了他的政治立场，还达到“惩恶扬善”的目的，这就是“寓褒贬，别善恶”的春秋笔法。

最能准确复述这段话主要意思的是（　　）。

A.《春秋》是我国现存最早的编年史

B.《春秋》的主要内容和成书原因

C. 什么是春秋笔法

D. 我国现存最早的编年史《春秋》的主要内容及孔子整理编写的目的

（3）“摄影文章”并不是以文为主的文章，而是美国新闻摄影报道的一种体裁。它是以

照片为主，以几张、几十张，甚至更多的照片，组成一篇通俗易懂的“文章”来阐明一个主题或深入地探讨一个问题。“摄影文章”最初出现在美国《生活》杂志上，它与我国的摄影专题报道有类似之处，但又不尽相同。

最能准确复述这段话主要意思的是（　　）。

A. “摄影文章”是美国新闻摄影报道的一种体裁

B. 具体介绍了“摄影文章”是一种什么样的摄影报道体裁

B. “摄影文章”是一组由摄影图片组成的“文章”

D. “摄影文章”是一种由照片组成的文章形式的新闻摄影报道而非真正的文章

（4）气枪弹击碎玻璃的痕迹与其他膛线的枪支击碎玻璃的痕迹是不一样的。这是因为气枪虽然有膛线，但它是用弹簧压缩空气作为动力来发射弹头，速度低、能量小、重量轻（每个气枪枪弹重0.5克），所以气枪弹撞击玻璃时，对玻璃的作用时间长，作用力小，穿透能力小。其玻璃击碎痕迹也不同于石击玻璃的痕迹。

最能准确复述这段话主要意思的是（　　）。

A. 气枪击碎玻璃的痕迹不同于其他枪支痕迹

B. 气枪弹击碎玻璃的痕迹之所以不同于其他枪支造成的痕迹是由于它是用弹簧压缩空气作为动力的

C. 气枪弹痕极易辨认

D. 其他有膛线的枪支的弹痕也不同于石击玻璃的痕迹

（5）在电信业务中，我国国际电话通话费过高，严重影响国际电信业务的增加，而市内电话亏损，1995年，全国亏损60亿元。调整后的国际电话通话费平均降低30%，市内电话通话费标准平均提高20%。长途电话在价格总水平不提高的前提下，简化计费等级。为减轻农民负担和用户安装电话的负担，降低了农村电话通话费和城乡电话初装费。

最能准确复述这段话主要意思的是（　　）。

A. 我国国际电话通话费过高，市话收费过低，发展太不平衡

B. 我国市话亏损严重，将大幅度上调

C. 国家改革电话费管理制度，提高市内电话通话费，降低国际电话通话费、电话初装费和农村电话通话费

D. 国家下大力气调整电话收费价格，改变不合理现象

2. 摘要复述下列内容。

（1）在16、17世纪以前，科学家单枪匹马地在理论的海洋中摸索，而“技术工作者”不过是工匠和师傅的代名词。科学技术特别是科学对社会的影响是微乎其微的。造成这种情况的根本原因在于科学与技术的分离和科学与社会的分离。

答：____________________

（2）梵蒂冈是世界上最小的国家。它坐落于罗马城西北角的高地上，面积仅0.44平方公里，由圣彼得广场、圣彼得大教堂、后花园和博物馆组成。梵蒂冈虽小，却“五脏俱全”，不仅拥有自己的国旗、国徽、国歌、货币、行政机构，还有天文台、直升飞机场和火车站。

答：____________________

（3）中国工程院副院长、国家食物与营养咨询委员会主任卢良恕今天说，我国目前正

在实行一个“大豆行动计划”，向城乡居民特别是中小学生提供优质的大豆加工制品，以解决优质蛋白质摄入量不足的问题。专家说，在植物性食物生产中，唯有大豆是可大量直接生产的优质蛋白质食物。卢良恕说，目前我国人民的食物消费中优质蛋白质食物的比例偏小，特别是农村居民的优质蛋白质摄入量不足。

答：____

【考核标准】

详细复述的内容比较完整的，改造复述的内容概括比较准确的，摘要复述的内容要点比较准确的，合格。详细复述很完整的，改造复述概括准确、重点突出、删减得当的，摘要复述要点准确、观点正确、简明扼要的，优秀。

选择题正确率60%以上合格，80%以上优秀。

四、即兴讲话

（一）即兴讲话的特点

即兴讲话是讲话人在眼前的景、情、物、事的触动和诱发下，自发地或在别人的要求下立即进行的讲话，是一种不凭借文字材料进行表情达意的口语交际活动。即兴讲话与命题说话相比，无法事先拟就讲稿，也不允许反复修改、反复试讲、反复排练。它有以下特点：

（1）即兴发挥。即兴讲话大多只有两三分钟甚至更短的时间打腹稿，是要靠“临阵磨枪”即兴发挥的。

（2）篇幅短小。由于临时准备，即兴发表的讲话很难构思出长篇大论来，所以即兴讲话一般主题单一、篇幅短小、时间短暂。有的两三分钟，有的甚至寥寥几句。

（3）好的即兴讲话语言生动，口语化，少用或不用书面语。句式短小、灵活，不用难以理解的长句子。

（4）运用广泛。即兴讲话在日常生活中、工作中使用面很广，如小范围社交聚会中的欢迎、欢送、哀悼、竞选、就职、答谢、婚礼、寿庆等场合下的发言或讲话，职场中大大小小会议的即兴发言等。因此，即兴讲话的能力不仅是一种生活能力，也是高职生必备的一种职业能力。

（二）即兴讲话的训练技巧

1.“3W即兴讲话构思法”

很多人在即兴讲话时，往往会面临“茶壶里煮饺子——肚里有货却倒不出来”的尴尬，这里介绍一种简单的方法——“3W即兴讲话构思法”——可使你摆脱不知说什么好的窘境。

即兴讲话成败的关键因素是快速构思的方法。“3W即兴讲话构思法”就是帮助你快速构思，让你有话可说的构思模式。“3W”参考了新闻写作的“6W”，即“What, Why, How”——是什么，为什么，怎么样（办）。因为一个话题在多数情况下都会具备这三个要素，一般都会比较完整地表达出需要表达的意思。例如有关注意交通安全的即兴讲话：

今天，我要讲的问题是交通安全问题。我们要保障交通安全，减少交通事故。

——（是什么？交通安全问题）

交通安全很重要，它关系到人民生命财产的安全。这不是一个可讲可不讲的问题……

造成交通事故的原因有以下几点：从各个角度举几个典型事例……

——（为什么？关系到生命财产的安全）

鉴于此，我们只有……才能保障交通安全，减少交通事故。

——（怎么办？采取各种各样有效的措施）

再如湖南师范大学党委副书记戴海同志在一次大学生晚会上的即兴讲话——《矮子的风采》：

……这话题之二嘛，是“矮子问题”。（哄笑）

——（是什么？矮子的问题）

由我当众提出这个问题，岂不惹火烧身？（鼓掌）这也要点勇气呢！老实说，在我年轻的时候我并不觉得“矮”有什么问题，直到80年代，在舆论压力之下，才感觉成了问题。（哄笑）其实，白鹤腿长，鸭子腿短，都是生来如此，何必自寻烦恼！现在要问，矮子能有风采吗？答曰：“高个儿不见得都有风采，矮个儿不见得都没有风采。”（鼓掌）

——（为什么？因为有矮个子同学自寻烦恼）

那么，矮个儿怎样才能也具有风采呢？我有几点心得可供参考：

第一，要有自信。论个子，我比他低一头，而论觉悟、学识、才能，可能比他更胜一筹！这也叫“以长补短”吧？（鼓掌）

第二，不要犯忌讳。大凡麻子怕说麻子，秃子甚至怕说电灯泡，其实越犯忌讳越尴尬，不如自己说白了反而没事。我常有机会跟北方汉子们在一起开会或聊天，我跟他们开玩笑：我不如你高，你可别怪我，怨只怨我们那山上的猴子就个子小些！（鼓掌、哄笑）

第三，把胸脯挺起来，但也用不着踮脚尖。衣着讲究适当，比方不穿横条、方格的衣服，但也用不着老穿高跟鞋，我主张矮要矮得有骨气，还是脚踏实地好！

第四，最重要的还是本人的德学才识。有修养，有风度，对社会有贡献，自然受人爱戴。

——（怎么办？要自信，不要犯忌讳，提高学识修养水平）

趁着晚会的高兴劲儿，解开这个“矮子问题”，不知台下的某些同学心里是否踏实些？（长时间热烈鼓掌）

2. “唠叨”训练法

唠叨训练法的要求是话不能停，且尽可能地快。具体操作是：

（1）见到什么说什么。比如见到一位老大妈提着篮子走过来，你立刻可以说：我现在瞧见一位老大妈走了过来，她穿着什么样的衣服，走路的姿势怎么样，以及高矮胖瘦、外貌特征、心理变化、情绪表情等。

（2）延宕使无关联事物关联的过程。比如先指定没有联系的A和B，然后尽量拖时间

从A物谈到B物，其中可以编故事，说道理，反正你说的话就是不能间断和犹疑。例如A是鼠标，B是茄子。你就可以从鼠标说到电脑，从电脑说到高科技，从高科技说到环境污染，从环境污染说到食品安全，从食品安全说到有机蔬菜，从有机蔬菜说到自己不用化肥、农药亲自种茄子。

3. 看图说话

中学生不会看图说话

“口头表达太糟糕了。”华东师范大学日前举办的“中文自修”杯第十六届上海市中学生作文竞赛上，主办方别出心裁地加入了“口试”，结果却令专家评委们大失所望。

“口试”其实是“即兴演讲”。参赛的初三和高三同学会拿到一幅图片，有5分钟的准备时间，然后作3分钟演讲。高三组参赛同学拿到的图片，是著名画家罗中立的代表作《父亲》。这幅作品曾入选中学教材，选手们对此应当不陌生。然而，“口试”从一开始就远远偏离了专家评委的设想。很多选手一开口，就先把基调拔高，言及“和平”、“发展”等，跟《父亲》这幅油画几乎没有任何联系。同样的情况也发生在初中组。

专家表示，这些问题正说明了我们日常母语教学中存在的很多问题：“我们在英语教学中，有专门的口语一项，但在母语教学中，反而忽视了这一点，我们更注重的是文字表达。从选手的情况看，他们的写作能力不差，但观察能力差，表达能力差，口头表述没有一点感染力。”

——《中国青年报》（2003年04月17日）　林蔚

中学生“会写不会说”　口语交际比赛暴露问题

当今中学生上台说话的能力如何？昨天，在北郊中学举行的“新纪元”杯第22届上海市中学生作文竞赛口语交际比赛上，与在作文赛中有出色的书面表达相比，这些有可能获得一等奖的中学生口语的表达能力似乎略逊一筹，“看图”的方式、“说话”的风格，尚有许多待改进的地方。

主办者对一等奖候选者的遴选设置了“口语交际”比赛的环节，意图非常明确，就是要加强学生的口头表达能力。昨天，主办方提供了多幅经典的摄影作品，参赛选手通过抽签选取其中一幅作为说话的素材，在临上台之前浏览1分钟，并上台为此作1分钟演讲。

初中组至少四分之三的选手，在“看图”方面单向思维的痕迹较重，在一幅画面为竖面的“大手牵小手”图片前，几乎所有的演讲者都将主题定格为“亲情”，这固然没错，但却缺少了更为广阔的视野与思维。而面对一幅蓝天碧海背景下，一位男童为母亲洗头的画面，演讲者很容易就被带入了“亲情”的思维套路，很少有人从天地合一、人与自然和谐的角度加以阐发。

其实这些图片有许多可挖掘的“话题”，但记者听了20多人的演讲，几乎没有一人能结合摄影的表现手法来阐述和深化主题。这种“看图说话”表现出来的单向思维，可能与中学作文教学在“看图作文”中重主题切入轻载体分析，重思维趋同轻个性化表达有关。

记者还发现，在“看图说话”时，生搬硬套的现象十分严重，不少同学看似在说图片，实则套自己准备过的作文素材。例如选择一幅大象与白鹭在草原栖息图片的大部分同学不约而同地在“和谐”、“保护环境”等主题上下足功夫，在流利地说完这些准备好的话后，发现时间未到，学生们就变得手足无措起来；有的选手看到一张背着婴儿的一位年轻人喂一位老人吃饭的图片，却从自己曾在杂志上看到的一则故事开头讲起，直到时间只剩下5秒时才提到刚看到的这幅图片，最终结束铃声响起时，参赛选手却什么也没来得及说。这些“板板正正”背书式的“讲话”显然带有明显的“套题作文”痕迹，缺乏口语色彩，令人感觉好像在听一篇篇小作文而非一场口语交际比赛。

——《新闻晚报》(2008年12月28日)　杨玉红　陈琳

4. 合作讨论

合作讨论上演独角戏

“请两位选手就此关键词进行2分钟合作讨论，由A选手先说”，当主持人说完“开始”，赛场上却出现了长达8秒钟的冷场。选手A愣在现场，直到主持人提醒才开始发表观点，这一说竟说了整整1分15秒。原本的“合作讨论”变成了“独角戏”，两位选手也因此失去了第一名的宝贵名额。

口语交际比赛的第二环节“合作讨论”，需要两位选手互相配合完成。在这一环节，大部分选手仍旧采用“自言自语”的表达方式，对于合作对方的“讲话”往往只是简单附和一句“对的”或“我不这么认为”，就开始阐述自己的观点，却并未给出自己支持对方观点或反对对方观点的理由。这一方面是因为比赛中，选手精神都高度紧张，只是一味寻思自己接下去该说什么而无法用心倾听对方的话，另一方面也反映出中学生对于“口语交际”认识的缺乏。

《中文自修》主编李锋指出：“在口语交际中，选手不仅自己要能口若悬河，还要懂得让别人讲，懂得倾听，懂得互相沟通理解的重要。也就是说，口语不但是‘宣讲’，更重要的是‘交际’。但从比赛现场看来，中学生明显对后者缺乏足够素养。”

一位多年担任作文竞赛的评委认为中学语文教学中的作文，除了要强化书写表达能力的训练外，对口语表达要给予相应的地位。在口语表达中，应该从文化积淀、语文习得和临场应变，以及说话的礼仪、规范、风度等方面加以培养，让说者能恰到好处地表达，让听者能心悦诚服地接受。

——《新闻晚报》(2008年12月28日)　杨玉红　陈琳

【说的能力练习一】

1. 请从上面的《中学生不会看图说话》《中学生“会写不会说”　口语交际比赛暴露问题》《合作讨论上演独角戏》三篇文章中任选一篇作2分钟即兴讲话，谈谈你的看法。

2. 请根据下面的内容作2分钟即兴讲话。

昨日，成都全搜索论坛出现一篇求助帖——《一篇会议记录，可能会让我丢了工作》。网友小薇因为用了一些网络语言做早会笔记，被部门主管发现，被狠狠批评了一通。小薇深感不安，遂把所做笔记一并发到网上，请网友评议。

苍天啊，大地啊~史上最最最冤的就是我了啊~~

一篇会议记录，可能会让我丢了工作～～给大家说说吧，不然我会吐血而亡的～～

我叫小薇，虽不是如花似玉，可也有几分姿色。声音甜美的我，在一家网络公司做客服。上班才一个多月，我工作也很积极努力，自我认为还是一名优秀的客服。

我年龄不大，生于标准的90年代，就是人们口中的90后。而无论是穿着、语言、行为我也都紧跟90后的步伐。但是，就是因为我的90后语言，我、我、我可能会被公司罚，开除都有可能～～

事情是这样，周一的时候，客服部照常开早会，专门讲的是迟到的问题。然后领导的讲话，我很认真地听，也很认真地记录。我的会议记录是这样的～～

客服部带头大哥：

NO1，近来有些虾米迟到早退的现象灰常严重，有些菜鸟也是如此，偶灰常震精，甚至吐血（骷髅图）。作为你们的带头大哥，我不能（墨镜小子图），必须地 balabala。

那些经常迟到的，不从自己找原因，还找各种借口，灰常……不是神马起床失败，94（闹钟罢工图），还有人 ZZZZZ，这是神马作风。RP 不谈，米有一点时间和公司观念，特别还有些白骨精。虽然个性，但有些虾米的穿着实在拉风。有些还稀饭（脚穿拖鞋图），自认为 BH。

虽说偶们的管理是人性化的，但也不能太随便。既然在这里，就要想自己成为一个徘徊在牛 a 和牛 c 之间的人。只要不是（白菜图），好好练级，都会升级的。

NO2，最近可能游戏公测，难免（加班是福图）。公司也考虑到虾米，希望坚持，公司的发展需要偶们一起 + U。

今天 balabala 这么多，大家表（鸭梨图）大。希望大家 Mark 下，再也不要酱紫。如再让我（发现图），偶会 360°拍砖的。一切都是为了整个公司河蟹稳定地升级打怪。

但是，霉就霉在，我的笔记，被领导发现了，说我的语言方式太90后了，有点难以接受，而且他脸色还很难看。同事们都觉得我可能要受到处理。

我仰天疾呼，为什么?

就因为我的笔记太、太、太90后了，他难以接受。笔记是自己的，自己看懂就可以了。为什么要管我怎么记呢?

真不晓得这次得不得遭，我心里还一直不安呢。怎么办? 怎么办? 工作一个月就出了这样的糗事。我喜爱的客服工作会不会就此离我而去，一家人估计都会责怪我了。

现在坐在单位的椅子上都觉得不舒服，说不定哪天领导就喊我去谈话了。开头就来一句“经公司讨论决定～～～”，我简直不敢多想～～

但是，这也不是多大的事情嘛，至于开除我啊！我觉得领导就是有点针对我，给我小鞋穿。真是因为这个事情喊我走人，哎，我也就认了～～～

哎～我那不被人接受的90后语言啊～～

注意：我发个帖子，语言还是正常点～

3. 请根据下面的内容作2分钟即兴讲话。

某高校大学生在读大学的第一年，一共给父母写了三封信。字数加起来比一封电报长不了多少，信的内容全是要钱，连一句问候父母的话都没有。辛酸的父亲回了一封信，信的开头写道：“尽管你伤透了我的心，但你毕竟是我的儿子。自从你考上大学，成为我们家几代唯一的大学生之后，我心里已经分不清咱俩谁是谁的儿子了。从扛着行李陪你报到到挂蚊

帐、铺被褥、买饭票，甚至教你挤牙膏，这一切在你看来都是天经地义的，你甚至感觉你这个不争气的老爸为你这位争气的大学生服务是一种特荣耀的事……我不知道你在大学里除了增加文化知识和社会阅历外，还能否长一丁点良心？"

——《中国青年报》

【说的能力练习二】

用"唠叨训练法"做下列练习，每题限时2分钟以上。

(1) 从西红柿"唠叨"到秦始皇。

(2) 从手机"唠叨"到菊花茶。

(3) 从普京"唠叨"到荷塘月色。

(4) 从涮羊肉"唠叨"到小提琴。

(5) 从扑克牌"唠叨"到早恋。

(6) 从航空母舰"唠叨"到臭豆腐。

(7) 从葛优"唠叨"到北京猿人。

(8) 其他师生即兴出的题目。

【说的能力练习三】

请选择下面的一幅图片，完成2分钟即兴讲话。

【说的能力练习四】

1. 由同学自选一个同伴，自选下面的一个话题作3分钟的合作讨论。

(1) 以"金钱"为话题。

(2) 以"网瘾"为话题。

(3) 以"球星"为话题。

(4) 以"环境"为话题。

(5) 以"自尊"为话题。

2. 由老师临时指定某个话题，临时指定2~4个同学作3分钟合作讨论。

【考核标准】

即兴讲话比较流畅，发音比较标准，内容大体适当，未超时，少有长时间（10秒以上）停顿的，合格。即兴讲话流畅连贯，发音标准，内容适当，声情并茂，未超时，几乎没有或偶有较长时间停顿的，优秀。

五、交谈技巧

（一）怎样与老师交谈

在学校里，不论是老师还是同学，谁都希望彼此能和谐相处，愉快交流。然而，我们还是时常看到不少不和谐的情景，听到不少不和谐的声音。原因既有老师这方面的问题，如有一部分老师的职业素质不高、职业能力不强，不善于与学生沟通；当然也有学生方面的问题，如一部分学生不善于与老师交流或内心渴望交流但表现出来的却是逆反、冲突，也有的同学心里要表达好意，可却由于辞不达意而导致效果适得其反。

一般情况下，职业素质高、职业能力强的老师能够和大部分同学顺利交流。此时如果个别同学不能和老师顺利交谈，则需从以下几方面进行自我改进：

1. 彬彬有礼

首先，和老师谈话要恰当地使用表示尊重的敬语谦辞，如“请问”、“请教”、“请您指点”、“给您添麻烦了”等。

2. 认真倾听

认真倾听老师的讲话，是对老师尊重的表现。倾听时要注意：

（1）眼睛要注视着老师鼻尖或额头（不要长时间盯着老师的眼睛，那样会使人不舒服，也不礼貌）。

（2）态度要诚恳端正，时而点头表示赞许或同意。

（3）身体略微前倾。

（4）不要打断老师的讲话，可在老师说话停顿时再表示疑问或自己的看法。

（5）如果老师的话比较重要，就不要随便改变老师的话题。

3. 姿态得体

在和老师谈话的时候，姿态要自然得体，手势也要恰如其分。不要指指点点，挤眉弄眼，更不要挖鼻掏耳，举止轻浮。另外，交谈时还要注意保持恰当的身体距离（约六七十公分），过远不礼貌，过近则会令人不舒服。更有甚者，为了表示与老师的亲近，有的同学会不由自主地跟老师作出勾肩搭背的动作。心情固然可以理解，但效果往往适得其反。

4. 表达感谢

如果师生交谈的内容主要是老师在帮助你，指导你，那就不要忘了说声“谢谢老师”。

例文：

师生对话

我喜欢批阅学生的“日记”，因它的“真情实感”，因它的“童言无忌”，而与他们的对话更是一种快乐！下面摘录的正是那年我和三年（3）班学生的点滴“记忆”。

（一）

小茜：杨老师，从开学到现在，我没有对你说过一句话。杨老师，我有缺点，您能帮助我改正吗？我有优点，您会感到高兴吗？我考试考差了，您会骂我吗？我做错了事，您能原谅我吗？我去您办公室时，您会高兴吗？我见到您时，我叫您，您会高兴吗？

杨老师：很高兴！上课时总是我提问你回答，现在总算轮到你提问我回答了。在老师的眼里，你是一个聪明、文静的女孩子，就像你提的问题那样可爱有趣！真的，还有什么比这更纯真的感情呢？假如生活中有许多“快乐”的话，你们，就是我快乐的源泉。一颗颗纯洁无瑕的童心，让我永远记忆！

你们的进步，你们的成功，你们的灿烂笑容，就是老师最终的欣慰——是的，你们也有缺点，其实大家都会有缺点，那就让我们互相帮助，一起做到“知错就改”，好吗？

如果你来办公室同我聊聊，我将会非常高兴的！

（二）

萌萌：杨老师，《老师，我想对你说》这篇作文太难写了，我怎么想都想不出来。杨老师，我想去您家，可是到现在我还不知道您的家在哪里，我想向您借书看，您能不能告诉我您家的地址呢？我打算这个星期六或者星期天和同学一起去您家。

老师，我想当一位小组长，可是您不让我干。老师，我只想当个小组长，其他的都不想，你可别说给同学们听。这篇作文写得不好，老师，您以后不要让我们再写这么难的作文吧！

杨老师：记得教师节那天，必灵送了一张贺卡给我，里面写着：“老师，我为什么学习成绩这么差？”其实必灵挺聪明的，上课回答问题很踊跃，声音又响亮，思维也敏捷。可不，我刚想认认真真地给他回信，却在他的贺卡上找到了答案，那是他抄录的一首诗：“学习是花，努力是水，要想开花，必须浇水！”——像这篇作文，你说怎么想也写不出来，回头看看，不也是一篇好文章吗？作文就是说话，说真话，我最喜欢“真诚”！

很佩服你自我推荐的勇气。老师希望你把数学成绩赶上，因为当组长既要有责任心，又要学习好。

感谢你对老师的信任！老师当然不会把你的名字告诉别人，欢迎你们到老师家借书！（我家地址：本镇下街 37 号）

（三）

莹莹：老师，我想对您说，您上课板书的时候，速度很快，我看也看不过来，您能写慢些吗？我知道您教书很辛苦，您每天既要教我们，又要改很多作业，肯定非常累。您为什么不去教初中呢？您教初中就不辛苦了，这是我爸爸对我说的。那次您到图书馆里借了很多书，我想借一本看，因为刚学了写《借条》，您就要求我们要写借条。我第一次写好了，拿给您看，您说我写错了，第二次写好了我却不敢拿给您看，书就借不到了。

杨老师：莹莹，老师很想把事情做得“又快又对”，有时候太快了就有可能不对了，谢谢你的提醒。老师也想告诉你，记板书不用全盘照搬，而应该抓重要或关键的词句，千万不能只顾记，却忘了听——“捡了芝麻，丢了西瓜”。

教书虽然累，但我喜欢，所以也就“累”得充实愉快！像你们玩喜欢玩的游戏一样，累得满头大汗，气喘吁吁，心里却是非常痛快的，对不对？

是呀，我为什么不去教初中呢？我也想问你，你为什么不去当大人呢？当大人就不用做

作业了。看，你笑了吧！

开学初，写《借条》你得了一百分，还怕借不到书吗？

——http：//www. tianya. cn

苏格拉底与美诺的师生对话

美诺：美德究竟是从教诲获得，还是从实践中获得？

苏格拉底：对不起，我连你所谓的“美德”究竟是什么都不知道，怎能回答“如何”获得美德问题呢？你能回答“美德”是什么吗？

美：回答这个问题并不困难。男人的美德是管理国家，女人的美德是管理家务……不论男女老少，不论奴隶还是自由人，都各有不同的美德。

苏：我问的是“美德”是什么，你回答的却是各种不同的美德。就好像问你“蜂”的本性是什么，而你却回答各种不同蜂之间的区别一样。“蜂”作为蜂，彼此之间有区别吗？

美：没有。

苏：那么，不论“美德”有多少种，要回答的是它们的共同本性是什么，你明白吗？

美：开始有点明白了。我还没有像我所希望的那样把握这个问题。

苏：“美德”作为美德，男女老少都一样吗？

美：我感到不一样。

苏：你不是说男人管理国家，女人管理家务吗？

美：是这样说过。

苏：不论家务、国家或别的什么，若不施以节制和正义能管理吗？

美：不能。

苏：你认为“美德”是什么呢？

美：美德是支配人类的力量。

苏：小孩子能够支配他的父亲吗？奴隶能够支配主人吗？

美：不会。

苏：你说美德是“支配力量”，你能不加上“正义的和非正义的”吗？

美：是的，应加上。因为正义是美德。

苏：你说是“美德”，还是“一种美德”？

美：是的，除了正义以外，还有勇敢、节制、智慧、豪爽之类美德。

苏：但我们还没有找到贯穿在这一切美德中的共同美德啊！

美：甚至现在我也还不能照你的意思去得出一个“美德”的共同概念，像发现别的东西的共同概念一样。

苏：别惊讶！如有可能，我将设法去接近这种概念。因为你已经知道一切事物都有一个共同概念。

苏：那么，“美德”是什么呢？

美：现在，我赞成诗人的说法：美德是对高贵事物的渴望和获得这种事物的能力。

——《古希腊》安妮·皮尔森著，付巧译

学生学而不厌，老师诲人不倦，这是一段几乎完美的师生对话。

（二）怎样与长辈交谈

青少年与父母及其他长辈沟通不畅甚至发生激烈冲突的现象是很普遍的。有人认为是“代沟”的原因。什么是“代沟”呢？其定义如下：

代沟是指子女在走向社会的过程中，背弃父母原有的观点，有了新的见解而造成的思想观念、行为习惯的差异。

代沟往往是因为年龄或时代的较大差异而形成的。

年龄不等的人，生活圈子不同，接触的事物、人物各异，故此思想方法和行为也有差别。如果这种差别不加以改善而让它扩大，两代人之间便会形成一堵无形的墙，误会便容易产生。这就是心理学上所说的世代隔阂，套用一句现代语言，即所谓代沟。

由于有了“代沟”，最常见的现象就是青少年与长辈之间无法顺利地交谈，有的还会因为语言上的冲突而伤害彼此间的感情。

对此该怎么办呢？以下一些回答可供参考：

随着年龄的增长，年轻人要求独立自主的心理与日俱增，他们不论在思想上、感情上或行动上都不愿墨守成规，不肯完全接受老一辈的意见，对来自父母的制约和干涉感到相当的不满。他们不愿被长辈当做孩子来看待，“成人感”表现非常强烈，往往坚持自己的意见和判断是非的标准，甚至对父母在求学、就业、交友、生活各方面的干涉都表示反感，认为这是对他们自主权的侵犯，干预了他们的自由。因此，常常表现为轻则不予理睬，重则反抗，拒绝家长的管教。而很多父母由于不了解青年的这一心理特点，所以反认为“孩子翅膀硬了，管不得了”，并为自己的一片苦心不被儿女们领情而感到委屈，从而造成了两代人之间格格不入的“代沟”。

要消除两代人之间的代沟，作为父母必须了解青年人的心理特点，尊重他们的自尊心和独立性，要与他们建立起感情和思想上交流的桥梁。作为子女，则应体谅父母的良好期望和一片苦心，重视老一辈人的生活经验，并从中吸取有益的成分。只有这样，才能彼此适应，消除亲子之间的隔阂，避免由家庭不和导致的心理上的不健康现象。

所以，青少年与长辈交谈，要注意以下几点：

1. 心平气和

一定要心平气和地和父母交谈，最好能把父母看成自己的好友。当发生争执时，要先想想自己在这件事情上有没有做得不太好的地方或者是不对的地方。如果是自己的问题就要自己反省，改正错误；如果是父母有什么不对的地方，也不要与他们争吵，要坐下来与父母沟通，相信父母也会接受你的看法。

2. 灵活处理矛盾

生活中经常发生这样的情况：子女要在某件事情上改变父母的观点，但父母却不认同。因为父母的思想观点可能是几十年来形成的，让他们一下子就把心中的老观念改变过来，接受新事物，那几乎是不可能的。如果子女与父母硬碰硬的话，通常只会发生争吵，不仅丝毫不会让父母改变观点，而且还会伤了彼此的感情。所以聪明的子女往往会在气氛比较好的时候，或是父母比较高兴的时候，再提出一些建议与想法。这样比较容易沟通。

3. 理解万岁

想要让父母理解子女，子女首先要走入父母的世界。就是俗话说的，换位思考。有时候可以陪陪父母做他们喜欢做的事情，投其所好。不时地听听父母的看法，该支持的要表示支持。这样父母会觉得子女似乎长大了，也懂事了，懂得理解父母的心理和看法了。这样，子女的话在父母心里的分量就会加重，也就比较容易沟通了。

（三）怎样与陌生人交谈

无论是谁，如果具有和大多数初交者一见如故的本事，那么他走到哪里都会有朋友，做起事来自然会左右逢源。反之，如果没有这种本事，不善于跟陌生人交谈，就很可能在社会生活中处处受阻，做起事来压力重重，很难在工作、生活或事业中获得成功。所以，提高与陌生人交谈的能力，对于渴望多结交朋友的同学来说就很重要了。下面有些方法可供参考：

1. 拉近关系

正常情况下，对任何一个素不相识的人，只要你事前作一番认真的调查研究，都可以找到或明或隐、或近或远的亲友关系。当你在见面时及时拉上这层关系，就能立刻缩短心理距离，使对方产生亲切感。三国时代的鲁肃就是一位攀亲认友的能手。他初次见诸葛亮时的第一句话就是：“我是你哥哥诸葛瑾的好朋友。”就凭这一句话就使交谈双方心心相印，为孙权跟刘备结盟共同抗击曹操打好了基础。

2. 扬长避短

人人都有长处，也都有短处。人人都希望别人多谈自己的长处，少谈自己的短处，这是可以理解的。如果在陌生人面前，你用直接或间接地赞扬对方的长处来做开场白，往往就能使对方高兴，对你产生好感，交谈的积极性也就得到极大激发。反之，如果有意或无意地触及对方的短处，使对方的自尊心受到伤害，就会令对方感到扫兴，感到“话不投机半句多”，自然交谈也就难以为继。

3. 了解对方的心理

初次交谈要使对方对你产生好感，留下深刻的印象，掌握其心理极其重要。能走进对方心理是件很不容易的事，面对陌生的朋友，你只能从对方的表情或语言中判断其心理。当对方遇有喜事时，你也要为之高兴，并加以赞扬和鼓励。反之，你要表示理解和同情，说些安慰或鼓励的话，或让对方把你当做能倾诉心声的对象。总之，要了解对方的心理，这样的交友才会成功。

4. 表达友好情谊

用三言两语恰到好处地表达你对对方的友好情谊，或肯定其成就，或赞扬其品质，或欢迎其光临，或同情其处境，或安慰其不幸等，都会让对方感到亲切，有一见如故、欣逢知己之感。例如，西安事变和平解决后，桂系代表、进步人士刘仲容先生由西安秘密前往延安，毛泽东第二天即邀请他到寓所相会。毛泽东在门口表示“欢迎刘先生光临”之后，刘仲容答道：“毛先生日理万机，多有打扰了。”毛泽东立刻说：“刘先生不远千里而来，不避危险而来，总得见见面嘛。”这短短的两句话既是热烈欢迎，又是高度赞扬，言简意赅，情深意长。刘仲容听后深感温暖，如逢故旧，便以推心置腹的热忱毫无拘束地跟毛泽东促膝长谈。

5. 设计好告别语

愉快的交谈之后，能说出给对方留下深刻印象的告别语，会使对方感到意犹未尽，自然希望下次再和你交谈。例如：“祝您成功！”“恭候佳音！”等良好的祝愿会使对方感到鼓舞；“今天能认识您，真是三生有幸！”“希望今后常来常往！”等热情洋溢的语言会使对方受到感染；“听君一席话，胜读十年书！”等赞扬的话会令对方获得充分的肯定；“谢谢你的盛情款待！”等感谢的语言会令对方感到温暖；“什么时候路过这里，请到我家做客！”等邀请式的结束语会令对方感到受尊重和亲切，也为日后的交往埋下伏笔。

（四）交谈中的非语言交流

非语言交流是相对于语言交流而言的，是指通过表情、眼神、手势、体态、语气、声调、空间距离等方式交流信息的沟通过程。

心理学家经过一系列研究发现，在面对面的交流中，55%的情感内容是由非语言交流暗示的，如表情、姿势、手势、体态、眼神等；38%的内容由声调表达，只有7%的内容是用言辞说出来的。在与人交谈中，语言表达固然重要，但如果不善于运用好非语言交流的技巧，就很可能使你与他人的交谈难以顺利进行，使你的人际交往出现困难。那么，在交谈中要注意运用好哪些非语言交流的方法呢？至少要注意以下几点：

1. 目光

“眉目传情”、“暗送秋波”等成语形象地说明了目光在人们的交流中所起的重要作用。在交谈过程中，双方都应该看着对方以示尊重，但却不能自始至终盯着对方的眼睛，也不能几乎不看对方。一般情况下，注视对方面部的时间应占整个谈话时间的30%～60%左右，太多或太少都会令对方不舒服，会被视为不礼貌。

2. 体态

人们在交谈中会有意无意地用不同的体态来传达信息。一举手一投足都能体现特定的态度，表达特定的涵义。例如，身体向后倾斜15度以上是极其放松，略微倾向于对方是表示热情和感兴趣；微微起身表示谦恭有礼，身体后仰显得若无其事表示轻慢，侧转身子表示嫌恶和轻蔑，背朝对方表示不屑理睬，拂袖而去则表示拒绝交往。

3. 声调

恰当自然地运用声调，也是使交谈顺利进行的技巧。一般情况下，表示坦率和友善用柔和的声调，表示同情用略为低沉的声调。要注意的是：语调过高、声音过大会显得不够成熟或情绪冲动，语调太弱、尾音太长会显得不够肯定或优柔寡断；但不论与什么人交往，交谈什么内容，都要避免阴阳怪气的语调、冷嘲热讽的语气，那是缺乏诚意的，会引起对方不快。

4. 笑容

一个人在交谈中若始终板着脸，无疑会使对方感到压力、压抑、沉重、不快，而一个面

带微笑的人与你交谈，你定会感到交谈的轻松愉悦。因为微笑来自快乐，它带来的快乐也在创造快乐。在与人交谈中，时而微微一笑，会使双方都接收到对方发自内心的这样的信息——“我是你的朋友”。微笑虽然无声，但它说出了许多意思，如高兴、欢悦、同意、尊敬、欣赏、友好……

【说的能力练习一】

1. 阅读下面的笑话，回答问题。

语文课上，老师给学生们讲解孔子、孟子的文章时说道：“古代如称对方为‘子’，那是尊称。”一位同学说：“包老师，在古代该怎么称呼您……”全班同学望着包老师大笑。

问题：

(1) 你如何看这则笑话？

(2) 如果你是包老师，遇到这样的情况，该怎么应对？会怎样看待这位学生？

(3) 如果你就是这“一位同学”，话出口之后会怎么想？然后怎么做？

(4) 如果你是该班的另一位学生，你会有什么反应？

2. 阅读下面的内容，谈谈师生对话中幽默和耍贫嘴的区别。

眼皮最大

老师：“世界上什么东西最大？”

学生：“眼皮。”

老师：“为什么？”

学生：“只要把眼一闭，全世界都被遮住了。”

改变世界

地理老师质问维尼：“为什么没有完成世界地图的描绘作业？”

维尼低头回答：“我怕我画的地图会改变世界。”

如法炮制

在医学院的一次实验考试中，学生们必须通过显微镜细看虱子、跳蚤和臭虫的腿部，辨认出这些寄生虫的标本，有一位学生一样也没认出来。他离开实验室时，教授在后面喊道：“你还没告诉我你的名字呢。”那位学生回头，打开门，伸出他的腿。“那好吧，老师，”他反问道，“你说我是谁？”

妙　解

一次语文课上，老师向同学们解释“惊惶失措”、“不知所云”、“如释重负”、“一如既往”4个成语。恰巧，某学生正在呼呼大睡，老师一拍桌子，该生顿时坐起来，拿起书便看，老师说：“这便是惊惶失措。”接着，老师让他回答问题，他站起来支支吾吾了半天，老师说：“这便是不知所云，请坐！”这位同学长长地舒了一口气坐了下来，老师又说：“这

便是如释重负。”等老师走上讲台，那位同学又趴下睡觉。老师猛一转身，指着他说：“这便是一如既往。”

缺少代言人

老师正给她7岁大的学生们上自然课。她告诉他们：“工蚁，可以搬动5倍于它们体重的食物。从这里，你们可得出什么结论？”一个孩子自信地答道：“它们没有工会。”

区 别

生物课上老师提问：“青蛙和癞蛤蟆有什么区别？”

张三回答：“青蛙是保守派，坐井观天；而癞蛤蟆是革新派，想吃天鹅肉。”

真正的“饱和”

化学老师在课堂上要求同学们用现实生活中见到过的实例来说明“饱和”这一概念。

一位同学忙举手说：“比如乘公共汽车的时候，人多得连车门也不能关上。”

“不，这还不算，”有人马上站起来说道，“只有当后门挤上来一个人，前门马上被挤下一个人，这才是真正‘饱和’呢!”

蛋不吃食

“母狮生下小狮，小狮要吃东西。”

“母狗生下小狗，小狗要吃东西。”

“那就是说，凡是母亲生的都得吃东西。”

小汤姆想呀想呀，终于找出一个生下来不吃东西的家伙。他告诉老师：

“老师，母鸡生蛋，蛋不吃东西。”

3. 阅读下面一则网帖，想想如何帮助她。

怎样与老师说话

我不太会说话，还是学习委员，每次和老师讲话时都表达不清自己的意思，总是被老师误解，好苦恼啊！求各位大哥大姐给小妹支支招，最好举几个例子，不胜感激啊！

4. 根据前三个练习的师生对话，就“师生对话”展开充分的探讨。

【说的能力练习二】

1. 张三的手机已经用了两年，身边的同学都已经换了新手机，他也很想换个新的。可张三的父亲认为，手机只要能打电话和发信息就可以了，没有必要换。而张三却认为，不换手机会被同学们看不起，所以要换成可以听歌、可以看视频、可以上网、有蓝牙功能的手机。

问题：张三应该如何与父亲交谈？

2. 教师模拟不同长辈，设置不同情境与学生交谈，并根据典型案例随机讲评、考核。

【说的能力练习三】

1. 小芳作为一名志愿者，周末的时候在公交车站为乘客服务，如果小芳遇到以下几种情况，她应该如何与他们交谈？

（1）一位戴眼镜的中年男士乱丢垃圾。

（2）一位中年妇女不愿排队，正在加塞儿。

（3）一位老奶奶提着大包，排到了最后面，小芳希望她能排到前面，方便上车。

2. 李四是学校摄影爱好小组的负责人，要组织15名同学去某景点进行实地拍摄。景点的门票很贵，为了节约经费，李四想争取不花钱进入景点拍摄。景点的一位负责人也是摄影爱好者，是个热心人，他每周末都在景点门口的值班室值班。

问题：如何让这十几名同学免费进入景点进行拍摄？

3. 教师模拟不同的陌生人，设置不同的情境与学生进行交谈，并根据典型案例随机讲评、考核。

【考核标准】

能够比较顺利地在老师设置的情境中完成与“老师”、“长辈”、“陌生人”交谈的，合格。能够顺利地在老师设置的情境中完成与“老师”、“长辈”、“陌生人”的交谈且恰当地运用非语言交流技巧，实现交流目的的，优秀。

【补充练习】

常用成语的理解应用能力训练。请做下列选择题。

（1）下列各句中成语使用恰当的一句是（　　）。

A. 今天的天气真好，我们在操场上，如坐春风

B. 英格兰“金童”贝克汉姆除去出神入化的任意球绝技之外，那一头迷乱的金发也足以迷倒所有青春期女球迷

C. 刘家两兄弟自三十年前失散后，杳无音信，今天在杭州破镜重圆，二人激动不已

D. 今天，天津体育馆内万余名观众的掌声经久不息，振聋发聩，淹没了馆外的惊雷

（2）下列句子中成语使用正确的一项是（　　）。

A. 费力地从车门里钻出来的某著名演员，虽然浓妆淡抹，穿着入时，但是神色十分憔悴

B. 历史上的这类教训，虽说值得注意，可惜流风余韵还是绵绵不绝

C. 这地方一到夜晚，灯红酒绿，热闹非凡

D. 李明和张伟从小就是好朋友，无论做什么事，他们总是沆瀣一气，共同进退

（3）下列各句中成语使用恰当的一句是（　　）。

A. 有时书中人物的命运，引起我丰富的联想，我凝视着窗外的蓝天，不免出神入化

B. 单看他两手捏成拳头端端正正地放在大腿上，挺直了腰板正襟危坐的姿势，就可以断定他是北方人

C. 向农民打白条，这种现象方兴未艾，对此国务院及时发出通知制止，在极短的时间内就收到预期的效果

D. 《苹果日报》在香港引起报业大战，杀得人仰马翻，天昏地暗，风声鹤唳

（4）下列句子中成语使用正确的一项是（　　）。

A. 桂林那些奇形怪状的山峰，真是鬼斧神工，天造地设

B. 本文第五、六段之间原先衔接得非常顺畅，修改者却在中间硬塞进两个所谓的过渡句，这样一来，反而给人狗尾续貂之感

C. 战士们趴在壕沿上，虎视眈眈地望着北营

D. 一个月后，他终于闯过危险期，又一次起死回生

(5) 下列各句中成语使用恰当的一句是（　　）。

A. 为了逃避法律制裁，这些贩黄窝点曾一度销声匿迹，待风声一过，又如雨后春笋般出现了

B. 朱总理的话高屋建瓴，对中美贸易谈判具有重要的指导意义

C. 我们这些十七八岁的中学生，正值豆蔻年华，要努力学习才是

D. 他一心想向上爬，这次被上司破格提拔，他感激涕零地流下眼泪

(6) 下列句中成语使用正确的一项是（　　）。

A. 学习一直第一的小明激流勇退，成绩下降到十五名

B. 我厂的制度改革任重道远，堪称邯郸学步

C. 电视剧《水浒》拍摄前有很多演员争演林冲，《水浒》中不乏鲜明生动的英雄形象，唯独林冲一角最为奇货可居

D. 封建统治者为统治人民，用迷信的手段蛊惑人心

(7) 下列句子中成语使用正确的一句是（　　）。

A. 洛阳一场大火，309 个生灵涂炭，这一灾难震惊四方

B. 你应该和朋友合作搞这个课题，要知道三人成虎，众志成城

C. 他在外地工作二十多年，直到今年才回到家乡，享受到天伦之乐

D. 蚯蚓断成两截，就成了两个生命，从此南辕北辙，各奔东西

(8) 下列句子中成语使用恰当的一项是（　　）。

A. 对于帝国主义日益加紧的经济、文化侵略，清政府不但未加抵抗，反而开门揖盗

B. 有这么一些人，他们对个人利益斤斤计较，对广大群众的疾苦却漫不经心

C. 他虽然是第一次，但由于写的都是那天耳濡目染的事情，因此写得新鲜，现实感强

D. 最近到沿海地区，虽然只是浮光掠影地看看，但那里的变化，却给我留下了极深刻的印象

(9) 下列各句中成语使用恰当的一句是（　　）。

A. 在人民群众的利益受到危害的紧要关头，有极少数干部，或无动于衷，或畏缩不前

B. 这次商品博览会，聚集了全国各地各种各样的新产品，真可谓浩如烟海，应有尽有

C. 两位阔别多年的老朋友意外地在一条小巷子里狭路相逢，两人又是握手又是拥抱，别提多高兴了

D. 这则笑话因为对漠不关心人民疾苦的官员讽刺得很有力量，在民间流传颇广

(10) 下列各句中成语使用恰当的一项是（　　）。

A. 许多人或许没有见过这两位在语言艺术上颇有造诣的电影配音演员，但一提起他们配音或朗诵的精彩片断，不少人至今耳熟能详

B. 现实生活中，有许多人身居要职，胸无城府，思想顽固僵化，甚至阻挠改革潮流

C. 山水诗经过长期酝酿，最终能在诗坛上独占鳌头，开宗立派，建千秋之功的，当属刘宋诗人谢灵运

D. 他们疼爱自己的孩子，孩子也喜欢他们。一家三口相濡以沫，美满幸福

(11) 下列各句中成语使用正确的一句是（　　）。

A. 这个罪犯可谓江郎才尽，为走私毒品牟取暴利，竟将 5 小包海洛因吞进胃中

B. 我们希望联合国难民调查署的官员能够共听并视，尽快将事情真相公之于世
C. 运动员、教练员应与裁判员相互理解，结为秦晋之好，共同搞好甲 A 足球联赛
D. 这篇题为《禅道》的杂文，文思杂乱，语言晦涩，真令人匪夷所思，不可理喻

(12) 下列各句中成语使用正确的一项是（　　）。
A. 父亲下岗后靠那点微薄的补贴养活嗷嗷待哺的四口之家已经十分困难，实在没有力量再供他念书
B. 排雷是生死攸关的工作，这个排雷部队已伤亡 200 多人
C. 假如每个人都能见贤思齐，以人之长补己之短，那么我们每天都会有进步，生活也会因此变得愈加美好
D. 月明星稀，夜深人静。王小晓独自孑然一身地匆匆穿过小巷，闪进了巷口的一个漆黑的大门

(13) 下列各句中成语使用恰当的一句是（　　）。
A. 在对大选起决定作用的政绩和个人魅力方面，小布什和戈尔是各得其所
B. 他自恃有后台，常常找茬欺负人，人们都想办法躲着他，即使碰了头，也只是对他侧目而视
C. 厦门远华走私案中的在逃犯罪嫌疑人在公安人员严密追捕下，在劫难逃，逐一落入法网
D. 上级两袖清风，下级就会廉洁自律。如此上行下效，社会风气就会逐步好转起来

(14) 下列各句中成语使用不正确的一句是（　　）。
A. 为我们的文学事业呕心沥血的人，为我国人民革命鞠躬尽瘁的人，他们的英名和业绩是永存的
B. 李局长认真听取大家的意见和建议，多次修改自己的方案，真是从善如流
C. 这家伙办事毫发不爽，小气极了，你指望他帮助你，门儿也没有
D. 由于外资大批出逃，股价债价下跌，生产下降，国家税收减少，国家偿债率超过极限，R 国的国家财政已到了岌岌可危的地步

(15) 下列句子中，成语使用恰当的一句是（　　）。
A. 他刚从北京开完表彰会回来，席不暇暖，便匆匆赶向南方洽谈一个合资项目
B. 安全问题时时不能放松，事事不能麻痹，只有做到防微杜渐，才能避免发生重大事故
C. 只要你能身临其境为我想一想，你就会同情我的处境，不会对我这样求全责备了
D. 现在这么乱糟糟地没有一个标准，南北口音不同，一个译者翻成一个样，随心所欲，令读者莫衷一是

(16) 下列各句中成语使用恰当的一项是（　　）。
A. 雷锋的一生很短暂，但所做的好事却极多，简直罄竹难书
B. 这处旅游胜地的环境脏乱差到如此地步，简直令人叹为观止
C. 作为课题组的负责人，他责无旁贷地走上了领奖台
D. 应鼓励学生对现有知识提出疑问，对旧的学术权威提出挑战，要在发现和创造新知识方面独辟蹊径

(17) 下列句子中，成语使用正确的一句是（　　）。

A. 如果我们把缺点、错误掩盖起来，装做看不见，那无异于饮鸩止渴

B. 他们疼爱孩子，孩子也孝敬他们，一家人相濡以沫，生活美满幸福

C. 这也许是一种取巧的写法，但似乎也无可非议，因为谁也不能规定作者必须怎样写

D. 我们应该向先进企业学习，起初可能是邯郸学步，但终究会走出自己的路来

(18) 下列句子中成语使用不正确的一项是（　　）。

A. 卡车在倒车时由于尾大不掉，撞坏了院墙

B. 他只在选煤的地方，走马观花地看了一遍

C. 是深入了解一个单位的全面生活好呢，还是今天到这里，明天到那里，浮光掠影地了解一下生活好呢？

D. 孔子是因人而异的人，对什么样的人说什么样的话

(19) 下列各句中成语使用恰当的一句是（　　）。

A. 他虽然已是成功人士，但仍不忘创业的艰难，始终过着箪食壶浆的生活

B. "9·11"恐怖事件后的一段时间里，不安全感充斥了美国街头，使人毫发不爽

C. 教员天天在讲堂上讲，不但不能减其所有，反可得到教学相长的益处

D. 今年春节晚会的小品除《卖车》外，其他的都不瘟不火，很难令观众满意

(20) 下列句子中成语使用正确的一项是（　　）。

A. 在公园路幼儿园"六一"晚会上，小朋友们神气活现的表演，使观看的大人们非常高兴

B. 刘家两兄弟自三十年前失散后，杳无音信，今天在杭州破镜重圆，两人激动不已

C. 在纪念反法西斯战争胜利50周年之际，有识之士特别提醒人们，要警惕纳粹势力死灰复燃

D. 他的发言，头绪纷繁，逻辑混乱，听来听去，始终叫人不可理喻

【考核标准】

解题正确率60%以上的合格，80%以上的优秀。

模块三

读的能力训练

一、朗读（文言文）

（一）国学启蒙——《三字经》

《三字经》与《百家姓》、《千字文》并称为三大国学启蒙读物。《三字经》是中华民族珍贵的文化遗产，它短小精悍、朗朗上口，千百年来，家喻户晓。其内容涵盖历史、天文、地理、道德以及一些民间传说，所谓“熟读《三字经》，可知千古事”。基于历史原因，《三字经》难免含有一些精神糟粕、艺术瑕疵，但其独特的思想价值和文化魅力仍然为世人所公认，被历代中国人奉为经典并不断流传。

《三字经》自南宋以来，已有七百多年历史，共一千多字，相传最初的作者为南宋的学者王应麟，后经历朝的文人修改、加工、增补，流传至今。

《三字经》早就不仅仅属于汉民族了，它还有满文、蒙文的译本。《三字经》也不再仅仅属于中国，它的英文、法文译本也已经问世。1990 年新加坡出版的英文新译本更是被联合国教科文组织选入“儿童道德丛书”，加以世界范围的推广，也是儿童的必读读物。五年制高职生虽然不是儿童了，但仍有相当一部分同学在以往的学习经历中缺少这一课，因此，补上这个内容很有必要。

读《三字经》有感

读过这本被称做“千古第一奇书”的古代文化经典，感触颇深。

《三字经》采用叙事和论理并举的方法，运用大量的历史典故，蕴涵了我国古代人伦道德的许多精华，是一本学习中华文化不可多得的书。这本书共一千多字，三字一句的韵文极易成诵，内容包含教育、历史、天文、地理、伦理道德以及一些传说，广泛深刻而又言简意赅。为了实现和孩子共同成长进步的目标，我潜心研读吟诵《三字经》，并已开始教孩子理解朗读《三字经》，以期培养孩子的品德、礼貌和文化素养。

和孩子一起读《三字经》，我觉得很具有现实意义和针对性。如今每个家庭都只有一个独生子女，很多青少年出现社会问题都是家庭教育不当而造成的。《三字经》中“昔孟母，择邻处。子不学，断机杼”，“养不教，父之过。教不严，师之惰。子不学，非所宜。幼不学，老何为”等都说明了为人父母的责任和严格要求子女的重要性。另外，我发现现在的独生子女娇生惯养，以自我为中心，而《三字经》则教导孩子孝敬父母，友爱兄弟。书中说“香九龄，能温席”，“融四岁，能让梨”。如果我们的教育从小学开始，经常给孩子讲

"汉代的黄香，九岁时就懂得孝敬父母，夏天为父母摇扇子，冬天以身体为父母温暖床席。孔融四岁的时候，就懂得谦让尊长，吃梨时挑小的，大的让兄长吃"，那这个社会还会出现那么多不和谐的现象吗?

《三字经》在结尾处提出了一个重要问题，就是给子孙后代留下什么遗产。作者的态度是，"人遗子，金满籝（yíng）；我教子，唯一经。"他说世上许多人为子孙计，留下许多金银财富给后代，而他教育子女，唯有一册经书而已。我很赞同这个观点。读了《三字经》，我对中国传统文化的认同感进一步加深了，而最大的收获是：对孩子进行中国传统文化的教育可以陶冶其情操，提高其修养，弘扬正气，使其继承中华民族的传统美德。

——http：//www. zxsyxx. com

《三字经》

（宋）王应麟　撰

人之初，性本善。性相近，习相远。苟不教，性乃迁。教之道，贵以专。
昔孟母，择邻处。子不学，断机杼。窦燕山，有义方。教五子，名俱扬。
养不教，父之过。教不严，师之惰。子不学，非所宜。幼不学，老何为。
玉不琢，不成器。人不学，不知义。为人子，方少时。亲师友，习礼仪。
香九龄，能温席。孝于亲，所当执。融四岁，能让梨。弟于长，宜先知。
首孝弟，次见闻。知某数，识某文。一而十，十而百。百而千，千而万。
三才者，天地人。三光者，日月星。三纲者，君臣义。父子亲，夫妇顺。
曰春夏，曰秋冬。此四时，运不穷。曰南北，曰西东。此四方，应乎中。
曰水火，木金土。此五行，本乎数。曰仁义，礼智信。此五常，不容紊。
稻粱菽，麦黍稷。此六谷，人所食。马牛羊，鸡犬豕。此六畜，人所饲。
曰喜怒，曰哀惧。爱恶欲，七情具。匏土革，木石金。与丝竹，乃八音。
高曾祖，父而身。身而子，子而孙。自子孙，至元曾。乃九族，而之伦。
父子恩，夫妇从。兄则友，弟则恭。长幼序，友与朋。君则敬，臣则忠。
此十义，人所同。
凡训蒙，须讲究。详训诂，名句读。为学者，必有初。小学终，至四书。
论语者，二十篇。群弟子，记善言。孟子者，七篇止。讲道德，说仁义。
作中庸，子思笔。中不偏，庸不易。作大学，乃曾子。自修齐，至平治。
孝经通，四书熟。如六经，始可读。诗书易，礼春秋。号六经，当讲求。
有连山，有归藏。有周易，三易详。有典谟，有训诰。有誓命，书之奥。
我周公，作周礼。著六官，存治体。大小戴，注礼记。述圣言，礼乐备。
曰国风，曰雅颂。号四诗，当讽咏。诗既亡，春秋作。寓褒贬，别善恶。
三传者，有公羊。有左氏，有穀梁。经既明，方读子。撮其要，记其事。
五子者，有荀杨。文中子，及老庄。
经子通，读诸史。考世系，知终始。自羲农，至黄帝。号三皇，居上世。
唐有虞，号二帝。相揖逊，称盛世。夏有禹，商有汤。周文王，称三王。
夏传子，家天下。四百载，迁夏社。汤伐夏，国号商。六百载，至纣亡。
周武王，始诛纣。八百载，最长久。周辙东，王纲堕。逞干戈，尚游说。

始春秋，终战国。五霸强，七雄出。嬴秦氏，始兼并。传二世，楚汉争。
高祖兴，汉业建。至孝平，王莽篡。光武兴，为东汉。四百年，终于献。
魏蜀吴，争汉鼎。号三国，迄两晋。宋齐继，梁陈承。为南朝，都金陵。
北元魏，分东西。宇文周，兴高齐。迨至隋，一土宇。不再传，失统绪。
唐高祖，起义师。除隋乱，创国基。二十传，三百载。梁灭之，国乃改。
炎宋兴，受周禅。十八传，南北混。辽于金，皆称帝。太祖兴，国大明。
号洪武，都金陵。迨成祖，迁燕京。十六世，至崇祯。阉乱后，寇内讧。
闯逆变，神器终。清顺治，据神京。至十传，宣统逊。举总统，共和成。
复汉土，民国兴。
廿二史，全在兹。载治乱，知兴衰。读史书，考实录。通古今，若亲目。
口而诵，心而惟。朝于斯，夕于斯。昔仲尼，师项橐。古圣贤，尚勤学。
赵中令，读鲁论。彼既仕，学且勤。披蒲编，削竹简。彼无书，且知勉。
头悬梁，锥刺股。彼不教，自勤苦。如囊萤，如映雪。家虽贫，学不辍。
如负薪，如挂角。身虽劳，犹苦卓。苏老泉，二十七。始发愤，读书籍。
彼既老，犹悔迟。尔小生，宜早思。若梁灏，八十二。对大廷，魁多士。
彼既成，众称异。尔小生，宜立志。莹八岁，能咏诗。泌七岁，能赋棋。
彼颖悟，人称奇。尔幼学，当效之。蔡文姬，能辨琴。谢道韫，能咏吟。
彼女子，且聪敏。尔男子，当自警。唐刘晏，方七岁。举神童，作正字。
彼虽幼，身己仕。尔幼学，勉而致。有为者，亦若是。
犬守夜，鸡司晨。苟不学，曷为人。蚕吐丝，蜂酿蜜。人不学，不如物。
幼而学，壮而行。上致君，下泽民。扬名声，显父母。光于前，裕于后。
人遗子，金满籯。我教子，唯一经。勤有功，戏无益。戒之哉，宜勉力。

【朗读的能力练习】

朗读并背诵《三字经》。

【考核标准】

能响亮、流畅、准确地朗读任意100句《三字经》并自选背诵50句的，合格。能流畅、准确地任意背诵100句《三字经》的，优秀。

（二）国学启蒙——《弟子规》

“弟子”的意思有两个：一是指孩子；二是指学生。“规”就是规范。也有人认为“弟子”是指一切圣贤人的弟子，“规”即“夫见”，意思是大丈夫的见解。所以是每个人，每一个学习圣贤经典，效仿圣贤的人都应该学的。《弟子规》没学通，学习别的经典就很难得到真智慧。

《弟子规》原名《训蒙文》，为清朝康熙年间秀才李毓秀所作。其内容采用了《论语·学而》中“弟子入则孝，出则弟，谨而信，泛爱众，而亲仁，行有余力，则以学文”的文义，以三字一句，两句一韵编纂而成。全文分为五个部分，具体列举出为人子弟在家、出外、待人、接物、求学应有的礼仪与规范，特别讲求家庭教育与生活教育。后经清朝贾存仁修订改编，并改名为《弟子规》，是启蒙养正，教育子弟防邪存诚，养成忠厚家风的最佳读物。

几百年来，中华民族的祖先，一直坚信这样一个简单的道理：小孩子在他年少时（0～13岁），记忆力非常好，应该把前辈的人生经验、生活智慧记忆下来，牢牢地背记，并烂熟于心。尽管此时他还不理解其深刻含义，但是先记住，好比牛先把草吃下去，有时机再反刍一样，孩子随着年龄的增长，理解能力也在成长，到了一定年龄自然酝酿发酵，必然有更深的理解和领悟。如果在孩子记忆力强的时候，不给他一些经典的东西储存到脑子里，没有"厚积"，怎么能"薄发"呢？怎么能融会贯通、触类旁通呢？

《弟子规》这本书，影响之大，读诵之广，仅次于《三字经》。

诵读经典，不可轻言取舍

山东省教育厅近日要求加强对传统文化等专题教育内容的管理，要"取其精华、去其糟粕"，不可不加选择地全文推荐如《弟子规》、《三字经》、《神童诗》等内容，连日来受到社会各界的广泛关注。对于如何"取"，怎样"去"，有网友表示，世界没有绝对完美的事物，大家关注的焦点不应是如何"取"和"去"，而应该是怎样让孩子读得明明白白。

不少家长对此表现得淡然，"我没觉得这有很大的问题，让孩子多学点东西总是好的。"济南的刘女士对记者说，她的女儿从幼儿园开始就会背《三字经》了，女儿并不明白每个字的含义，但读的次数多了，她就越背越快，这也算是开发智力的一种方式吧。对此，不少学校老师也持有相同观点。记者经调查发现，目前济南大多数中小学都开设了以传统文化为特色的兴趣小组，有的则直接列为校本课程。这些学校的学生，无论是高年级还是低年级，基本都能够把《三字经》、《弟子规》、《论语》、《大学》等国学经典文章背诵下来。

"有些东西在社会上不一定适用，但让孩子们诚实，总比让他们欺诈好。"搜狐社区网友"老不明白"的观点得到很多网友认同。网友"冥王星主"说，价值观的扭曲恐怕也绝非全文阅读了一本《三字经》所致。教育部门应该更关注如何培养学生们的独立思维能力，而不是动辄试图灌输某种东西。让孩子养成独立思考、多元包容的思维模式，恐怕更适合于现代的信息化社会。

而网友"孔孟人家"则建议老师、家长可以引导孩子读，然后告诉孩子，哪些是"经典"，我们要从中学习什么；哪些是"糟粕"，它的形成有什么历史背景，我们如今为什么要摒弃。让孩子读得明明白白，知道黑白，比让孩子只看到一个颜色的世界更有利于孩子成长。孩子如何才能读懂经典？不少网友都推荐了钱文忠教授在《百家讲坛》解读的《三字经》、《弟子规》。

而在专家看来，"取"与"去"得由时间验证。济南市最早推行国学经典诵读的原大明湖路小学校长、现甸柳一小校长杨兴勇认为，全盘肯定和全盘否定都不值得提倡。杨兴勇表示，经典诵读要适合小学生这个年龄段，必须和现实结合起来。"背诵多了，有了积淀，随着学习能力的提高，自己会解读。当遇到事情之后，能够更理性地结合现代文明与传统文化来理解经典。"

——《新华日报》2011年01月04日　宗和

弟子规

（总叙）

弟子规，圣人训。首孝弟，次谨信。泛爱众，而亲仁。有余力，则学文。

（入则孝）

父母呼，应勿缓。父母命，行勿懒。父母教，须敬听。父母责，须顺承。

冬则温，夏则凊。晨则省，昏则定。出必告，反必面。居有常，业无变。
事虽小，勿擅为。苟擅为，子道亏。物虽小，勿私藏。苟私藏，亲心伤。
亲所好，力为具。亲所恶，谨为去。身有伤，贻亲忧。德有伤，贻亲羞。
亲爱我，孝何难。亲憎我，孝方贤。亲有过，谏使更。怡吾色，柔吾声。
谏不入，悦复谏。号泣随，挞无怨。亲有疾，药先尝。昼夜侍，不离床。
丧三年，常悲咽。居处变，酒肉绝。丧尽礼，祭尽诚。事死者，如事生。

（出则弟）

兄道友，弟道恭。兄弟睦，孝在中。财物轻，怨何生。言语忍，忿自泯。
或饮食，或坐走。长者先，幼者后。长呼人，即代叫。人不在，己即到。
称尊长，勿呼名。对尊长，勿见能。路遇长，疾趋揖。长无言，退恭立。
骑下马，乘下车。过犹待，百步余。长者立，幼勿坐。长者坐，命乃坐。
尊长前，声要低。低不闻，却非宜。近必趋，退必迟。问起对，视勿移。
事诸父，如事父。事诸兄，如事兄。

（谨）

朝起早，夜眠迟。老易至，惜此时。晨必盥，兼漱口。便溺回，辄净手。
冠必正，纽必结。袜与履，俱紧切。置冠服，有定位。勿乱顿，致污秽。
衣贵洁，不贵华。上循分，下称家。对饮食，勿拣择。食适可，勿过则。
年方少，勿饮酒。饮酒醉，最为丑。步从容，立端正。揖深圆，拜恭敬。
勿践阈，勿跛倚。勿箕踞，勿摇髀。缓揭帘，勿有声。宽转弯，勿触棱。
执虚器，如执盈。入虚室，如有人。事勿忙，忙多错。勿畏难，勿轻略。
斗闹场，绝勿近。邪僻事，绝勿问。将入门，问孰存。将上堂，声必扬。
人问谁，对以名。吾与我，不分明。用人物，须明求。倘不问，即为偷。
借人物，及时还。后有急，借不难。

（信）

凡出言，信为先。诈与妄，奚可焉。话说多，不如少。惟其是，勿佞巧。
奸巧语，秽污词。市井气，切戒之。见未真，勿轻言。知未的，勿轻传。
事非宜，勿轻诺。苟轻诺，进退错。凡道字，重且舒。勿急疾，勿模糊。
彼说长，此说短。不关己，莫闲管。见人善，即思齐。纵去远，以渐跻。
见人恶，即内省。有则改，无加警。唯德学，唯才艺。不如人，当自砺。
若衣服，若饮食。不如人，勿生戚。闻过怒，闻誉乐。损友来，益友却。
闻誉恐，闻过欣。直谅士，渐相亲。无心非，名为错。有心非，名为恶。
过能改，归于无。倘掩饰，增一辜。

（泛爱众）

凡是人，皆须爱。天同覆，地同载。行高者，名自高。人所重，非貌高。
才大者，望自大。人所服，非言大。己有能，勿自私。人所能，勿轻訾。
勿谄富，勿骄贫。勿厌故，勿喜新。人不闲，勿事搅。人不安，勿话扰。
人有短，切莫揭。人有私，切莫说。道人善，即是善。人知之，愈思勉。
扬人恶，即是恶。疾之甚，祸且作。善相劝，德皆建。过不规，道两亏。
凡取与，贵分晓。与宜多，取宜少。将加人，先问己。己不欲，即速已。

恩欲报，怨欲忘。报怨短，报恩长。待婢仆，身贵端。虽贵端，慈而宽。势服人，心不然。理服人，方无言。

（亲仁）

同是人，类不齐。流俗众，仁者希。果仁者，人多畏。言不讳，色不媚。能亲仁，无限好。德日进，过日少。不亲仁，无限害。小人进，百事坏。

（余力学文）

不力行，但学文。长浮华，成何人。但力行，不学文。任己见，昧理真。读书法，有三到。心眼口，信皆要。方读此，勿慕彼。此未终，彼勿起。宽为限，紧用功。工夫到，滞塞通。心有疑，随札记。就人问，求确义。房室清，墙壁净。几案洁，笔砚正。墨磨偏，心不端。字不敬，心先病。列典籍，有定处。读看毕，还原处。虽有急，卷束齐。有缺坏，就补之。非圣书，屏勿视。蔽聪明，坏心志。勿自暴，勿自弃。圣与贤，可驯致。

【朗读的能力练习】

朗读并背诵《弟子规》。

【考核标准】

能响亮、流畅、准确地朗读任意100句《弟子规》并自选背诵50句的，合格。能流畅、准确地任意背诵100句《弟子规》的，优秀。

（三）国学启蒙——《论语》（节选）

《论语》是儒家学派的经典著作之一，由孔子的弟子及其再传弟子编撰而成。它以语录体和对话文体为主，记录了孔子及其弟子言行，集中体现了孔子的政治主张、伦理思想、道德观念及教育原则等。与《大学》、《中庸》、《孟子》、《诗经》、《尚书》、《礼记》、《易经》、《春秋》并称“四书五经”。通行本《论语》共二十篇。

《论语》的语言简洁精练，含义深刻，其中有许多言论至今仍被世人视为至理名言。

作为一部优秀的语录体散文集，它以言简意赅、含蓄隽永的语言，记述了孔子的言论。《论语》中所记孔子循循善诱的教诲之言，或简单应答，点到即止；或启发论辩，侃侃而谈；富于变化，娓娓动人。

不可否认，《论语》也有它的糟粕或消极之处，但它所反映出来的两千多年前的社会人生精论，富有哲理的名句箴言，是中华民族文明程度的历史展示。即使现在处在改革开放、经济腾飞、文化发展的时代大潮中，《论语》中的许多思想仍然具有相当的借鉴意义和时代价值。

《论语》（节选）

孔子论人生：

饭疏食、饮水，曲肱而枕之，乐亦在其中矣。不义而富且贵，于我如浮云。

贤哉，回也！一箪食，一瓢饮，在陋巷，人不堪其忧。回也不改其乐。贤哉，回也！

士志于道，而耻恶衣恶食者，未足与议也。

富与贵，是人之所欲也；不以其道，得之不处也。贫与贱，是人之所恶也；不以其道，

得之不去也。

富而可求也，虽执鞭之士，吾亦为之。如不可求，从吾所好。

孔子论做人：

君子泰而不骄，小人骄而不泰。

君子和而不同，小人同而不和。

君子矜而不争，群而不党。

君子周而不比，小人比而不周。

君子坦荡荡，小人常戚戚。

君子成人之美，不成人之恶，小人反是。

君子耻其言而过其行。

己所不欲，勿施于人。

己欲立而立人，己欲达而达人。

见贤思齐焉，见不贤而内自省也。

三人行，必有我师焉，择其善者而从之，择其不善者而改之。

吾日三省吾身：为人谋而不忠乎？与朋友交而不信乎？传不习乎？

三军可夺帅也，匹夫不可夺志也！

人无远虑，必有近忧。

无欲速，无见小利。欲速，则不达；见小利，则大事不成。

与朋友交，言而有信。

益者三友，损者三友。友直，友谅，友多闻，益矣。友便辟，友善柔，友便佞，损矣。

孔子论学习：

吾十五而有志于学，三十而立，四十而不惑，五十而知天命，六十而耳顺，七十从心所欲不逾矩。

知之为知之，不知为不知，是知也。

盖有不知而作者，我无是也。多闻，择其善者而从之；多见而识之。

敏而好学，不耻下问。

知之者不如好之者，好之者不如乐之者。

吾尝终日不食，终夜不寝，以思，无益，不如学也。

学而不思则罔，思而不学则殆。

众恶之，必察焉；众好之，必察焉。

学而时习之，不亦说乎？

温故而知新，可以为师矣。

【朗读的能力练习】

朗读并背诵《论语》（节选）。

【考核标准】

能比较流畅、准确地朗读《论语》（节选），能背诵15条《论语》（节选）的，合格。能响亮、流畅、准确地背诵全部《论语》（节选）的，优秀。

（四）国学启蒙——《道德经》（节选）

《道德经》，又称《道德真经》、《老子》、《五千言》、《老子五千文》，是中国古代先秦诸子分家前的一部著作，为其时诸子所共仰，传说是春秋时期的老子李耳（似是作者、注释者、传抄者的集合体）所撰写，是道家哲学思想的重要来源。《道德经》分上下两篇，原文上篇《德经》、下篇《道经》，不分章，后改为《道经》在前，《德经》在后，并分为81章。是中国历史上首部完整的哲学著作。

《道德经》（节选）

道可道，非常道；名可名，非常名。无名，天地之始；有名，万物之母。故常无，欲以观其妙，常有，欲以观其徼。此两者同出而异名，同谓之玄。玄之又玄，众妙之门。

天下皆知美之为美，斯恶矣；皆知善之为善，斯不善矣。故有无相生，难易相成，长短相形，高下相倾，音声相和，前后相随，恒也。

上善若水。水利万物而不争，处众人之所恶，故几近于道。居善地，心善渊，与善仁，言善信，正善治，事善能，动善时。夫唯不争，故无尤。

五色令人目盲，五音令人耳聋，五味令人口爽，驰骋畋猎令人心发狂，难得之货令人行妨。

知人者智，自知者明。胜人者有力，自胜者强。知足者富。强行者有志。不失其所者久。死而不亡者寿。

大白若辱，大方无隅，大器晚成，大音希声，大象无形。

大成若缺，其用不弊。大盈若冲，其用不穷。大直若屈，大巧若拙，大辩若讷。

合抱之木，生于毫末；九层之台，起于垒土；千里之行，始于足下。

【朗读的能力练习】

朗读并背诵《道德经》（节选）。

【考核标准】

能比较流畅、准确地朗读《道德经》（节选）并能背诵5条的，合格。能响亮、流畅、准确地背诵全部《道德经》（节选）的，优秀。

二、朗读（现代文）

（一）新闻的朗读

新闻的朗读播报是考查语言艺术工作者的一种方式，也是选拔播音主持艺术人才的必考项目。新闻的朗读中语音的规范、表达的规范以及语感的流畅等多项技能，是新闻播音员、媒体节目主持人必备的看家本领。然而，这项能力也是需要经常进行各类人际交流的其他职业者必备的能力。新闻的朗读播报能力主要体现在以下四点：

1. 语音标准

新闻的朗读播报必须使用标准的普通话，要准确、清晰地严格按照高标准的普通话发音来朗读。因为只有语音清晰、标准，才能够确保语言传播内容的准确、清晰。

2. 表达规范

有声语言表达有很多技巧，但是在新闻的朗读播报中对表达的要求相对规范。不能像文学艺术作品那样可以有更多的个性化理解和表达。新闻播报讲求客观真实，所以在朗读新闻时语言表达要相对客观，不能有太多主观色彩和太过夸张的处理，要“感而不入”。因此要多连而少停、重音少且精，要语势常扬、语尾不坠，不悠荡，不拖腔拉调。

3. 舒展明快

在新闻播报的用声和表达上要尽量做到舒展明快，要多使用实声。新闻的客观性要求用实声加强新闻的可信性，声音不能挤捏，要松弛、自然，吐字要颗粒饱满、字字珠玑。在表达上，可根据新闻的时效性、新鲜性的特点，朗读的节奏要明快一些，但要做到快而不乱。

4. 朴实大方

朴实大方是对新闻播报总的状态的概括，除了在吐字发声、表达技巧当中贯穿着朴实大方外，在整体语言面貌和语言表达整体的把握中，更要求体现出新闻工作者客观真实的气质。新闻消息播报和文学作品的表达不同，新闻播报不能太角色化、表演化，而是必须客观公正地播报和传播。

【朗读的能力练习】

按新闻朗读的要求朗读下列新闻。

中国首批紧急人道主义援助物资运抵日本

据新华社东京3月14日电（记者冯武勇）中国政府提供的首批援助物资14日晚抵达日本东京，并将连夜被运送至日本东北部地震海啸重灾区宫城县。

日本当地时间20时46分，从中国上海起飞的搭载首批近百吨援助物资的包机抵达东京羽田机场。这批物资包括12人用帐篷、6人用帐篷、毛巾被、手提应急灯等灾区急需物资。

中国驻日大使馆公使吕克俭和日本外务省亚洲大洋洲局日中经济室室长古谷德郎在机场签字换文，完成物资交接。

吕克俭说，中方十分关切日本地震海啸灾情，衷心祝愿日本灾区人民能够克服种种困难，重建家园。古谷告诉新华社记者，非常感谢中方的支援，现在灾区非常需要帐篷、应急灯等物资。

中国商务部消息说，为支持日本政府和人民抗震救灾，中国政府将向日本政府提供3 000万元人民币的紧急人道主义援助物资。

——《人民日报》海外版（2011年03月15日）

成都74岁大爷寻找走失小狗17天未果称将继续找

华西都市报讯（记者王敏成）“旺旺，旺旺……”截至昨日，成都市民陈大爷的小狗已

丢失17天。他每天都会骑着车，从猛追湾游泳池到太升桥的锦江边寻找旺旺。

74岁的陈大爷很难受，因为老伴去世后，旺旺是他的唯一伙伴。陈大爷说："还要再找找，心里舍不得呀!"

"就像自己的娃娃一样，非常乖，所以总想找到。"昨日下午，成都帘官公所街49号小区内，提起旺旺，陈大爷就难受。

"以前也跑出去过几次，但要么能在河边找到，要么能自己回来。"陈大爷说，9日晚6点后，他发现旺旺不在家中，以为跟平常一样，小狗又跑去锦江边了，于是就骑着车出去寻找。

1个多小时后，他找遍了从太升桥到猛追湾游泳池的锦江河边，可仍没见旺旺的身影。

"当日下午4点50分左右走出小区后，就再没回来。"陈大爷说，河边没找到小狗，他又回到小区，通过查看监控视频，发现小狗确实是朝着河边走去的。他知道小狗可能走失了。

截至昨日，旺旺消失了17天，而陈大爷也寻找了17天，"人都瘦了一圈"，尽管没结果，但他打算还要继续找。

——四川在线《华西都市报》(2011年03月27日)

130名大学生不带分文挑战生存日赚185元成冠军

大学生在洋人街进行生存体验

昨天，南岸区洋人街成为重庆邮电大学和重庆工商大学130名大学生的生存考场：除了往返学校的车费，不能多带一分钱，以挣钱多少论胜负。

经统计，8个半小时里130名大学生共赚钱5058.1元。大学生们到底用了哪些办法挣钱?

日赚185元成冠军

挣钱途径：用学生证抵押，换矿泉水销售

体验者：重庆邮电大学传媒学院艺术设计专业大二学生王小玲

比赛前，两校学生经过比赛，逾300名学生争夺120个参赛资格，最终各选出60人。

比赛中被淘汰的10名选手，因为不服气，他们自发来到活动现场，成为"编外人员"。可最终的挣钱排行榜上，第一、第二名均出现在这个团队。王小玲就是其中之一。

参加比赛前，王小玲就想好了挣钱办法——卖矿泉水。从学校出来时，她带上了身份证、学校书卡等有效证件。她用这些作抵押，从洋人街一家商店"赊"来一箱矿泉水，卖完后，再以现金进货。

昨天天气不错，参加极限游戏的游客如织，他们成为王小玲的目标客户———她在游客们气喘吁吁地下了游戏机时上前兜售，成功率很高。

王小玲还介绍，这是给贫困山区儿童挣字典钱，于是游人纷纷慷慨解囊，甚至主动抬高价格———其中一瓶卖了10元。

王小玲事后分析：找准客户，态度诚挚，是她脱颖而出的关键。

只用几根粉笔赚200元

挣钱途径：陪玩现实版的扫雷游戏

体验者：重庆工商大学大学生陈樱桃

昨日参赛同学的挣钱办法，虽各有不同，但大致分为两种。一种靠转卖商品挣钱：譬如

卖矿泉水、卖各种小商品。操作方式通常是从店家赊、和店家“联营”确定货物，再转手找买家挣得差额。一种靠出卖劳力挣钱：譬如到餐馆帮厨、扮玩偶、到自行车店帮忙招揽客人、利用专业替人画画等。

工商大学三名大学生却独辟蹊径———他们只用了几根粉笔，就在8个半小时内，挣到了近200元钱。他们的办法是，借脑。

在前日的淘汰比赛中，有一个扫雷的游戏。工商大学学生陈樱桃等三人，就把这个游戏变成了赚钱方法———他们先在洋人街找出一块空地，画上方格设定雷区，然后，陪人做游戏挣钱。

为了让游戏吸引人注意，他们特别重视广告宣传———不仅冠之以“童年忆趣”的主题，还打起关系牌———“让90后回忆童年的那些游戏”，收效不错。

——《重庆晚报》(2011年03月28日)　涂静　梅浩

南校区清歌一笑社团赴首经贸演出取得圆满成功

11月25日我院清歌一笑社团代表学院应邀参加首都经贸大学第五届“社团文化节”闭幕式晚会，受到了首经贸师生的热烈欢迎，成功完成舞台演出和成果展示任务。

在社团舞台作品展示环节，由清歌一笑社团两位社员成功表演了经典改编传统相声《夜行记》。在相声开始之前，由社团成员独唱的一首举世闻名的《甩葱歌》轰动了全场观众，赢得了观众的连连掌声和笑声，充分展现了本社团的强大实力。

此次活动是清歌一笑社团于2009年赴农职演出和参加2010年北京青少年社团文化节后，又一次参加校外社团活动。此次活动促进了两校间社团的交流合作，建立了深厚的友谊，有利于今后社团联谊活动的开展。与此同时，更加提高了我院在高校间的知名度，为今后学院社团建设、发展奠定了坚实的基础，为社团活动走向社会，迈出了有意义的一步。

——北京信息职业技术学院分团委（南区）(2010年12月1日)

学院第五届科技艺术节首届“异想天开”创意设计竞赛隆重开幕

11月16日下午学院第五届科技艺术节首届“异想天开”创意设计竞赛开幕式在东校区大礼堂举行，院长武马群、党委副书记陈小平、副院长徐民鹰、院长助理谢宏光出席了开幕式，开幕式由院长助理董国东主持。

武马群院长首先致开幕词，他代表学院领导向本次竞赛的顺利召开表示热烈的祝贺！并希望同学们在这次竞赛中发扬“崇尚科学、团结协作”的精神，积极参与，公平竞争。用同学们的无限活力和青春风采展示新一代青年的良好精神风貌，用比赛场上的每一次成功展示的喜悦和自豪，为学院第五届科技艺术节增添绚丽的色彩。

随后陈小平副书记宣布本次比赛组织组和评判组成员名单；评判组代表外语系王为老师代表评判组发言；参赛队员代表计算机工程系徐晓坡同学代表参赛队员发言。

最后徐民鹰副院长宣布“北京信息职业技术学院首届‘异想天开’创意设计竞赛开幕”。

开幕式在友好、热烈的气氛中结束。本次比赛于17～19日在东校区分组进行。媒体中心将全程录像。

预祝首届“异想天开”创意设计竞赛取得圆满成功！

——北京信息职业技术学院科技合作处（2010年11月27日）

【考核标准】

能按照新闻朗读要求，比较清晰、准确地朗读的，合格；发音标准、声音洪亮、语气声调恰当，与新闻播音员的朗读近似的，优秀。

（二）故事的朗读

故事侧重人物的刻画和时间的叙述，强调人物的形象性和情节的连贯性、生动性。所以，朗读故事要尽量绘声绘色，从而感染和教育听众。

故事的朗读要注意以下三点：

1. 音高

朗读故事的情节发展内容（叙述）要与朗读故事人物的语言内容（记言）使用不同的音高。一般来说，叙述的内容，读音宜低，记言的内容读音宜高。例：

楚王知道晏子身材矮小，就叫人在城门旁边开了一个五尺来高的洞。晏子来到楚国，楚王叫人把城门关了，让晏子从这个洞钻进去。晏子看了看，对接待的人说：“这是个狗洞，不是城门，只有访问狗国，才从洞进去。我在这儿等一会儿。你们先去问个明白，楚国到底是个什么样的国家？”接待的人立刻把晏子的话传给了楚王，楚王只好吩咐大开城门，把晏子迎接进去。

——《晏子使楚》

例中画线的内容从读音上应该高于未画线的内容，并且力度要强，借以展现晏子维护个人和国家尊严的轩昂气质。

朗读不同人物的语言，也要根据具体情况，恰当地用高低音将它们区分开来，以便让听者清楚地意识到哪儿是甲说的，哪儿是乙说的，或者谁是正面人物，谁是反面人物。例：

晏子见了楚王。楚王对他瞅了一眼，冷笑一声说：“难道齐国没有人了吗？”晏子严肃地说“这是什么话？我国首都临淄住满了人。大伙儿都把袖子举起来，就能够连成一片云；大伙都甩一把汗，就能够下一阵雨；街上的行人肩膀擦着肩膀，脚尖碰着脚跟。大王怎么说齐国没人呢？”楚王说：“既然有这么多人，为什么打发你来呢？”晏子装作很为难的样子，说：“您这一问，我实在不好回答。撒个谎吧，怕犯了欺君之罪；说实话吧，又怕大王生气。”楚王说：“实话实说，我不生气。”晏子拱了拱手说：“弊国有个规矩：访问上等的国家，就派上等人去；访问下等的国家，就派下等人去。我最不中用，就派到这儿来了。”说着，他故意笑了笑。楚王也只好陪着笑。

——《晏子使楚》

2. 语速

故事的朗读要根据不同的内容灵活地调整语速。平铺直叙的内容要用中等语速，情节紧张的内容要快读；舒缓、沉重的内容要慢读。例：

董存瑞看看四周，这座桥有一人多高，两边是光滑的斜坡。炸药包放在哪呢？他两次把炸药包放在桥沿上，两次都滑了下来。要是把炸药包放在河床上，又炸不毁暗堡。就在这时候，嘹亮的冲锋号吹响了，惊天动地的喊杀声由远而近。在这万分紧急的关头，董存瑞昂首挺胸，站在桥底中央，左手托起炸药包，顶住桥底，右手猛地一拉导火索。导火索哧哧地冒

着白烟、闪着火花。火光照亮了他那钢铸一般的脸。一秒钟、两秒钟……他像巨人一样挺立着，两眼放射着坚毅的光芒。

例中未画线的内容，是对董存瑞炸碉堡的环境形势和战斗形势的平静叙述，所以，宜用中语速读；画线的部分，是对董存瑞在紧要关头炸碉堡紧张情节的描写。这部分内容的每一句话，必须都读得紧凑、快捷。只有这样，才能烘托出董存瑞炸碉堡的果敢、坚决。

3. 语气

朗读故事要调配好各种内容的语气因素，使内容读得恰如其分，情真意切。例：

一天，楚王安排酒席招待晏子。正当他们吃得很高兴的时候，有两个武士押着一个囚犯，从堂下走过去。楚王看见了，问他们："那个囚犯犯的是什么罪？他是哪里人？"武士回答说："犯了盗窃罪，是齐国人。"楚王笑嘻嘻地对晏子说："齐国人怎么这样没出息，干这种事情？"楚国的大臣们听了，都得意洋洋地笑起来，他们以为这一下晏子可丢了脸了。哪知晏子面不改色，他站起来说："大王怎么不知道哇？淮南的柑橘，又大又甜。可是这种橘树一种到淮北，就只能结又小又苦的枳（zhǐ），还不是因为水土不服吗？同样的道理，齐国人在齐国能安居乐业，好好地劳动，一到楚国，就做起贼来了，也许是两国的水土不同吧。"……

——《晏子使楚》

上边这段故事中，作者的意图在于褒扬晏子大智大勇、能言善辩。楚王仅是为突出晏子天才外交才能的一个反面陪衬，是被贬斥的对象。所以，在故事的陈述过程中，整体上要始终表现出对晏子的褒扬和对楚王的贬斥。同时，由于故事中有不同的人物在说话，所以，还要根据不同人物的身份、性格、心态等，读出相应的不同的语气。

例如：楚王的话"齐国人怎么这样没出息，干这种事情？"宜用较慢的语速来读，以表现楚王否定、轻蔑、嘲笑的语气。

文中的过渡句"他们以为这一下晏子可丢了脸了"则可用慢语速、弱力度、降调的语气来读，以此披露群臣奉承、得意的心态。

"哪知晏子面不改色"一句，可在"哪知"后边停顿一下，这样能引起听者对"晏子面不改色"的注意。对"面不改色"要用高音重读，这就从语气上同上句相照应，醒目地突出"晏子的精神"与楚国群臣的得意预料相反。

对晏子所说的"大王怎么不知道哇？"则可使用慢语速的反问语气来读，以展现其既含蓄又警示的口气。

"淮南的柑橘，又大又甜。可是这种橘树一种到淮北，就只能结又小又苦的枳"一句要读得紧凑、迅捷、利落。这样，可以烘托晏子理由充沛，伶牙俐齿，毫不妥协的豪迈形象。

"还不是因为水土不服吗？"可用慢语速、升调语气来读，这样可以更加强化反问语气，强调此观点的正确无疑。

……

【朗读的能力练习】

按故事朗读的要求朗读下列故事。

张良拾鞋

秦朝末年，张良在博浪沙谋杀秦始皇没有成功，便逃到下邳隐居。一天，他在镇东石桥

上遇到位白发苍苍、胡须长长、手持拐杖、身穿粗布衣服的老人。老人看到张良过来了，就故意把他的鞋甩到桥下，看着张良说："小子，下去把鞋捡上来！"张良觉得很惊讶，心想：你算老几呀？敢让我帮你捡鞋子！就想拔出拳头来揍对方。但看到这个人年老体衰，而自己却年轻力壮，便克制住自己的怒气，到桥下帮他捡回了鞋子。

谁知这位老人不仅不道谢，反而大咧咧地伸出脚来说："替我把鞋穿上！"张良心中大怒：嘿，这糟老头子，我好心帮你把鞋捡回来了，你居然还得寸进尺，要让我帮你把鞋穿上，真是太过分啦！张良正想脱口大骂，但又转念一想，反正鞋子都捡起来了，干脆好人做到底，就跪着替老人穿上了鞋子。

老人笑着离去了。张良十分惊讶，随着老人的身影注视着他。老人离开了约有一里路，又返回来，说："你这个孩子可以教导教导。五天以后天刚亮时，跟我在这里相会。"张良觉得这件事很奇怪，跪下来答应道："嗯。"

五天后的拂晓，张良来到桥上，发现老人已先在那里。老人生气地说："跟老年人约会，怎么能迟到呢？"随即离去，并说："五天以后早早来会面。"五天后鸡一叫，张良就去了，可发现老人又先到了那里。老人又生气地说："怎么又来晚了？"老人离去时又说："五天后再早点儿来。"五天后，张良不到半夜就去了。过了一会儿，老人也来了，高兴地说："应当像这样才好。"于是老人拿出一部书，说："读了这部书就可以做帝王的老师了。十年以后就会发迹。十三年后你到济北来见我，谷城山下的黄石就是我。"说完飘然而去，从此再也没有出现。

张良天明时一看老人送的书，原来是《太公兵法》。张良觉得这部书非同寻常，便日夜诵读研究，后来果然成为满腹韬略、智谋超群的汉代开国名臣。

偷　桃

我年轻的时候，到郡里去参加考试。这年正赶上立春，按照惯例，立春的前一天，集市上搭起彩棚，艺人们吹拉弹唱，然后一同到官府去庆贺，名为"演春"。今年相同，一起去的朋友说说笑笑，非常高兴。

这天，游人如织，挤得密不透风。来到官府，只见大堂上有四个穿红衣服的官员，两两对面而坐。那时我还小，也不知他们是什么官，只听得一片乱哄哄的说话声。

忽见一人领着一个披着头发的小孩，挑着担子上了大堂，嘴里好像说着什么。只听得欢声雷动，却听不到那个人说的话，只见堂上的人也笑了起来。

接着，一个穿青衣的官差，大声命令那人表演。那人问道："表演什么呢？"又见堂上的人说了几句话，就叫一个官差下去问那人善于表演什么。那人说："能得到颠倒季节的植物。"官差上去告诉，一会儿又下来，命他取桃子，表演人答应了。

他脱下衣服，放到竹箱上，故意做出怨恨的样子说："官老爷真是不明白，河里的坚冰还没有融化，到哪里去摘桃？不取吧，又怕官老爷发怒，怎么办？"他的儿子说："父亲已经答应了，又怎么能推辞？"那人一脸惆怅，过了很久才说："我已想尽了办法，现在初春，雪还没融化，人间到哪里去找桃子？只有王母娘娘的蟠桃园里，一年四季长春，花未凋谢，或许有桃子。所以，一定要到天上去偷才行。"儿子说："唉！上天哪有阶梯呀？"父亲回答说："有术在。"于是那人打开竹箱，拿出一团绳子，大约有好几十丈长，把绳子理好抓住一端，往空中一抛，绳子立即悬挂在空中，好像挂在什么东西上了。一会儿，绳子越升越高，越升越高，竟然升到缥缈的云彩中去了，他手中的绳子也到了尽头。于是招呼他儿子说："儿子，过来，我老了，身体沉重笨拙去不得，只好你去一趟吧。"说着就把绳子交给了儿子："抓着即可登上去。"他儿子拿着绳子露出为难的样子，埋怨说："爹您也太糊涂了！像这样一根线似的绳子，让我来抓着它登上这么高的天，如果爬到中间绳子断了，我恐怕连骨头也剩不下了。"父亲哄着儿子说："我已失口答应，后悔也来不及了，好儿子，麻烦你去一趟！不要怕苦，如偷得桃来，一定有百金赏赐，我肯定为儿子娶一个漂亮的媳妇。"于是，他儿子抓着绳子，盘旋而上，脚随手动，像蜘蛛爬在蜘蛛丝上一般，渐渐爬入了云霄，看不见人了。过了很久，忽然从空中落下一个桃子来，有碗口那么大。那人高兴地捧着桃子献上大堂。堂上各位官老爷传着看了很久，也不知是真是假。

忽然，绳子落到地上。那人大惊，喊道："糟糕！上面有人砍断了我的绳子，我儿该如何下来呀？"过了一会儿，一物从空中落下来，仔细一看，竟是他儿子的脑袋。那人捧着脑袋大哭道："一定是偷桃时被看桃园的发觉，我的儿子完了！"又过了一会儿，一只脚落下来，随即，他儿子的肢体纷纷落下来，没有一个完整的。那人悲伤之极，一一收拾起儿子的肢体，放在箱子里盖上说："我老汉只有这个儿子，整天跟我南北卖艺，今日奉命给老爷偷桃，不料遭此横祸，只好背去厚葬了。"于是走上大堂，跪下说："为了偷桃，我的儿子死了！如可怜小人，帮我葬了小儿，我死后必当来报答恩惠！"坐着的各位官员脸上露出惊恐、诧异的表情，纷纷拿出钱来赏赐他。艺人接过来缠在腰上，然后下堂来到竹箱旁招呼道："八八儿，还不出来感谢赏赐，还等待什么？"忽见一个头发蓬松的小孩，脑袋顶着箱子盖钻了出来，望着北面大堂上连连磕头——正是他的儿子。

因为他术道奇特，所以我至今还记着。后来听说白莲教能为此术，心下以为，他们大概是白莲教的后裔吧？

——《聊斋志异·偷桃》译文

【考核标准】

能按故事的朗读要求，清晰、准确地朗读的，合格；能根据故事的不同内容朗读出不同效果（标准的发音、相应的音高音量、生动的语气、丰富的表情等）的，优秀。

（三）寓言的朗读

寓言是一种带有劝喻和讽刺意味的故事体文学样式，大多篇幅短小，故事简单，主人公可以是人，但更多的是人格化的动物、植物或自然界的其他东西和现象。寓言大多是借古寓今，借此喻彼，通过简单明白的故事中说明一些深刻的道理，使人受到教育，得到启发。朗读时要注意：

1. 形象立体化

寓言的形象一般不是人，但他们是人格化的形象，代表着现实中不同性格、不同思想的人。朗读寓言，首先要分析揣摩作品中的人物形象，男女有差别，年龄有长幼，身份有尊卑，这样才能运用不同的朗诵技巧，或褒或贬，或赞扬或批评，或讽刺或嘲笑。例如，寓言《揠苗助长》的主人公是一位主观急性、头脑发热、违背客观规律的人，在朗诵时可以用较高的声音、急促的语气来表达。

朗读寓言，要对所读作品产生强烈、浓厚的兴趣，展开丰富想象，然后通过语言、表演把它们生动地刻画出来。在朗读寓言中描写各种动物的声音、神态、动作的语句时，要求神似，不可太夸张，表演色彩不能太重。因为寓言采取的是拟人化手法，即让没有思想的各种动物拥有人的特性，是动物的人格化，所以不能把人装扮成动物，否则，会产生图解式效果，破坏真实性。

2. 表达个性化

寓言作为一种文学作品，形象很鲜明，而展示形象性格特点的主要方法是人物语言，在朗读时应让人物语言带上鲜明的个性，这自然增加了朗诵的难度。因为，作品中人物的对话表现出来的情感态度是丰富多彩的，其中既有“喜怒哀乐”、“爱憎好恶”和“忧惧疑奇”的情感体现，又有“冷热亲疏”、“褒贬毁誉”的态度分寸，还有“强弱深浅”的程度区别，要表现这些复杂的区别，朗读者必须借助语音、语气的高低强弱、明暗虚实和刚柔粗细等技巧处理来表现。

3. 寓意明朗化

寓言的寓意是指作品通过故事来寄托的深刻含义或说明的道理，即作品的主题思想。如《农夫和蛇》这则寓言的寓意就是通过农夫可怜毒蛇却被毒蛇咬死的故事，告诫人们不要同情恶人。因此，在朗读时要节奏平稳、语速缓慢、语音沉重。

寓言的寓意与作品的情感基调是相连的，因此在朗读时，要注意找到寓言中表达的细节。有些细节哪怕是一个动作、一种神态，都可能对引出寓意有关键作用，那么，在朗读时给予重点体现，即可使作品的寓意生动地明朗化。另外，许多寓言中会有直接点明寓意的句子，那么在朗读这些画龙点睛的语句时就要放慢速度，吐字沉稳，一字一情，点送到位。

【朗读的能力练习】

按寓言朗读的要求朗读下列寓言（注意括号中的朗读提示）。

狐假虎威

在茂密的森林里，有一只老虎正在寻找食物。一只狐狸从身边窜过。老虎扑过去，把狐狸逮住了。（用平语音、平语调、中语速读）

狡猾的狐狸眼珠子骨碌一转，扯着嗓子对老虎说：“你敢吃我？”（读出强横、威吓口气）

“为什么不敢？”老虎一愣。（问话要快读）

“老天爷派我来管理你们百兽，你吃了我，就是违抗了老天爷的命令。我看你有多大的胆子。”（要用佯音读，语音不要太高，力度不要太强，语速要慢，语气要重，加点的词要重读，达到既表现狐狸装腔作势、不可一世的样子，又流露出对狐狸奸诈的否定态度）

老虎被蒙住了，松开了爪子。

狐狸摇了摇尾巴，说：“不信我带着你到百兽面前走一趟，让你看看我的威风。”（语速要快，加点的词要重读，以显示狐狸假惺惺、神气十足的样子）

狐狸和老虎，一前一后，朝森林深处走去。狐狸神气活现，摇头摆尾；老虎半信半疑，东张西望。（狐狸和老虎不同的心态和不同的神态要用相反的语调朗读）

森林里的野猪啦，小鹿啦，斑马啦，兔子啦，看见狐狸大摇大摆地走过来，跟往常很不一样，都很纳闷。再往狐狸身后一看，呀，一只大老虎！大大小小的野兽吓得撒腿就跑。（画线的内容要快读，以衬托百兽的心慌情态）

凶恶的老虎受骗了，（要慢读，表现遗憾的语气）狡猾的狐狸是借着老虎的威风把百兽吓跑的。（带点的词重读，以强化突出中心）

寒号鸟

山脚下有一堵石崖，崖上有一道缝，寒号鸟就把这道缝当做自己的窝。石崖前面有一条河，河边有一棵大杨树，大杨树上住着喜鹊。寒号鸟和喜鹊面对面住着，成了邻居。

几阵秋风，树叶落尽，冬天快要到了。

有一天，天气晴朗。喜鹊一早飞出去东寻西找，衔回来一些枯枝，就忙着垒巢准备过冬。寒号鸟却整天飞出去玩，玩累了就回来睡觉。（以上这些内容都是平铺直叙，朗读宜用平语音、中语速、中力度读，带点儿的词是突出寒号鸟与喜鹊比邻而居，但是在行为上却迥然不同的词，要用重读来表现）

喜鹊说："寒号鸟，别睡觉，大晴天的，赶快垒巢。"（带点的词要重读，速度要慢一点儿，表现出亲切、关心的语气）

寒号鸟不听劝告，躺在崖缝里对喜鹊说："傻喜鹊，不要吵，太阳暖和，正好睡觉。"（要用佯音读，带点的词要重读，以显示寒号鸟"不耐烦"、"自以为是"的神态）

冬天说到就到，刺骨的寒风呼呼地刮着。喜鹊住在温暖的窝里。崖缝里冷得厉害，寒号鸟冻得直打哆嗦，悲哀地说："哆罗罗，哆罗罗，寒风冻死我，明天就垒窝。"（寒号鸟说的话要用颤音读，以显现其酷寒情况下的可怜丑态）

第二天清早，风停了，太阳暖烘烘的，好像又是春天了。喜鹊来到崖缝前劝寒号鸟说："趁天晴，快垒巢，现在懒惰，将来糟糕。"（喜鹊的话要用快语速、高语音、升语调读，以示喜鹊心情的急切中肯，同时衬托形势刻不容缓）

寒号鸟还是不听劝告。伸伸懒腰，回答说："傻喜鹊，真啰嗦，太阳暖和，得过且过。"（"傻喜鹊，真啰嗦"要用佯音、较弱的力度快读，以表现寒号鸟心不耐烦申斥别人的口气。"太阳暖和，得过且过"要读得慢一点儿，力度弱一点，以表现寒号鸟无忧无虑、洋洋自得的样子）

寒冬腊月，大雪纷飞，漫山遍野一片白色。

北风像狮子那样狂吼，河里的水结了冰，崖缝里冷得像冰窖。（这段景象描写要读得慢一点儿，以渲染寒号鸟处境的严酷）就在这严寒的夜里，喜鹊在温暖的窝里熟睡，寒号鸟却发出最后的哀号："哆罗罗，哆罗罗，寒风冻死我，明天就垒窝。"（用颤音读）

天亮了，太阳普照大地。（用平力度读）喜鹊在枝头呼唤邻居寒号鸟，（中音快读）但是寒号鸟没有应声。（用低语音、弱力度、慢语速读，以营造悲惨的气氛）可怜的寒号鸟在半夜里冻死了。（要用高语音、强力度、快语速读，以给人一种咎由自取、不足叹息的感受）

【考核标准】

能按照寓言的朗读要求，比较清晰、准确地朗读的，合格；能根据寓言的不同内容朗读出不同效果（标准的发音、相应的音高音量、生动的语气、丰富的表情等）的，优秀。

（四）普通话水平测试（读文部分）示例

1. 朗读短文（400 个音节，共 30 分，限时 4 分钟）。

两个同龄的年轻人同时受雇于一家店铺，并且拿同样的薪水。可是一段时间后，叫阿诺德的那个小伙子青云直上，而那个叫布鲁诺的小伙子却仍在原地踏步。布鲁诺很不满意老板

的不公正待遇。终于有一天他到老板那儿发牢骚了。老板一边耐心地听着他的抱怨，一边在心里盘算着怎样向他解释清楚他和阿诺德之间的差别。

"布鲁诺先生，"老板开口说话了，"您现在到集市上去一下，看看今天早上有什么卖的。"

布鲁诺从集市上回来向老板汇报说，今早集市上只有一个农民拉了一车土豆在卖。

"有多少?"老板问。

布鲁诺赶快戴上帽子又跑到集上，然后回来告诉老板一共四十袋土豆。

"价格是多少?"

布鲁诺又第三次跑到集上问来了价格。

"好吧，"老板对他说，"现在请您坐到这把椅子上一句话也不要说，看看阿诺德怎么说。"

阿诺德很快就从集市上回来了。向老板汇报说到现在为止只有一个农民在卖土豆，一共四十口袋，价格是多少多少；土豆质量很不错，他带回来一个让老板看看。这个农民一个钟头以后还会弄来几箱西红柿，据他看价格非常公道。昨天他们铺子的西红柿卖得很快，库存已经不多了。……

2. 朗读短文（400个音节，共30分，限时4分钟）。

爸不懂得怎样表达爱，使我们一家人融洽相处的是我妈。他只是每天上班下班，而妈则把我们做过的错事开列清单，然后由他来责骂我们。

有一次我偷了一块糖果，他要我把它送回去，告诉卖糖的说是我偷来的，说我愿意替他拆箱卸货作为赔偿。但妈妈却明白我只是个孩子。

我在运动场打秋千跌断了腿，在前往医院途中一直抱着我的，是我妈。爸把汽车停在急诊室门口，他们叫他驶开，说那空位是留给紧急车辆停放的。爸听了便叫嚷道："你以为这是什么车？旅游车?"

在我生日会上，爸总是显得有些不大相称。他只是忙于吹气球，布置餐桌，做杂务。把插着蜡烛的蛋糕推过来让我吹的，是我妈。

我翻阅照相册时，人们总是问："你爸爸是什么样子的?"天晓得！他老是忙着替别人拍照。妈和我笑容可掬地一起拍的照片，多得不可胜数。

我记得妈有一次叫他教我骑自行车。我叫他别放手，但他却说是应该放手的时候了。我摔倒之后，妈跑过来扶我，爸却挥手要她走开。我当时生气极了，决心要给他点颜色看。于是我马上爬上自行车，而且自己骑给他看。他只是微笑。我念大学时，所有的家信都是妈写的。他除了寄支票外……

【朗读的能力练习】

请用标准的普通话朗读下列普通话测试模拟试题。

1. 朗读短文（400个音节，共30分，限时4分钟）。

夕阳落山不久，西方的天空，还燃烧着一片橘红色的晚霞。大海，也被这霞光染成了红色，而且比天空的景色更要壮观。因为它是活动的，每当一排排波浪涌起的时候，那映照在浪峰上的霞光，又红又亮，简直就像一片片霍霍燃烧着的火焰，闪烁着，消失了。而后面的

一排，又闪烁着，滚动着，涌了过来。

天空的霞光渐渐地淡下去了，深红的颜色变成了绯红，绯红又变为浅红。最后，当这一切红光都消失了的时候，那突然显得高而远了的天空，则呈现出一片肃穆的神色。最早出现的启明星，在这蓝色的天幕上闪烁起来了。它是那么大，那么亮，整个广漠的天幕上只有它在那里放射着令人注目的光辉，活像一盏悬挂在高空的明灯。

夜色加浓，苍空中的"明灯"越来越多了。而城市各处的真的灯火也次第亮了起来，尤其是围绕在海港周围山坡上的那一片灯光，从半空倒映在乌蓝的海面上，随着波浪，晃动着，闪烁着，像一串流动着的珍珠，和那一片片密布在苍穹里的星斗互相辉映，煞是好看。

在这幽美的夜色中，我踏着软绵绵的沙滩，沿着海边，慢慢地向前走去。海水，轻轻地抚摸着细软的沙滩，发出温柔的刷刷声……

2. 朗读短文（400个音节，共30分，限时4分钟）。

读小学的时候，我的外祖母过世了。外祖母生前最疼爱我，我无法排除自己的忧伤，每天在学校的操场上一圈又一圈地跑着，跑得累倒在地上，扑在草坪上痛哭。

那哀痛的日子，断断续续地持续了很久，爸爸妈妈也不知道如何安慰我。他们知道与其骗我说外祖母睡着了，还不如对我说实话：外祖母永远不会回来了。

"什么是永远不会回来呢?"我问着。

"所有时间里的事物，都永远不会回来。你的昨天过去，它就永远变成昨天，你不能再回到昨天。爸爸以前也和你一样小，现在也不能回到你这么小的童年了；有一天你会长大，你会像外祖母一样老；有一天你度过了你的时间，就永远不会回来了。"爸爸说。

爸爸等于给我一个谜语，这谜语比课本上的"日历挂在墙壁，一天撕去一页，使我心里着急"和"一寸光阴一寸金，寸金难买寸光阴"还让我感到可怕；也比作文本上的"光阴似箭，日月如梭"更让我觉得有一种说不出的滋味。

时间过得那么飞快，使我的小心眼里不只是着急，而是悲伤。有一天我放学回家，看到太阳快落山了，就下决心说："我要比太阳更快地回家。"我狂奔回去，站在庭院前喘气的时候，看到太阳还露着半边脸……

【考核标准】

参见"模块二中二、(二) 普通话水平测试考试方法及评分标准"。达到二级标准的合格，达到一级乙等的优秀。

三、阅读（文言文）

（一）《论语》（节选）

孔子论人生

【原文】饭疏食、饮水，曲肱而枕之，乐亦在其中矣。不义而富且贵，于我如浮云。

【译文】吃粗粮，喝白水，弯着胳膊当枕头，乐趣也就在这中间了。用不正当的手段得来的富贵，对于我来讲就像是天上的浮云一样。

【原文】贤哉，回也！一箪食，一瓢饮，在陋巷，人不堪其忧。回也不改其乐。贤哉，回也！

【译文】贤德啊，颜回吃的是一小筐饭，喝的是一瓢水，住在陋巷的破屋中，别人都受不了这种贫苦，颜回却仍然不改变向道的乐趣。贤德啊，颜回！

【原文】士志于道，而耻恶衣恶食者，未足与议也。

【译文】士有志于（学习和实行圣人的）道理，但又以自己吃穿得不好为耻辱，这种人是不值得与他谈论道的。

【原文】富与贵，是人之所欲也；不以其道，得之不处也。贫与贱，是人之所恶也；不以其道，得之不去也。

【译文】富裕和显贵是人人都想得到的，但不用正当的方法得到它，就无法真正地享受它；贫穷与低贱是人人都厌恶的，但不用正当的方法去摆脱它，就永远摆脱不掉。

【原文】富而可求也，虽执鞭之士，吾亦为之。如不可求，从吾所好。

【译文】富裕如果真是可以求得到的话，就是做那种拿鞭子的苦差事，我也去干。但如果求不到，那还是让我做自己喜欢的吧。

孔子论做人

【原文】君子泰而不骄，小人骄而不泰。

【译文】君子泰然自若而不骄傲，小人骄傲而不泰然自若。

【原文】君子和而不同，小人同而不和。

【译文】君子和谐相处却不盲目苟同，小人盲目苟同却不和谐相处。

【原文】君子矜而不争，群而不党。

【译文】君子庄重自尊而不与人争强斗胜，团结群众而不结党营私。

【原文】君子周而不比，小人比而不周。

【译文】君子普遍团结人而不只是和少数几个人亲近，小人只和少数几个人亲近而不普遍团结人。

【原文】君子坦荡荡，小人常戚戚。

【译文】君子心胸宽广，小人经常忧愁。

【原文】君子成人之美，不成人之恶，小人反是。

【译文】君子通常成全他人的好事，不帮助别人做坏事，而小人却与之相反。

【原文】君子欲讷于言而敏于行。

【译文】君子说话要谨慎，工作要勤勉。

【原文】君子耻其言而过其行。

【译文】君子认为说得多而做得少是可耻的。

【原文】君子不以言举人，不以人废言。

【译文】君子不因某人的话说得好就抬举他，也不因某人的品德差就不采纳他的正确意见。

【原文】质胜文则野，文胜质则史。文质彬彬，然后君子。

【译文】质朴胜过了文饰就会粗野，文饰胜过了质朴就会虚浮，质朴和文饰比例恰当，然后才可以成为君子。

【原文】仁者不忧，知者不惑，勇者不惧。

【译文】有仁德的人不会忧愁，聪明的人不会迷惑，勇敢的人不会畏惧。

【原文】见善无不及，见不善如探汤。

【译文】见到好人、好事，生怕来不及学习；看到恶人、坏事，就像是摸到烫水一样，想要立刻避开。

【原文】少之时，血气未定，戒之在色；及其壮也，血气方刚，戒之在斗；及其老也，戒之在得。

【译文】年轻时血气未定，要戒除好色之心；中年的时候，血气方刚，要戒除好斗之心；到年老时，血气衰退，要戒除好贪之心。

【原文】老者安之，朋友信之，少者怀之。

【译文】让年老的安心，让朋友信任，让孩子们得到关爱。

【原文】不学礼，无以立。

【译文】不学会礼仪礼貌，就难以有立身之处。

【原文】己所不欲，勿施于人。

【译文】自己不想要的，切勿强加给别人。

【原文】己欲立而立人，己欲达而达人。

【译文】君子想让自己立于天地之间，也希望别人立于天地之间；自己想要通达幸福，也希望别人能通达幸福。

【原文】躬自厚而薄责于人，则远怨矣。

【译文】____

【原文】见贤思齐焉，见不贤而内自省也。

【译文】____

【原文】三人行，必有我师焉，择其善者而从之，择其不善者而改之。

【译文】____

【原文】吾日三省吾身：为人谋而不忠乎？与朋友交而不信乎？传不习乎？

【译文】____

【原文】过而不改，是谓过矣！

【译文】____

【原文】不迁怒，不二过。

【译文】____

【原文】三军可夺帅也，匹夫不可夺志也！

【译文】____

【原文】人无远虑，必有近忧。

【译文】____

【原文】无欲速，无见小利。欲速，则不达；见小利，则大事不成。

【译文】____

【原文】益者三友，损者三友。友直，友谅，友多闻，益矣。友便辟，友善柔，友便佞，损矣。

【译文】____

【原文】巧言令色，鲜矣仁。

【译文】__________

【原文】刚、毅、木、讷近仁。

【译文】__________

孔子论学习

吾十五而有志于学，三十而立，四十而不惑，五十而知天命，六十而耳顺，七十从心所欲不逾矩。

知之为知之，不知为不知，是知也。

盖有不知而作者，我无是也。多闻，择其善者而从之；多见而识之。

敏而好学，不耻下问。

以能问于不能，以多问于寡；有若无，实若虚，犯而不校。

不愤不启，不悱不发。举一隅不以三隅反，则不复也。

知之者不如好之者，好之者不如乐之者。

吾尝终日不食，终夜不寝，以思，无益，不如学也。

学而不思则罔，思而不学则殆。

众恶之，必察焉；众好之，必察焉。

学而时习之，不亦说乎？

温故而知新，可以为师矣。

【阅读的能力练习一】

阅读“孔子论做人”的部分，自己想办法将【译文】缺失的部分补上（写在横线上，准确的或基本准确的不少于10条）。

【阅读的能力练习二】

阅读“孔子论人生”、“孔子论学习”的部分，任选5条译成现代汉语，并结合生活实际写出与其中两条内容相关的阅读体会。格式如下：

(1) 知之为知之，不知为不知，是知也。

【译文】__________

(2) ……

……

(5) ……

【译文】__________

体会（1）：__________

体会（2）：__________

【阅读的能力练习三】

背诵下面的几条内容，并能准确地默写出来。

(1) 饭疏食、饮水，曲肱而枕之，乐亦在其中矣。不义而富且贵，于我如浮云。

(2) 君子成人之美，不成人之恶，小人反是。

(3) 君子周而不比，小人比而不周。

(4) 益者三友，损者三友。友直，友谅，友多闻，益矣。友便辟，友善柔，友便佞，损矣。

(5) 知之为知之，不知为不知，是知也。

【考核标准】

译文比较准确；所谈体会能体现出对所选内容的大致理解，能与生活实际相结合；背诵默写准确率60%以上的，合格；译文基本正确，所谈体会有独到见解，背诵默写准确率80%以上的，优秀。

(二)《道德经》(节选)

【原文】道可道，非常道；名可名，非常名。无名，天地之始；有名，万物之母。故常无，欲以观其妙，常有，欲以观其徼。此两者同出而异名，同谓之玄。玄之又玄，众妙之门。

【译文】"道"，如果可以言说，它就不是永恒存在的"道"了；"名"，如果可以叫得出的，它就不是永恒存在的"名"了。"无名"，是天地的来处；"有名"，是演生宇宙万物的母体。所以，"道"是不显现的，要经常从无形体的角度去领悟和观察"道"的奥妙，又要从事物经常显现的形状，区别万物之间的微妙差别。显现和非显现互相存在，无和有相生却名称不同，都是奥妙啊。奥妙之奥妙的"道"，就是万物中的一切玄妙之所出的门径。

【原文】天下皆知美之为美，斯恶矣；皆知善之为善，斯不善矣。故有无相生，难易相成，长短相形，高下相倾，音声相和，前后相随，恒也。

【译文】天下的人都知道什么是美的时候，丑就存在了；天下的人都知道什么是善良的时候，同时也知道什么是恶了。因此，存在和非存在互相对立而生成，难和易由互相对立而成立，长和短互相对立而体现，高和低互相比较而存在，音和声互相对立而和谐，前和后互相对立而形影相伴。这是永恒的自然法则。

【原文】大白若辱，大方无隅，大器晚成，大音希声，大象无形。

【译文】最洁白的东西，反而含有污垢；最方正的东西，反而没有棱角；最精美的器物很久才能制成；最美的音乐，听来反而无声；最美的形象，反而无形。

【原文】大成若缺，其用不弊。大盈若冲，其用不穷。大直若屈，大巧若拙，大辩若讷。

【译文】最完满的东西，好似有残缺，但它的作用永远不会衰竭；最充盈的东西，好似空虚，但是它的作用是不会穷尽的。最正直的东西，好似弯曲；最灵巧的东西，好似笨拙；最卓越的辩才，好似不善言辞。

【原文】五色令人目盲，五音令人耳聋，五味令人口爽，驰骋畋猎令人心发狂，难得之货令人行妨。

【译文】____

____

【原文】信言不美，美言不信。

【译文】____

____

【原文】道之尊，德之贵，夫莫之命而常自然。

【译文】____

____

【原文】常德不离，复归于婴儿。……含德之厚者，比于赤子。

【译文】____

____

【原文】上善若水。水利万物而不争，处众人之所恶，故几近于道。居善地，心善渊，与善仁，言善信，正善治，事善能，动善时。夫唯不争，故无尤。

【译文】____

____

____

____

【原文】知人者智，自知者明。胜人者有力，自胜者强。知足者富。强行者有志。不失其所者久。死而不亡者寿。

【译文】____

____

____

____

【阅读的能力练习一】

阅读《道德经》（节选）的内容，自己想办法将【译文】缺失的部分补上（写在横线上，准确的或基本准确的不少于5条）。

【阅读的能力练习二】

阅读《道德经》（节选）的内容，任选3条并结合生活实际写出阅读体会。格式如下：

（1）道可道，非常道……

体会（1）：____

（2）信言不美，美言不信。

体会（2）：____

（3）……

体会（3）：____

【阅读的能力练习三】

背诵下面的几条内容，并能准确地默写出来。

（1）大白若辱，大方无隅，大器晚成，大音希声，大象无形。

（2）有无相生，难易相成，长短相形，高下相倾，音声相和，前后相随，恒也。

（3）知人者智，自知者明。胜人者有力，自胜者强。

（4）道之尊，德之贵，夫莫之命而常自然。

（5）上善若水。水利万物而不争，处众人之所恶，故几近于道……夫唯不争，故无尤。

（6）信言不美，美言不信。

【考核标准】

译文比较准确；所谈体会能体现出对所选内容的大致理解，能与生活实际相结合；背诵默写准确率60%以上的，合格，译文基本正确，所谈体会有独到见解，背诵默写准确率80%以上的，优秀

（三）《庄子》（节选）

庄子（约公元前369—公元前286）。战国时哲学家，名周。宋国蒙（今河南商丘东北，一说今安徽蒙城县）人。做过蒙地方的漆园吏。庄子是我国先秦（战国）时期伟大的思想家、哲学家和文学家。原系楚国贵族，楚庄王后裔，后因战乱迁至宋国蒙，是道家学说的主要创始人。庄子与道家始祖老子并称为“老庄”，他们的哲学思想体系，被思想学术界尊为“老庄哲学”，然文采更胜老子。代表作《庄子》被尊崇者演绎出多种版本，名篇有《逍遥游》、《齐物论》等，庄子主张“天人合一”和“清静无为”。

作为道家学派始祖的老庄哲学是在中国的哲学思想中唯一能与儒家和后来的佛家学说分庭抗礼的古代最伟大的学说。它在中国思想发展史上占有的地位绝不低于儒家和佛家。

《庄子》寓言二则

不龟手

宋人有善为不龟手之药者，世世以洴澼絖为事。客闻之，请买其方百金。聚族而谋曰：我世世为洴澼絖，不过数金，今一朝而鬻技百金，请与之。客得之，以说吴王。越有难，吴王使之将，冬与越人水战，大败越人，裂地而封之。能不龟手，一也；或以封，或不免于洴澼絖，则所用之异也。

秋水时至

秋水时至，百川灌河；泾流之大，两涘渚崖之间，不辩牛马。于是焉河伯欣然自喜，以天下之美为尽在己。顺流而东行，至于北海，东面而视，不见水端。于是焉河伯始旋其面目，望洋向若而叹曰：“野语有之曰，‘闻道百，以为莫己若’者，我之谓也。且夫我尝闻少仲尼之闻，而轻伯夷之义者，始吾弗信。今我睹子之难穷也，吾非至于子之门，则殆矣。吾长见笑于大方之家。”

【阅读的能力练习一】

1. 这两则寓言分别表达了什么意思？

2. 下面句中加点词语解释有误的三项是（　　）。

A. 聚族而谋曰　　族：家族，全家人

B. 今一朝而鬻技百金　　鬻：卖，售

C. 客得之，以说吴王　　说：劝说，游说

D. 裂地而封之　　裂：分割

E. 秋水时至　　时：不时

F. 百川灌河　　灌：注入

G. 不辩牛马　　辩：同“辨”，分辨

H. 河伯始旋其面目　　旋：转，改变

I. 我尝闻少仲尼之闻　　闻：听说；见识，学问

J. 望洋向若而叹曰　　望洋：远望着大海

K. 吾长见笑于大方之家　　长：长久，永远

L. 世世以洴澼絖为事　　以：把

M. 客得之，以说吴王　　以：用来

N. 或以封，或不免于洴澼絖　　以：凭

O. 以天下之美为尽在己　　以：因为

3. 将下列句子译为现代汉语。

(1) 宋人有善为不龟手之药者，世世以洴澼絖为事。

(2) 聚族而谋曰：我世世为洴澼絖，不过数金，今一朝而鬻技百金，请与之。

(3) 能不龟手，一也；或以封，或不免于洴澼絖，则所用之异也。

(4) 秋水时至，百川灌河；泾流之大，两涘渚崖之间，不辩牛马。

(5) 于是焉，河伯始旋其面目，望洋向若而叹曰："野语有之曰，‘闻道百，以为莫己若’者，我之谓也。"

(6) 且夫我尝闻少仲尼之闻，而轻伯夷之义者，始吾弗信。

【阅读的能力练习二】

阅读《庄子》中的几则寓言故事，谈谈其中的寓意是什么。

涸辙之鲋

庄周家贫，故往贷粟于监河侯。监河侯曰“诺。我将得邑金，将贷子三百金，可乎?”庄周忿然作色，曰：“周昨来，有中道而呼者，周顾视车辙中有鲋鱼焉。周问之曰，‘鲋鱼来，子何为者耶?’对曰，‘我，东海之波臣也。君岂有斗升之水而活我哉?’周曰，‘诺，我且南游吴越之王，激西江之水而迎子，可乎?’鲋鱼忿然作色曰，‘吾失我常与，我无所处。吾得斗升之水然活耳。君乃言此，曾不如早索我于枯鱼之肆!’”

庖丁解牛

庖丁为文惠君解牛，手之所触，肩之所倚，足之所履，膝之所踦，砉（huā）然向然，奏刀騞（huō）然，莫不中音。合于《桑林》之舞，乃中《经首》之会。

文惠君曰：“嘻，善哉！技盖至此乎?”

庖丁释刀对曰：“臣之所好者道也，进乎技矣。始臣之解牛之时，所见无非牛者。三年之后，未尝见全牛也。方今之时，臣以神遇而不以目视，官知止而神欲行。依乎天理，批大郤，导大窾（kuǎn），因其固然，技经肯綮（qìng）之未尝，而况大軱（gū）乎！良庖岁更刀，割也；族庖月更刀，折也。今臣之刀十九年矣，所解数千牛矣，而刀刃若新发于硎（xíng）。彼节者有间，而刀刃者无厚；以无厚入有间，恢恢乎其于游刃必有余地矣，是以十九年而刀刃若新发于硎。虽然，每至于族，吾见其难为，怵然为戒，视为止，行为迟。动刀甚微，謋（huò）然已解，如土委地。提刀而立，为之四顾，为之踌躇满志，善刀

而藏之。”

文惠君曰：“善哉，吾闻庖丁之言，得养生焉。”

呆若木鸡

纪渻子为王养斗鸡。

十日而问：“鸡已乎？”曰：“未也，方虚憍（jiāo）而恃气。”

十日又问，曰：“未也，犹应向景（yǐng）。”

十日又问，曰：“未也，犹疾视而盛气。”

十日又问，曰：“几矣。鸡虽有鸣者，已无变矣，望之似木鸡矣，其德全矣，异鸡无敢应者，反走矣。”

【考核标准】

能够自主解决两篇庄子寓言原文的翻译，能够理解寓言的寓意的，合格；能够自主解决三篇原文翻译，理解寓意并能结合现实生活谈出体会的，优秀。

（四）《荀子》（节选）

荀子（约公元前313—公元前238）名况，字卿，因避西汉宣帝刘询讳，“荀”与“孙”二字古音相通，故又称孙卿。汉族，周朝战国末期赵国猗氏（今山西安泽）人。著名思想家、文学家、政治家，儒家代表人物之一，时人尊称“荀卿”。曾三次出齐国稷下学宫的祭酒，后为楚兰陵（今山东兰陵）令。荀子对儒家思想有所发展，提倡“性恶论”，常被与孟子的“性善论”比较。此外，荀子对重整儒家典籍也有相当的贡献。

《劝学》是《荀子》一书的首篇，中学语文课本中节选了文中的四段，着重论述了学习的目的、意义和应持的态度。劝，是劝勉、鼓励的意思。

劝　学

君子曰：学不可以已。青，取之于蓝，而青于蓝；冰，水为之，而寒于水。木直中绳，輮以为轮，其曲中规。虽有槁暴，不复挺者，輮使之然也。故木受绳则直，金就砺则利，君子博学而日参省乎己，则知明而行无过矣。

吾尝终日而思矣，不如须臾之所学也。吾尝跂而望矣，不如登高之博见也。登高而招，臂非加长也，而见者远；顺风而呼，声非加疾也，而闻者彰。假舆马者，非利足也，而致千里；假舟楫者，非能水也，而绝江河。君子生非异也，善假于物也。

积土成山，风雨兴焉；积水成渊，蛟龙生焉；积善成德，而神明自得，圣心备焉。故不积跬步，无以至千里；不积小流，无以成江海。骐骥一跃，不能十步；驽马十驾，功在不舍。锲而舍之，朽木不折；锲而不舍，金石可镂。蚓无爪牙之利，筋骨之强，上食埃土，下饮黄泉，用心一也。蟹六跪而二螯，非蛇鳝之穴无可寄托者，用心躁也。

【阅读的能力练习一】

自己想办法将本文翻译成现代汉语并读给大家听，然后用一两句话概括一下这篇文章写的是什么。

【阅读的能力练习二】

1. 在括号里写出通假字的读音，并指出它们与本字有怎样的关系。

（1）知（　　）明而行无过

（2）君子生（　　）非异也

（3）虽有（　　）槁暴（　　），不复挺者

2. 解释句中加点字的含义。

（1）故木受绳则直

（2）金就砺则利

（3）蟹六跪而二螯

（4）蚓无爪牙之利

3. 找出下列句子中的词类活用的字，并说明其类型。

（1）假舟楫者，非能水也，而绝江河。

（2）君子博学而日参省乎己。

4. 准确地翻译下列句子。

（1）青出于蓝，而青于蓝。

（2）冰，水为之，而寒于水。

（3）故不积跬步，无以至千里；不积小流，无以成江海。

（4）蚓无爪牙之利，筋骨之强。

5. 第三段中运用了多种修辞手法，说说下面句子各运用了什么修辞手法。

（1）积土成山，风雨兴焉；积水成渊，蛟龙生焉；积善成德，而神明自得，圣心备焉。（　　）

（2）骐骥一跃，不能十步；驽马十驾，功在不舍。（　　）

（3）蚓无爪牙之利，筋骨之强，上食埃土，下饮黄泉，用心一也。蟹六跪而二螯，非蛇鳝之穴无可寄托者，用心躁也。（　　）

6. 以喻代议，寓议于喻是本文的特点，你认为第三段议论的中心是（　　）。

A. 学习全在积累，细水长流，才能得到逐步提高。

B. 只有持之以恒，不断积累，才能取得学习上的成功。

C. 慢工出细活，学习上应提倡精雕细刻，精益求精的精神。

D. 逆境才能成才。

7. 本文运用了大量的比喻来论证学习的目的、意义和态度，请各举一例分别说明哪个比喻论证了什么。

【考核标准】

【阅读的能力练习一】翻译准确，站在教室前面大声读给大家听的，合格；在合格的基础上能概括出本文主旨的，优秀。

【阅读的能力练习二】解题正确率60%以上的合格，80%以上的优秀。

四、阅读（现代文）

（一）新闻的阅读

1. 什么是“新闻”

清华大学教授刘建明说：“新闻就是对新近或者正在发生发现的、对公众有知悉意义的事实的报道。”

新闻，是指报纸、电台、电视台、互联网经常使用的记录社会，传播信息，反映时代的一种文体。它的种类很多，使用频率最高的是消息和通讯。

消息，也叫新闻。新闻这一概念有狭义和广义之分。狭义的单指消息；广义的指消息、通讯、报告文学、特写、评论等。消息是用概括的叙述方式，比较简明扼要的文字，迅速及时地报道国内外新近发生的、有价值的、群众最关心的事实。

通讯，是运用叙述、描写、抒情、议论等多种手法，具体、生动、形象地反映新闻事件或典型人物的一种新闻报道形式。它是记叙文的一种，是报纸、广播电台、通讯社常用的文体。

2. 新闻（消息）的特点

（1）内容真实，事实准确。真实是消息的生命，是力量的所在。事实是它的本源，也是它令人信服的基础。真实，就是事实真实，所写的人物、时间、地点、事情发生发展的经过不能虚构。准确，就是每个事实，包括细节在内都准确无误。如果一条消息失真或有差误，不仅会降低其新闻价值，失信于民，而且还会损害党和人民的事业。

（2）内容新鲜，有价值。新闻贵在新，而且有认识、启迪和指导意义。消息只有新，才能引起读者的注意，先睹为快。新，不仅要把新人物、新事件、新经验报道给读者，而且要选择有意义、有价值，给人以启迪，有指导性的事物。那种一味追求猎奇的“狗咬人不是新闻，人咬狗才是新闻”的观点，是不可取的。

（3）迅速及时，有时效性。迅速是消息的价值，消息报道速度迟缓便会降低消息的价值，“新闻”变成了“旧闻”。时效，就是速度要快，内容要新。对新人、新事、新情况、新问题，要敏锐地发现，尽快地了解，迅速及时地反映。

（4）简明扼要，篇幅短小。简短是消息区别于其他文体的主要标志。所谓简短，就是“三言两语，记清事实，寥寥数笔，显出精神，概括而不流于抽象，简短而不陷于疏漏”，用笔要简洁利落，内容要集中精练。

3. 如何判断假新闻（消息）

人们天天读报，天天上网，喜欢读新闻，看火爆的帖子，但是由于媒体的特殊性质，并不能杜绝假新闻、假消息的出现，因此，如何识别无聊的、虚假的新闻，是现代人的基本生活技能。没有这种本领，就会被假新闻毒害，被无聊新闻蚕食有限的生命。

新闻领域最可怕的错误就是假新闻。一般来说，名气大的媒体往往会因一条假新闻而名声扫地，但受害最大的还是大众，因为大众对新闻的信任度相当高。例如，1938 年 2 月 30

日，哥伦比亚广播公司的主持人奥森·威尔斯在圣诞节特别节目中，将威尔斯的科幻小说《世界大战》改编成了广播剧。一连串的假新闻让许多民众信以为真，误以为真有外星人攻击地球事件发生，引发了一场全美的社会骚动，其紧张程度不亚于第二次世界大战。因为有600万人收听了广播，近170万人相信广播中的新闻是真的，而120万人吓得惊慌失措。

下面是一位从事新闻工作多年的人传授给大家的识别假新闻或无聊新闻的方法：

(1) 新闻本身不可验证。一件东西或一件事，如果不能证明它是假的，它一般就是假的。或者说，生活中的什么现象用它的理论都能解释，看上去无懈可击，那它一定是不科学的，不要轻易相信。

(2) 找不到第一个传播新闻的人。大家都说是听来的。找到最后，制造新闻的人不敢露面，那一般就是造谣。因为新闻报道要求真名实姓，文责自负。

(3) 一厢情愿。报道新闻时使用意识流小说的写法，一会儿写自己的内心，一会儿写别人的内心，以己之心度别人之腹。

(4) 艺人的新闻。大多是艺人的经纪公司策划的。策划的未必是假的，但你不好判断，一般可认为是假的。娱乐嘛，何必当真。

【阅读的能力练习】

1. 概括下面一则新闻的主要信息，不超过25字。

本报讯　今日又有一种新型客机在江北机场升空。自此，从重庆乘坐西南航空公司班机飞往北京、上海、广州、深圳的旅客，就可以坐上由西南航空公司引进的首架波音747—800型客机，开始更加舒适的空中之旅了。据西南航空公司介绍，这是公司斥资13亿元引进的波音747—800型客机，是波音公司747飞机系列中最优良的机型。据悉，另外两架客机有望年内到货，到货后也将投入公司运营。

答：________________

2. 请为下面这则新闻补写一个结语。

南方网讯　6月4日，三峡工程蓄水进入第四天，越来越多的漂浮物在库区水面成片聚集，给三峡大坝垃圾清理工作带来巨大的压力。

自秭归县凤凰山顶放眼望去，一条条长短不一的垃圾带和一片片面积不等的漂浮物明显可见，形成一道道与峡江平湖美景极不协调的“另类风景”，向库区上游延伸。这些漂浮物不但污染环境，而且易使三峡发电机组进水口拦污栅破损、破裂，威胁发电机组安全，降低发电效益。不少有识之士强烈呼吁：________________

答：________________

3. 将下面一则短讯概括为一句话新闻。(不超过14个字)

本报讯　中国科学院动物研究所的汪松教授上月在英国爱丁堡市接受了世界著名的爱丁堡科学奖。1998年起设立的爱丁堡科学奖，每年颁发给一位世界上有杰出贡献的科学家。汪松教授是中国获得这一奖项的第一人。

答：________________

4. 假新闻的判断题。

X国家发生了一些事情，后来……

A国家的媒体报道：X国家镇压起义了，死了100人。

B 国家的媒体报道：X 国家镇压起义了，死了 12 人。

C 国家的媒体报道：X 国家镇压起义了，死了 12 人。

D 国家的媒体报道：X 国家镇压起义了，死了 12 人。

F 国家的媒体报道：X 国家镇压起义了，死了 100 人。

G 国家的媒体报道：X 国家镇压起义了，死了 100 人。

H 国家的媒体报道：X 国家出现一批严重破坏社会治安的犯罪分子，现已绳之于法。

X 国家的媒体报道：我们国家出现一批严重破坏社会治安的犯罪分子，现已绳之于法。

问题：哪个媒体说的是真话？为什么？

答：______________________________

【考核标准】

新闻的内容基本理解，解题正确率 60% 以上的合格，80% 以上的优秀。

（二）故事的阅读

1. 什么是故事

这里所说的“故事”是指文学体裁中的一种。它侧重于事件过程的描述。强调情节的生动性和连贯性，较适于口头讲述。

故事是人类对自身历史的一种记忆行为，人们通过多种故事形式，记忆和传播着一定社会的文化传统和价值观念，引导着社会性格的形成。故事通过对过去的事的记忆和讲述，构建着一定社会的文化形态。也有说法认为，故事并不是一种文体，它是通过叙述的方式讲一个带有寓意的事件。它对于研究历史上文化的传播与分布具有很大作用。用一句话概括，故事，就是以前的事，这个事可能是真实的事，也可能是虚构的事。

2. 故事的特点

故事的语言富于动性，是故事与小说的重要区别之一。

故事是写“事”的，小说是写“人”的。故事不允许有过多的心理活动描写、大段的对话、繁复细腻的景物描写和人物形象的刻画，更不允许作者在故事中对人物或事件大加评论(那是评书)。故事应该着力于笔下的人物在怎么做，而不是怎么说，怎么想。作者要始终注意推进故事情节的流动、进展。语言富于动性，不需着意刻画，其中的人物就会鲜活起来。

故事要有核心情节和精彩的细节，称为故事核。故事核就像相声的包袱一样，一切都是围绕这个核来展开的。说相声开始是卖关子，等到把包袱一抖开，人们就会发笑。故事也是先把读者引向歧途，等故事核揭示了真相，故事也就完了。例如，有一篇故事叫《爱在肚里》，是讲有个包工头送一个女人住院，对她好得不得了，大小便都要她在床上拉在痰盂里，说是怕她受凉，同室的女病人都非常羡慕。可后来读（听）者才搞清，包工头和这个女的谈恋爱，给女的买了许多东西，后来女的不乐意继续谈了，男的就要她退东西。女的什么都退了，就一个金戒指不肯退，男的就抢，女的就把金戒指吃下去了，于是男的把她送到医院，等戒指屙出来，他就把女的扔在医院跑了。这个就是故事核。而小说则不同，小说可以有这样的情节，也可以没有这样的情节，它可以通过人物的性格来引出情节，通过人物的对话和活动来表现主题。

从表现方式上来说，故事用的是叙述的方法，小说用的是描写的方法。小说最常用的场景、人物肖像、动作形态描写和对话，故事就很少用。小说是写的，更倾向于文学语言；故事是讲的，更倾向于口语。

从表现的主体来说，小说是写人的，所有的一切都是为了塑造人物形象。场景、心理活动、语言、动作的描写，都是为塑造人物形象服务的，都要符合人物的身份和性格，情节也是由人物的性格所决定并发展着，有时候作者自己都不知道结局是什么，只能按照书中主人公的性格向下走。因此，一部好的小说，留给你的是那些活生生的人，而不是那些事。

故事是写事的，所有的一切都是围绕故事核进行的。作者运用的各种手法目的都是先将读者引向歧途，最后再引向故事核。因此，故事留给读者的是事，人物形象反而淡化了。所以好的故事，几十年后不忘的还是故事本身，而不是故事中的主人公。

【阅读的能力练习】

1. 阅读下面的故事，回答问题。

作　文

有个塌鼻子的小男孩儿，因为两岁时得过脑炎，智力受损，学习起来很吃力。打个比方，别人写作文能写二三百字，他却只能写三五行。但即便这样的作文，他同样能写得美丽如花。

那是一次作文课，题目是《愿望》。他极其认真地想了半天，然后极认真地写，那作文极短，只有三句话：我有两个愿望。第一个是，妈妈天天笑眯眯地看着我说："你真聪明。"第二个是，老师天天笑眯眯地看着我说："你一点也不笨。"

于是，就是这篇作文，深深地打动了他的老师。那位妈妈式的老师不仅给了他最高分，在班上带着感情朗诵了这篇作文，还一笔一画地批道：你很聪明，你的作文写得非常感人，请放心，妈妈肯定会格外喜欢你的，老师肯定会格外喜欢你的，大家肯定会格外喜欢你的。

捧着作文本，他笑了，蹦蹦跳跳地回家了，像只喜鹊。但他并没有把作文本拿给妈妈看，他是在等待，等待着一个美好的时刻。

那个时刻终于到了，是妈妈的生日——一个阳光灿烂的星期天。那天，他起得特别早，把作文本装在一个亲手做的美丽的大信封里，信封上画着一个塌鼻子的男孩儿，那小男孩儿咧着嘴笑得真甜。他静静地看着妈妈，等着妈妈醒来，他就甜甜地喊了声"妈妈"，然后笑眯眯地走到妈妈跟前说："妈妈，今天是你的生日，我要送给你一件礼物。"

妈妈笑了："什么？"

他笑笑："我的作文。"说着双手递过去那个大信封。

接过信封，妈妈的心在怦怦地跳！

果然，看着这篇作文，妈妈甜甜地涌出了两行热泪，然后一把搂住小男孩儿，搂得很紧很紧，仿佛他会突然间飞了。

是的，智力可以受损，但爱永远不会，它朝气勃勃，永远垂着绿阴，开着明媚的花，结着芳香的果。

(1) 这个小男孩为什么能打动老师？

答：________________________________

（2）妈妈式的老师是什么样子的？

答：____________________

（3）最后一段表达方式上属于什么？这个段落的作用是什么？

答：____________________

（4）这个美丽的故事是用什么编织的？

答：____________________

（5）你有什么感想？

答：____________________

---

2. 阅读下面的故事，回答问题。

一个故事的两种读法

① 曾经从报纸上看到这样一则感人的故事。

② 某个国家的海关。一批被没收的脚踏车在发布公告后将被拍卖。拍卖会上，每次叫价的时候，总有一个10岁出头的男孩子叫价，他总是以5美元出价，然而，眼睁睁地看着别人以30美元或40美元把脚踏车买去。拍卖会中间休息时，拍卖员好奇地问那个小男孩为什么不出较高的价格来买，男孩说，他手里只有5美元。

③ 拍卖会又开始了，那男孩还是给每辆脚踏车相同的价钱，依然怅然若失地看着别人把一辆辆漂亮的脚踏车用较高的价格买了去。

④ 后来，聚集的观众开始注意到那个总是出价的男孩，他们在思考自己可以为这位可爱的男孩做点什么。

⑤ 最后拍卖会快要结束了，这时只剩下一辆最棒的脚踏车，车身亮晶晶的，有多种排档、10段杆式变速器、双向手刹车、速度显示器和一套夜间电动灯光装置。拍卖员问："谁出价？"

⑥ 这次，站在最前面、几乎已经绝望的小男孩鼓起了最后一丝勇气，他轻轻地说了一声："5美元。"

⑦ 拍卖员停止唱价，默默地站在那里。

⑧ 这时所有在场的人都看着这个小男孩，没有人出声，没有人举手，更没有人喊价。拍卖员唱了三次价，大声说："这辆脚踏车卖给这位穿短裤白球鞋的小伙子！"此语一出，全场响起了潮水般的掌声，那位小男孩脸上绽出了灿烂的笑容。

⑨ 这个故事可以有两种不同的读法。一种读法是我们能从中看到在场人们的善良。前面那些脚踏车质量赶不上后面这辆，尚且被人以30、40美元买去，到了后面这辆车，想买的人肯定如过江之鲫。他们为什么不买？答案是：他们不愿意为了自己的一个欲望伤害这位清贫的小男孩。另外一种读法是我们可以通过这个故事，感受到一个10岁男孩的坚毅。手中只有区区5美元，却偏偏想买价值远远超过它的东西，而且屡败屡战，居然坚持到最后一分钟，这需要一种怎样的勇气啊！正是这种勇气赢得了那位可敬的拍卖员和所有在场的人的理解、同情、帮助，他取得了最后的胜利。

⑩ 想来，人的一生该会碰到不少这样的情境，有时是别人遇到困难，有时是自己遭到

挫折。当别人遇到困难时，我们应该（A）____________；当自己遭到挫折时，我们又要（B）____________。一个人的（C）________可以照亮别人，一个人的（D）____则可以照亮自己。

（1）仔细品读第九段内容，在第十段横线 A、B 处各填写一、两句话，使上下文语意相通。

（A）处：________________________

（B）处：________________________

（2）分析全文内容，在第十段横线 C、D 处各填写一个能揭示文章主旨的词语。

（C）处：________________________

（D）处：________________________

（3）从文章中找出具体语句来证明“在场人们的善良”。（至少写出三句）

①________________________

②________________________

③________________________

（4）文章第一段中说“一则感人的故事”，细读全文思考，你认为这则故事哪些地方“感人”？

答：________________________

【考核标准】

故事的内容基本理解，解题正确率在 60% 以上的，合格；故事的内容完全理解，解题正确率 80% 以上的，优秀。

（三）寓言的阅读

1. 什么是寓言

寓言是一种重要的文学样式，它最显著的特点是借助故事说道理，也就是通过一个具体形象的小故事，运用比喻、比拟、象征等艺术方法，来阐发一种深刻的哲理。这种哲理就是寓言的寓意——从生活中总结出来的有益的经验教训或意味深长的道理，能给人以深刻的启示。

寓言早在我国春秋战国时代就已经盛行，大多是民间口头创作。在先秦诸子百家的著作中，经常采用寓言阐明道理，保存了许多当时流行的优秀寓言，如：《亡鈇》、《攘鸡》、《揠苗助长》、《自相矛盾》、《郑人买履》、《守株待兔》、《刻舟求剑》、《画蛇添足》等，其中《庄子》与《韩非子》中收录最多。汉魏以后，在一些作家的创作中，也常常运用寓言讽刺现实。唐代柳宗元就利用寓言形式进行散文创作，他在《三戒》中，以麋、驴、鼠 3 种动物的故事，讽刺那些恃宠而骄、盲目自大、得意忘形之徒，达到寓意深刻的效果。中国近代作家也用寓言形式创作，特别是儿童文学作品中更为多见。

中国民间寓言极为丰富，一般的都比较短小。除汉族寓言外，还有各少数民族寓言。各

族人民创作的寓言，多以动物为主人公，利用它们的活动及相互关系投进一种教训或寓意，达到讽喻的目的。寓言反映了劳动人民健康、朴实的思想，闪耀着人民无穷的智慧和高尚的道德光芒。

世界各国的寓言作品也很多。最早的寓言集有《伊索寓言》，其他比较著名的寓言集或寓言集中的作品有《克雷洛夫寓言》、《列那狐的故事》、《百喻经》、《拉封丹寓言》等。

2. 寓言的特点

（1）寓言的篇幅一般比较短小，语言凝练，结构简单却极富表现力。

（2）鲜明的讽刺性和教育性。寓言多用借喻手法，使富有教训意义的主题或深刻的道理在简单的故事中体现。主题思想大多借此喻彼，借远喻近，借古喻今，借小喻大。如《鹬蚌相争》、《东郭先生和狼》等都是我国古代流传下来的寓言名篇。

（3）寓言在创作上经常运用夸张和拟人等表现手法。寓言的“主角”大多是人格化了的动物、植物或自然界的其他事物或现象。

（4）寓言的主题有时是从情节中自然流露出来，让读者自己去领会；有时在结尾处点明，作为教训。

3. 领悟寓意的方法

（1）看寓言的题目。寓言的题目一般都是对寓言内容的高度概括，读者可通过搞清题目的意思，从而弄清寓意。例如，《画蛇添足》，首先理解题目的意思：画好蛇后，又凭空多画了几只脚（蛇本来没有脚）。从而得出这篇寓言的寓意是：做多余的事，不但没有好处，反而会弄巧成拙。

（2）看寓言的开头和结尾。有的寓言在开头、结尾处，往往有暗示寓意的语句，比如《狐假虎威》的最后一句是：“狡猾的狐狸是借老虎的威风把百兽吓跑的。”因此，“借别人的威风”就是理解这则寓言寓意的关键。

（3）看重点段落和关键语句。寓言中的某些重点语句，往往蕴涵着深刻的寓意，读者只要反复推敲，就能得出寓言的寓意。例如，《掩耳盗铃》，抓住“把自己的耳朵捂住，以为自己听不到，别人也就听不到了”这句话，重点理解整篇寓言，就可以推出文章的寓意了。

（4）联系实际是弄懂寓意的关键。寓言的主人公一般都象征着生活中的人或事物。在阅读时，读者一定要联系生活实际，这样有利于理解文章的寓意。联系生活实际，弄懂寓言的寓意，不仅可以学好寓言，还可以使自己受到教育，认识水平也会不断提高。

【阅读的能力练习】

1. 阅读下面的寓言之后做题。

乌龟与大象

一只小乌龟，甲壳十分坚硬，野兔刺猬之类的小兽站在它身上，不但不会被压垮，还能走动。它自吹自擂地说：“你们太轻了，踏在我身上简直像一片鸿毛！”

“那你能负担多重呢？”野兔问，“你能驮得动大象？”

“它有多重？”

“一般的也有一、二吨重吧！”

"轻而易举，让它来吧！"乌龟说。

恰好一只大象路过这里，听到小乌龟的大话，哈哈笑着说："这倒是件新鲜事。我们大象能驮别的东西，（　　　　　）从来没听说有谁能驮我们的，如今我倒要看看你这个小东西的本领！"

小乌龟瞥了大象一眼，大象真像一座山。可是小乌龟的傲气比山还要大。它说："好吧，我要让你看看谁的本领大。你到我的背上来吧！"说着，它挺了挺身架。

大象的一只脚刚踏上小乌龟的背，"喀嚓"一声，可怜那自不量力的小乌龟就这样结束了生命。

（1）解释词语。

自吹自擂：____________________ 自不量力：____________________

（2）根据要求填空。

"坚硬"的反义词是（　　　　　）　　"瞥"的意思是（　　　　　）

"喀嚓"是表示（　　　　）的词语，还有如（　　　　）、（　　　　）、（　　　　）等词语都是属于同一类的。

（3）在文中的括号里填上一个合适的词语。

（4）本文主要以__________形式来展开故事情节。

（5）文中说到的"这倒是件新鲜事"指哪件事？

____

（6）从文中找出两句比喻句写在下面。

①____

②____

（7）这则寓言告诉我们什么道理，在意思正确的句子后的括号里打"√"。

① 虽然乌龟甲壳坚硬，但总归是经不住大象踩踏的。（　　）

② 吹牛说大话，自不量力，不会有好结果。（　　）

③ 乌龟吹牛说大话，结果落得可悲的下场。（　　）

2. 阅读下面的寓言之后做题。

大雁和鸭子

大雁和鸭子本是亲兄弟，它俩都有一个理想：当旅行家。

春天，大雁对鸭子说："兄弟咱们出发吧。"鸭子望着那漫天烟雨，摇摇头说："这是什么鬼天气呀，等找个风和日丽的日子再走吧。"大雁鼓鼓翅膀，冒着风雨，上了征程。

夏天，大雁对鸭子说："兄弟，咱们起程吧。"鸭子指着天上的骄阳，摇摇头说："哎，赤日炎炎，我受不了，等凉爽些再走也不迟。"大雁鼓鼓翅膀，顶着烈日，上了蓝天。

秋天，大雁对鸭子说："兄弟，这回总该起程了吧？"鸭子缩了缩脖子说："哎，秋风起了，凉丝丝的，还不是太理想的日子。过些时候再说吧。"大雁鼓鼓翅膀，飞向前方。

冬天，大雁又对鸭子说："兄弟，应该立即出发了！要不，一年就过去啦！"鸭子望着那纷纷扬扬的大雪，头摇得像拨浪鼓："这可是打狗不出门的日子呵！你要去，自己去吧！"说完，颤动着两条短腿，躲到避风的墙根下去了。大雁鼓鼓翅膀，迎风斗雪，飞向远方。

就这样，年复一年，鸭子的翅膀退化了，以至于飞不起来了，连走路也像个蹒跚的老头

子。而大雁，迎风击雨，越飞越高，越飞越远，身子也越来越矫健，成了著名的旅行家。

（1）在文中找出下列词语的反义词。

闷热——（　　）　　进化——（　　）

（2）根据解释在文中找到相应的词语。

① 走路缓慢，摇摇摆摆的样子。（　　）

② 强健而有力。（　　）

③ 柔和的风，明丽的太阳，形容天气好。（　　）

（3）概括这个故事的主要内容。（不超过100字）

答：____

____

3. 阅读下面的寓言之后做题。

____

蚂蚁很忌妒蜜蜂。

有一天，蚂蚁爬到花枝上去觅食，见到一只小蜜蜂“嗡嗡”地飞来采蜜，就抬头气呼呼地说：“喂，蜂儿，我问你一个问题。”

“啥问题？你说吧。”小蜜蜂回答说。

“你说我们蚂蚁勤劳不勤劳？”

“你们和我们一样，整天忙个不停，当然勤劳！”

“那人们为什么只夸奖你们，从来不称赞我们呢？”

小蜜蜂想了一会儿，笑着说：“这个问题嘛，我觉得不难回答。因为你们的劳动是为了自己，我们的劳动却是为了人们……”

蚂蚁听了蜜蜂的话，口服心服，对小蜜蜂十分钦佩。他笑嘻嘻地说：“小蜜蜂，我懂了，谢谢你，你们这样一心为别人，人们怎么会不夸奖你们呢？”

（1）照示例写出四个叠词。

气呼呼________、________、________、________

（2）给句子中带点的词换个近义词，句子意思不能改变。

① 有一天，蚂蚁爬到花枝上觅食……（　　）

② 蚂蚁听了蜜蜂的话，口服心服，对小蜜蜂十分钦佩。（　　）

（3）改写句子。

“小蜜蜂，我懂了，谢谢你，你们这样一心为别人，人们怎么会不夸奖你们呢？”

改成陈述句：____

（4）用“________”在文中画出一句最能表达中心的句子。

（5）给短文命一个合适的题目，写在题头的横线上。

【考核标准】

寓言的内容基本理解，寓意的感悟基本正确，解题正确率在60%以上的，合格；寓言的内容理解，寓意的感悟正确，解题正确率80%以上的，优秀。

（四）散文的阅读

怎样阅读散文

“形散神聚”是散文的基本特点。在阅读散文时我们可以从以下几个方面着手。

寻找文眼

文眼是指一篇文章中最能帮助读者理解作品内容的关键语句，它是“神不散”的具体表现。如《从百草园到三味书屋》第一部分有八个自然段，写的内容较多，阅读时难以把握，但是这部分能起总领作用的只有一句：“但那时却是我的乐园。”这句话就是文眼。如果我们找到了它，就能理解作者为什么写众多植物和令人生畏的小动物。

找准线索

散文“贵散”，又忌“散”。一篇文章要写许多材料，怎样才能有机地把它们联结在一起呢？要靠线索。有人说，材料是珍珠，线索是彩线，珍珠经过彩线连贯才能成串。这个比喻十分恰当。我们在阅读散文时，先理清零碎的材料，再考虑它们是怎样组合的，怎样有条理地表现文中关键性语句所揭示的内容。例如，《藤野先生》有两条线索：一是时间的推移、地点的转换，与藤野先生相识、相处、怀念，脉络非常清楚；还有一条内在线索，这就是贯穿始终的作者的爱国情感。在东京对“清国留学生”的表现憎恶，在仙台对日本学生的诬陷奋起抗争，对藤野先生不怀民族偏见的感激和敬重，在“看电影事件”后决心弃医从文，这些都清晰地展现出作者爱国主义情感发展的脉络。这篇文章看似散乱，可是读后却觉得珠联璧合。

欣赏语言

散文语言最大的特点是优美，凝练。优美是指语言清晰明快，生动活泼，富有音乐感。凝练是指语言简洁准确，质朴自然。例如，《春》中的“闹”就用得很传神。春天到了，各种花儿争先开放，蜜蜂赶来嗡嗡地闹着，通过蜜蜂采蜜时的“闹”声读者自然会欣赏春的美，春的热闹，春的浓！优美的散文，在语言运用上都有独到之处，在阅读时要善于挖掘与体会。

——http://epaper.cnwest.com

【阅读的能力练习】

1. 阅读下面的散文之后做题。

雪

暖国的雨，向来没有变过冰冷的坚硬的灿烂的雪花。博识的人们觉得他单调，他自己也以为不幸否耶？江南的雪，可是滋润美艳之至了；那是还在隐约着的青春的消息，是极壮健的处子的皮肤。雪野中有血红的宝珠山茶，白中隐青的单瓣梅花，深黄的磬口的蜡梅花；雪下面还有冷绿的杂草。蝴蝶确乎没有；蜜蜂是否来采山茶花和梅花的蜜，我可记不真切了。但我的眼前仿佛看见冬花开在雪野中，有许多蜜蜂们忙碌地飞着，也听得他们嗡嗡地闹着。

孩子们呵着冻得通红，像紫芽姜一般的小手，七八个一齐来塑雪罗汉。因为不成功，谁的父亲也来帮忙了。罗汉就塑得比孩子们高得多，虽然不过是上小下大的一堆，终于分不清是壶卢还是罗汉；然而很洁白，很明艳，以自身的滋润相粘结，整个地闪闪地生光。孩子们

用龙眼核给他做眼珠，又从谁的母亲的脂粉奁中偷得胭脂来涂在嘴唇上。这回确是一个大阿罗汉了。他也就目光灼灼地嘴唇通红地坐在雪地里。

第二天还有几个孩子来访问他；对了他拍手，点头，嘻笑。但他终于独自坐着了。晴天又来消释他的皮肤，寒夜又使他结一层冰，化作不透明的水晶模样；连续的晴天又使他成为不知道算什么，而嘴上的胭脂也褪尽了。

但是，朔方的雪花在纷飞之后，却永远如粉，如沙，他们决不粘连，撒在屋上，地上，枯草上，就是这样。屋上的雪是早已就有消化了的，因为屋里居人的火的温热。别的，在晴天之下，旋风忽来，便蓬勃地奋飞，在日光中灿灿地生光，如包藏火焰的大雾，旋转而且升腾，弥漫太空；使太空旋转而且升腾地闪烁。

在无边的旷野上，在凛冽的天宇下，闪闪地旋转升腾着的是雨的精魂……

是的，那是孤独的雪，是死掉的雨，是雨的精魂。

——鲁迅　一九二五年一月十八日

（1）江南的雪具有怎样的特点？作者是怎样表现这种美的？

（2）第一段写雪野中的“山茶”、“梅花”、“小草”，侧重写________________，写“蜜蜂”，则侧重写______________。

（3）从哪些描写中，你能看出“江南的雪”，“隐约着的青春的消息”？

（4）第二、三段写孩子们的塑雪罗汉，你认为哪些字用得好，为什么？

（5）你怎样理解作者关于雪罗汉的描写？它寄寓了作者怎样的思想感情？

（6）“但我的眼前仿佛看见冬花开在雪野中，有许多蜜蜂们忙碌地飞着，也听得他们嗡嗡地闹着。”

① 句中的“仿佛”能不能去掉，为什么？

② 句中的“闹”能不能换成“叫”字？为什么？

（7）朔方的雪“奋飞”、“旋转”、“升腾”，体现了一种什么精神？

（8）“孤独的雪”、“死掉的雨”、“雨的灵魂”是什么意思？用作结尾有什么作用？

（9）朔方雪总的特点是什么？有关它的几段描写表达了作者怎样的思想？

（10）两幅不同的雪景，是怎样统一在文中的？着重表达了作者怎样的思想感情？

2. 阅读梁实秋的散文《麦当劳》之后做题。

（1）请概括作者眼中“麦当劳”的发展过程。

（2）请举出 5 个中华老字号，并说说你所知道的它们的历史。

（3）根据你的亲身体验，分析一下中国的餐馆与麦当劳相比，有何异同。

（4）如果你也有能力开餐馆，你打算怎么经营管理？

【考核标准】

散文的内容基本理解，解题正确率在 60% 以上的，合格；散文的内容完全理解，解题正确率 80% 以上的，优秀。

模块四

写的能力训练

一、硬笔书写——常识和要求

（一）硬笔书写常识

硬笔书法是书法艺术百花园中一朵璀璨的奇葩。它的书写工具包括钢笔、圆珠笔、蘸笔、铅笔、塑头笔、竹笔、木笔、铁笔等，以墨水为主要载体，来表现汉字书写技巧。具有携带方便、书写快捷、使用价值广等特点。它与毛笔的区别在于变软笔的粗壮点画为纤细的点画，去其肉筋存其骨质。

学习硬笔书法不仅要追求高层次的艺术水平，还要注重其实用价值。而要体现其实用价值，就必须做到书写上的正确化、规范化、匀称化。

写字，中国人的大事

2009年12月12日贵州卫视“论道”栏目：

中国书法家协会副主席邵秉仁，中国硬笔书法协会终身名誉主席庞中华走进“论道”，与博鳌亚洲论坛秘书长龙永图精彩对话“写字，中国人的大事”。

主持人欢迎各位嘉宾、主持嘉宾的到来。

龙：不要把写字仅仅当成书写的工具，而要把它作为人生综合素质修养的途径来抓。我们的文化产业也必须和我们中国的制造业、我们中国的经济紧紧联系起来。写字的事，我觉得应该把他当成一个大事来抓。

邵：过去写一手好字是入官的一个重要条件，现在写一手好字能体现个人的修养，书写水平是体现个人修养的重要条件。

庞：书法是我们祖先留下来的国宝、瑰宝，绝对是不能丢掉的。摩崖刻字，遍布旅游景点，遍布祖国的大好河山。

龙：奥运会开幕式也出现了中国的文字场面。我看了很震撼！我本人的字写得不是很好，下属的字写得好坏不好要求，但写得好一定很欣赏，字工整的人，做事也会很认真，以这个来辨别还是相当准确的。

邵：不要放弃和削弱手写汉字的功能，不然会很危险，通过字可以表现一个人的人生观、世界观。

龙：艺术是一种载体，号召家长多让小孩学习书法，而不要一窝蜂地去搞钢琴之类的西

方的东西，当然不是说钢琴不好，而是强调我们的文化不能丢。

庞：学钢琴的人多，很多是因为到九级的水平，高考可以加分。

龙：你们作为书法协会的主席，应该做做工作，让学书法也可以加分呀！

邵：我们这个社会出现了很多的偏差：重西学，轻国学；重外语，轻汉语；偏爱吃肯德基，对传统文化批判多于继承。

龙：联合国工作交流，主要用五种语言同时沟通，小范围的沟通用英语，很多国家代表对自己的语言非常的尊重，有时候不用他们的语言，他就不参与，如法国。

邵：法国人除了很尊重自己的语言，也很尊重他国的语言，前法国总统希拉克说“中国书法是艺中之艺！”

邵：（展示作品）关于书法的欣赏，一是理解它的构成，书法的构成是矛盾的统一，一定要先看整体，不一定每个字都一样大，而是一种矛盾的统一，辩证的统一；二是形式与内容的统一，所写的内容与表现形式应该协调统一；三是让观者能读出作者的感悟、心声。

龙：我们是制造大国，应该把我们的文化渗透进去，再做输出。

庞：中国是制笔大国，世界上每五支硬笔，四支就是中国制造的。我们今天到场的有上海英雄笔的总裁，希望你们能把笔做好，打到海外去。

龙：中国制造与中国创造是相互的。我们的制造应该增加中国文化的元素，现在经济发展了，是时候了，让中国文化来影响全世界。

邵：一个民族必须有文化，文化奠定民族的发展。实现中华民族的伟大复兴，包括政治、经济、国防，也应该包括文化。展示中华民族实力，走出去，是时候了。

龙：是的，越开放就越安全，越封闭就越萎缩。

邵：在继承传统时必须创新，即“笔墨当随时代”，不能过分地重视形式，如穿长袍练字等。

庞：推广中小学生写字，国家有很多规定，落实不下去主要是应试教育造成的。

邵：我也在呼吁书法进中小学课堂，目标不是在中小学培养书法家，而是达到书写规范，易于识别，了解中国文化。京剧都进了，为什么这个就不能进呢？

……

——请同学们体会画线句子的含义。

（二）硬笔书写的基本要求

1. 要有正确的坐姿及握笔姿势

正确的坐姿：上身平正，两肩齐平；头正，稍向前倾；背直，胸挺起，胸口离桌沿一拳左右，两脚平放在地上与肩同宽；左右两臂平放在桌面上，左手按纸，右手执笔；眼睛与纸面的距离应保持一尺左右。

正确的执笔：拇指、食指、中指分别用第一节从三个方向合力捏住笔杆下端，即拇指、食指从笔杆的前部左右夹住笔杆，食指稍前伸，而中指以指甲的上后侧抵住笔杆的后下方。距离笔尖约一寸左右，笔尖低于拇指、食指。无名指和小指依次自然向手心弯曲，紧靠中指下方，对中指起运笔协调作用，不能接触纸面。笔杆上端斜靠在食指第三节的最高骨处，向右后方倾斜，和纸面呈50度左右的角度。握笔力度应该适中或稍小，只要笔不会从手中滑

落即可，尽量写得轻松自然一些。

2. 要学会看帖临摹

字帖是学书者的无声之师，对初学者的练习及以后的发展有很大影响。练习硬笔书写还是选择硬笔字帖为宜，用毛笔字帖进行硬笔字的学习，往往事倍功半。

选择硬笔字帖要把握两个原则：一要选自己喜欢的。自己喜欢，才会有热情去练习，有利于初学者的进步；二要选择大家公认的优秀范本。如果随便乱选，则有可能误入歧途，不仅浪费了时间和精力，还可能沾染一些不良习气。因此，选择字帖一定要慎重。

选好字帖之后即可摹写和临写。摹，就是描，即可以在印好的红模字上描，也可用透明度好的薄纸蒙在帖上描。也有人用平滑的胶片、塑料薄膜代替纸来摹，这样做，既不会使墨渍透过纸污染字帖，也可以洗涤反复使用。摹写的过程主要是让初学者通过比较准确的描画，熟悉字的结构形态和笔画变化，从而进一步向临写过渡。临，可以说是每个学写字的人都必须经过的历程。有些功成名就的老书法家，虽然造诣颇深，但每日仍临池不辍。没有天生不临帖就会写好字的人。临习是练字和从事书法创作的不二法门，谁也不可能另辟蹊径。

【写的能力练习一】

按照下面的字帖摹写或临写，并由此养成每天练字 20 分钟的好习惯。

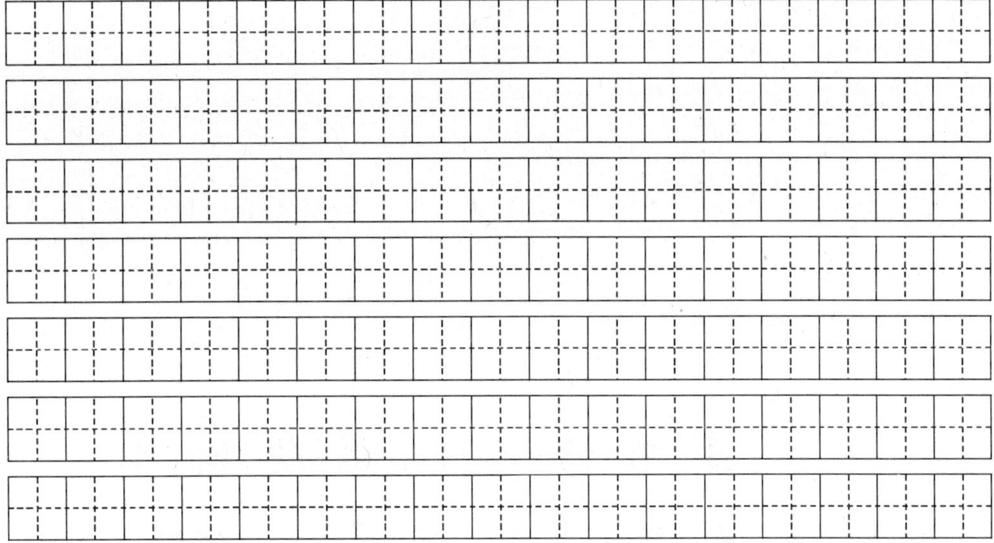

天	姿	国	色	发	蒙	振	聩
高	朋	满	座	人	才	难	得
地	广	人	稀	深	更	半	夜
厚	积	薄	发	思	绪	万	千

千	变	万	化	赏	心	悦	目
方	正	不	阿	功	亏	一	篑
百	步	穿	杨	罚	不	责	众
计	功	行	赏	罪	魁	祸	首

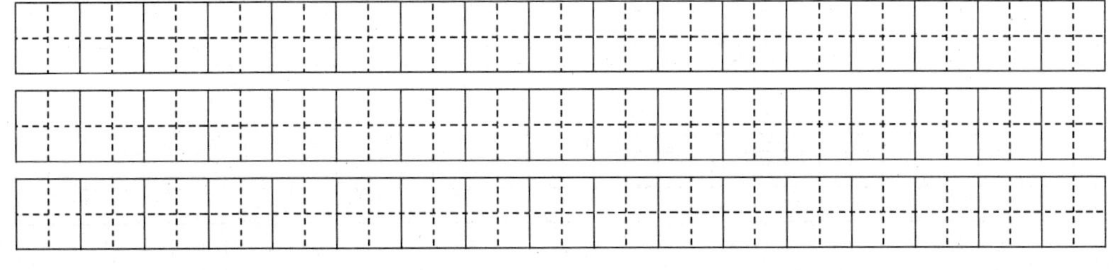

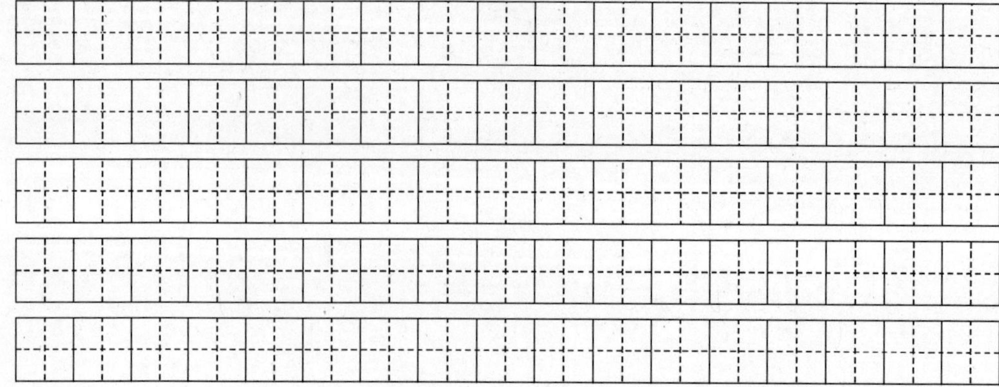

读书给人以乐趣，给人以光彩，给人以才干。——(英国)培根

读一本书，就是和许多高尚的人谈话。——(德国)歌德

书中自有黄金屋，比金银岛上的宝藏还要丰富，可使你终身受用不尽。——(美国)华特·迪士尼

世界上使社会变得伟大的人，正是那些有勇气在生活中尝试和解决人生新问题的人。——(印度)泰戈尔

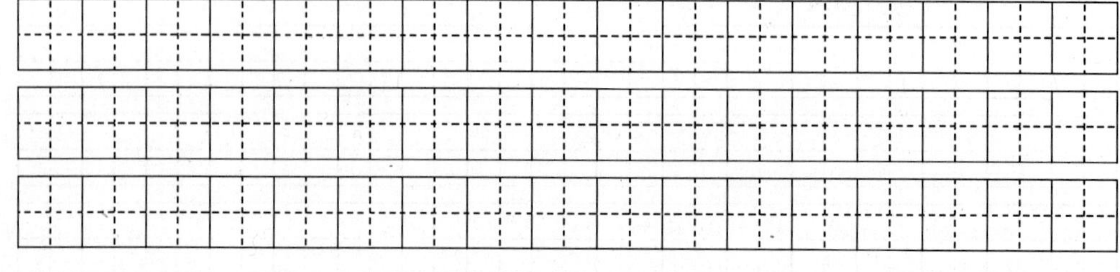

【写的能力练习二】

用下面的普通方格临写前面的字帖。

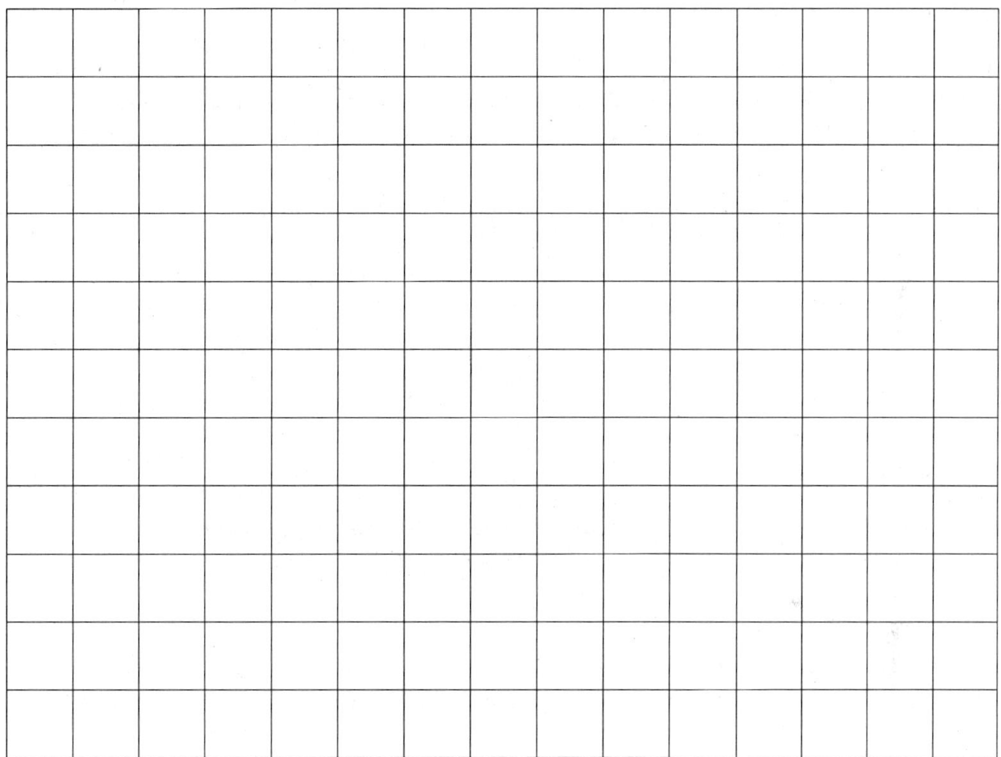

【考核标准】

摹写或临写得标准、规范、清晰、整洁、相似的，合格。师生共同评选字写得漂亮的前10名，优秀。一学期后字写得大有长进的补评优秀。

二、硬笔书写——临帖（楷书）

（一）硬笔楷书的基本特点

楷书，又称正楷、楷体、正书或真书，是汉字书法中常见的一种字体。其字形较为正方，不像隶书写成扁形。楷书是现代汉字手写体的参考标准。

楷书是和行书相对而言的。它端正、工整，过去又叫真书、正书。楷书有楷模的意思，张怀瓘《书断》中已先谈到过。在汉代也是正体字的别称。

楷书不是一开始就有，汉字最早是甲骨文，后是金文、大篆、小篆、隶书。楷书是脱胎于隶书的方正，章草的简便，而改变了间架结构，经过汉代的酝酿，魏晋时代的创造，直到唐代，楷书达到了成熟阶段。同时，各家各派也分别创立了自己的笔体面貌，形成了各自不同的楷式。现在我们写楷书，还是宗法唐楷为好。唐楷的代表人物有六家：欧阳询、虞世南、褚遂良、李邕、颜真卿、柳公权。

对于练字来说，楷书是一个基础，写好楷书当然对写行书有帮助。通过练习楷书，可以把书法的运笔、结体的基本功打好。

学习硬笔楷书，要学会执笔方法、运笔方法、基本点画的写法、结体方法。这样才能把硬笔楷书写好。实践证明，只有经过系统的楷书练习，才能更好地了解汉字笔画和结构的特点和要求，才能更好地掌握汉字的组合规律，从而练就一手合乎法度、流畅自然的好字。

（二）硬笔楷书的书写要求

练习硬笔楷书主要应从笔画和结构两方面下工夫。练习笔画，主要解决用笔方法问题，目的是生产合格的“零件”；练习结构，主要是解决笔画和部首之间的组合方式问题，目的是学会结构方法，掌握结构规律，从而达到将字写端正、整齐、美观的要求。

1. 笔画要求

硬笔楷书的每一个笔画的起笔和收笔都要交代清楚，工整规范，干净利落，不能潦草、粘连。但是笔画与笔画之间又要有内在的呼应关系，使笔画达到既起收有序、笔笔分明、坚实有力，又停而不断、直而不僵、弯而不弱、流畅自然。

2. 结构要求

钢笔楷书在结构上强调笔画和部首均衡分布、重心平稳、比例适当、字形端正、合乎规范。字与字排列在一起时要大小匀称、行款整齐。虽然也有形态上的参差变化，但从总体上看仍是整齐工整的。

【写的能力练习一】

按照下面的字帖临写，并强化每天练字 20 分钟的好习惯。

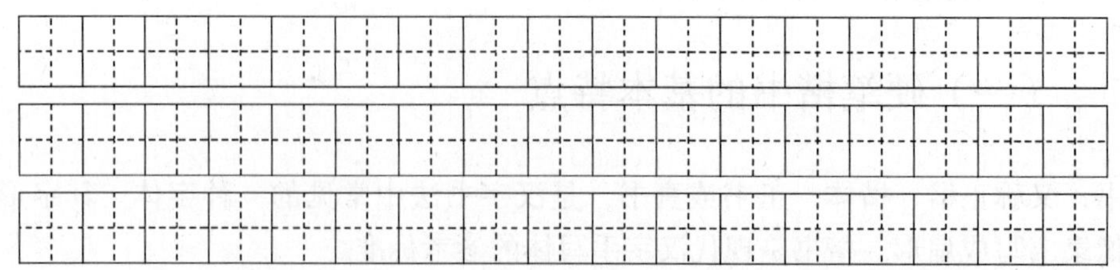

【写的能力练习二】

用下面的普通方格临写所给字帖。（横写竖写均可）

岱宗夫如何辛苦遭逢起一经

齐鲁青未了干戈寥落四周星

造化钟神秀山河破碎风飘絮

阴阳割昏晓身世浮沉雨打萍

荡胸生层云惶恐滩头说惶恐

决眦入归鸟零丁洋里叹零丁

会当凌绝顶人生自古谁无死

一览众山小留取丹心照汗青

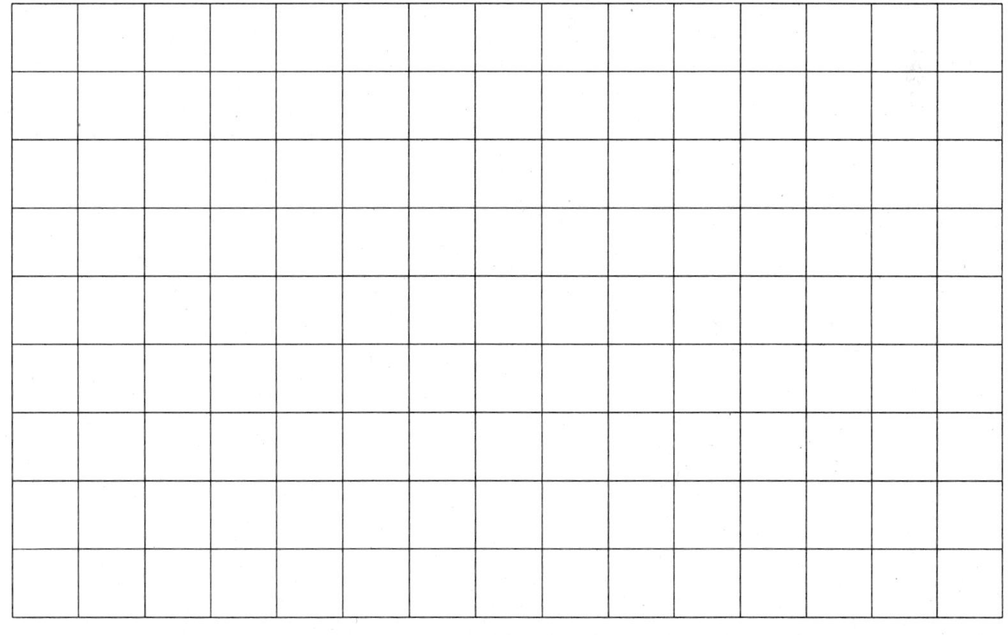

【写的能力练习三】

用下面的横格临写所给字帖。

人之初，性本善。性相近，习相远。苟不教，性乃迁。教之道，贵以专。昔孟母，择邻处。子不学，断机杼。窦燕山，有义方。教五子，名俱扬。养不教，父之过。教不严，师之惰。子不学，非所宜。幼不学，老何为。玉不琢，不成器。人不学，不知义。为人子，方少时。亲师友，习礼仪。香九龄，能温席。孝于亲，所当执。融四岁，能让梨。

【考核标准】

临写得标准、规范、清晰、整洁、相似、有楷书意思的，合格。师生共同评选字写得漂亮的前 10 名，优秀。一学期后字写得大有长进的补评优秀。

三、硬笔书写——临帖（行书）

（一）硬笔行书的基本特点

行书是介于楷书、草书间的一种书体。写得比较放纵流动，近于草书的称行草；写得比较端正平稳，近于楷书的称行楷。在练习硬笔行书的时候不提倡“行草”，因为在与他人通过手写文字来进行交流时很可能会因为字过于“草”而难于辨认。

硬笔行书是硬笔楷书的流动性快写。楷书与行书书写时点画的写法，用笔遵循的准则等都是一致的，只是行书书写时比较舒展，流动。

行书的结构特点如下：

1. 大小相兼

就是每个字呈现大小不同，存在着一个字的笔与笔相连，字与字之间的连带，既有实连，也有意连，有断有连，顾盼呼应。

2. 收放结合

一般是线条短的为收，线条长的为放；回锋为收，侧锋为放；多数是左收右放，上收下放，但也可以互相转换，不排除左放右收，上放下收。

3. 疏密得体

一般是上密下疏，左密右疏，内密外疏。中宫紧结，凡是框进去的留白越小越好，划圈的笔画留白也是越小越好。布局上字距紧压，行距拉开，跌扑纵跃，苍劲多姿。

4. 浓淡相融

硬笔行书的书写应轻松、活泼、迅捷，掌握好疾与迟、动与静的结合。墨色安排上应首字为浓，末字为枯。线条长细短粗，轻重适宜，浓淡相间。

（二）学习硬笔行书的几个要点

1. 要摆脱楷书的法则

在练习楷书时，起笔要藏锋，转折处要有提按的变化，钩的笔画要先顿笔，再挑出等，这些要领在写行书时要尽量摆脱和忘记。打个比方，如果把楷书比作武术套路的话，那么行书就是散打，不能每一招一式都从头开始，讲究的是流畅。硬笔行书只要书写流畅，字形大致上合乎规范，这就是好的行书。

2. 要认真地临摹

要学好行书，须经过一段时间专门的临摹训练，以掌握它的笔法和结字的规律。在临摹

时，要给自己找一本好的字帖。在练习毛笔字的同时练习硬笔字，对学习书法的好处是非常大的，可以互补。毛笔字是精雕细刻，硬笔字是反复琢磨，从大到小，再从小到大，非常有益于加强对书法学习的理解。

3. 要读帖

练习书法的途径不外乎临帖和读帖两种方法，而练习行书，读帖特别重要。

4. 要勤于练习

练习行书在开始的时候有一个适应的阶段，写不好时觉得没面子，没关系，可以在笔记本上练习，也可以在写日记时练习用行书。熟能生巧，从一个字到一段字，从几个字、一行字到一篇字，逐渐掌握行书的规律，慢慢也就形成了属于自己的行书风格。要善于从多方面吸取营养，如名人题字，商家牌匾，学校老师甚至是同学之间，只要认真观察，都可以找到别人写的好字，学会了，就成了自己的字。

【写的能力练习一】

用下面的横格临写所给字帖。

怨	急	饵	饶	蚀	饺	饼	峦	弯	将
奖	哀	亭	亮	度	宾	迹	庭	疮	疯
瘦	疤	咨	姿	亲	音	讽	帝	施	闺
闻	闽	阀	阁	差	养	美	姜	叛	送
类	迷	籽	娄	前	首	逆	总	炼	炸
烁	炮	炫	烂	剃	洼	洁	洪	洒	桨
浇	浊	洞	测	洗	活	涎	派	洽	染
洛	济	洋	洲	浑	浓	津	恃	恒	恢
恍	恬	恤	恰	恼	恨	举	觉	宣	宦
室	宫	宠	突	穿	窃	客	诫	冠	诬
语	扁	袄	祖	神	祝	祠	误	诱	诲
说	诵	垦	退	既	屋	昼	屏	屎	费

【写的能力练习二】

用下面的横格临写所给字帖。

去的尽管去了，来的尽管来着；去来的中间又怎样地匆々呢？
早上我起来的时候，小屋里射进两三方斜々的太阳。太阳
他有脚啊，轻々悄々地挪移了；我也茫々然跟着旋转。
于是——洗手的时候，日子从水盆里过去；吃饭的时候，
日子从饭碗里过去；默々时，便从凝然的双眼前过去。
我觉察他去的匆々了，伸出手遮挽时，他又从遮挽着的手
边过去，天黑时，我躺在床上，他便伶々俐々地从我身上
跨过，从我脚边飞去了。等我睁开眼和太阳再见，这算
又溜走了一日。我掩着面叹息，但是新来的日子影儿又
开始在叹息里闪过了。

【考核标准】

临写得标准、规范、清晰、整洁、相似、有行书意思的，合格。师生共同评选写得漂亮的前 10 名，优秀。一学期后字写得大有长进的补评优秀。

四、硬笔书写——出帖

（一）什么是出帖

在以前的书写练习课程中对他人书帖的临写是在练习入帖。如果临写的字放到临写的字帖里能够与字帖里的字相同，那就达到入帖的程度了。所谓出帖，就是不拘泥于临写的原帖，从进入的书帖中再走出来，写具有自己风格特点的字。

对于书法家来说，入帖以法度、功力见胜，出帖以风格、个性为主。书艺贵有独特风格，而非熟练技巧。从有法至无法，体现出书家对法度之灵活运用。出帖，须处理好“临帖之熟”与“创作之生”的关系。汤临初《书指》云：“书必先生而后熟，亦必先熟而后生。始之生者，学力未到，心手相违也。熟而生者，不落蹊径，不随世俗，新意时出，笔底具化工也。”就是说，所谓出帖，是在入帖的基础上，经过分析、比较、取舍，吐故纳新，以娴熟的技艺化“他神”为“我神”，充分利用临书记忆表象特征，根据自己之意以及审美标准，组合后创作出符合美学价值并具有独特风格的新形象，从而表达出“我”的思想感情的过程。

对于高职生来说，明白出帖的道理，在临帖练习一段时间之后，渐渐地能把字写得越来越漂亮，并且具有自己的风格特点，那就达到了学习和应用的目的。

（二）字如其人

字如其人，最早源于西汉文学家扬雄讲的一句名言："书，心画也。"这句话的意思是说书法是人的心理描绘，是以线条来表达和抒发作者情感心绪变化的。

目前，有的学者经过长期的研究，发现人们写的字与其心理特征有着密切的关系，从而创造了所谓的汉字笔迹心理学。这种理论通过笔迹的笔画和字形，解码个体的人格特质，为人们了解不同的人格类型提供简单、个性化、成本低的人格测评工具。此测评，可以为企业在如何选人、用人、留人，以及团队组建方面提供全方位的指导。据说测评的准确率高达90%以上，对企业选人用人、自我认知、人际交往、子女教育、婚姻、司法鉴定及健康管理等都具有非常实用的价值。

对企业决策者：有助于人才的选、留、任、用。

对个人：有助于通过自我控制改写字体来挖掘潜能、培养个性、协调能力、完善自我。

对子女：有助于因"字"施教，保障孩子身心的健康发育。

对教育工作者：有助于发现学生的个性缺陷，采取有效的指导方式，调整心理品质。

对其他如医疗、公检法等特殊行业也都具有很高的应用价值。

研究发现，写出的字的笔画特点往往对应着相关的人格特征。例如：

横划上扬：积极进取，精神、心理向上。

横划平直：稳重且有保守的个性心理特征。

横划下斜：成年人消极或容易产生消极心理，未成年人容易灰心。

竖划明显从重到轻：精神持久能力不足或恒心不足，做事易虎头蛇尾。

竖划先轻后重：结束时比开始时认真，但爱翻老皇历。

竖划带弧线（弧线向右，形如右括号）：有自残倾向。

竖划反背（形如左括号）：有能力，有责任心。

竖划短（在格子里）：自我限制，缺乏突破性，缺乏创造性思维。

竖划过长：总占据别人空间，行事我行我素，不顾他人感受。

竖划无规则，有多种方向：成人行事举棋不定，未成年人注意力不集中。

字成上紧下松并成长形：相对直爽，有些突破精神。

字成上松下紧形：有抑郁心理或容易产生抑郁心理。

字成上下松中间紧（中间笔画相连）：思维超负荷。

字成上下紧中间松（结构大且没灵气）：不善思维或智力偏低。

大字（直径在12mm以上），有力度，速度快："粗线条"，行为潇洒，细节上糊涂。

小字（直径约在5mm及其以下）："细线条"，细致认真，善于观察计算，谨小慎微。

写字的力度强、速度快，笔画上扬：精力强盛。

以上的说法有没有道理呢？一起来试试，看看准不准。

请在有格子的纸上按你平时的写字习惯写出以下各字，同桌之间按照上面的标准互相测

评一下：

丁 大 小 天 人 地 手 口 攀

五、写作训练——自我介绍

（一）自我介绍的相关知识

1. 为什么要提高自我介绍的能力

（1）自我介绍是向别人展示自己的一个重要手段，自我介绍好不好，甚至直接关系到给别人的第一印象的好坏及以后交往的顺利与否。

（2）自我介绍不仅仅是展示自己的手段，同时，也是认识自我的手段。古人云“知人者智，自知者明”，常言道“旁观者清，当局者迷”，可见，要想认识自我，给自己一个准确的定位不是一件容易的事情，而通过认真地写自我介绍，就会对自己进行有意识的分析、概括、总结。

2. 自我介绍的方式

自我介绍可以有不同的方式，按照使用的语言来划分可以分为口头的自我介绍和书面的自我介绍。这里要说的是书面的自我介绍。

从书面的自我介绍来看，可以有自传性质的自我介绍，比如《鲁迅自传》和《老舍自传》。也可以有以事件为中心，突出个性特点的自我介绍。

老舍自传

舒舍予，字老舍，现年四十岁，面黄无须。生于北平。

三岁失怙，可谓无父；志学之年，帝王不存，可谓无君。

无父无君，特别孝爱老母，布尔乔亚之仁未能一扫空地。

幼读三百篇，不求甚解。继学师范，遂奠教书匠之基，及壮，糊口四方，教书为业，甚难发财，每购奖券，以得末彩为荣，亦甘于寒贱也。二十七岁发愤著书，科学哲学无所懂，故写小说，博大家一笑，没什么了不得。

三十四岁结婚，已有一男一女，均狡猾可喜。闲时喜养花，不得其法，每每有叶无花，亦不忍弃。书无所不读全无所获并不着急。教书作事均甚认真，往往吃亏，亦不后悔。如此而已，再活四十年，也许有点出息。

3. 自我介绍的禁忌

（1）自我介绍最忌讳平淡无奇，不能够把个人的特点展示出来。

（2）自我介绍还忌讳写成流水账式的简历形式，缺少文学色彩。

4. 不同场合的自我介绍

自我介绍，无非就是告诉别人你是谁，你是一个什么样的人。作自我介绍的方法多种多样，应随时随地而变。从适用场合的角度，自我介绍可分为主动和被动两大类。主动自我介

绍适用于想结识某人而又无人引见的情况，被动自我介绍适用于别人想了解自己，主动前来询问的情况。

在一些公共场合和一般性社交场合，如社区邻里的交往、旅途中的搭讪、与亲朋的见面等，彼此没有深入交往的意向，可以使用应酬式自我介绍，简单告诉对方你的名字、大概住哪里、爱好等即可。

在工作场合，如接待客户，接待上级领导，参加业内人士聚会等，需要用到工作式自我介绍，内容应包括自己完整的姓名、所在单位及部门、职务或工作性质等详细个人信息。除非从事保密工作，自我介绍时应尽量使以上 3 项内容全面准确。比如我们可以说："你好，我是某单位某部门的经理助理，主要负责销售工作。"

在有意与某人深交的社交场合中，可以用社交式自我介绍。具体内容应包括姓名、职业、籍贯、兴趣爱好等，可多说一些能使人对你加深印象的内容。如果你认识对方的熟人，可以告诉对方："我听某某说起过你"、"我和您的朋友某某是校友"。如果姓名用字不容易让人明白，要适时说明。例如，你叫程隆，要告诉对方："前程的程，兴隆的隆，可不是明星成龙的那两个字哦!"

在应聘、公务、商务交往等场合，当别人主动询问你的个人情况时，就要用到问答式自我介绍了。对方可能会问："简单介绍一下你自己好吗?""请问您贵姓?""您哪里高就?"根据对方的问题逐一回答即可。

正式场合的自我介绍，一定要使用谦词和敬语。

谦词和敬语体现了说话者的修养，即对人使用敬语，对己使用谦词。常见的谦词有"错爱"、"斗胆"、"不才"、"才疏学浅"、"过奖"、"不敢当"等。常见的敬语有"请"、"您"、"阁下"、"贵方"、"尊夫人"等。

（二）如何写作书面的自我介绍

一般场合下的自我介绍的写作很简单：

（1）介绍一下自己的经历，几岁到几岁在哪里念书，学什么，有什么感想等。

（2）介绍一下自己的爱好，喜欢玩什么，有什么成就，到了什么程度等。

（3）设想一下自己的未来，想做什么，准备现在怎么努力等。

（4）在内容充分的前提下，尽量写出自己的个性特点，写出文采，写出吸引人的亮点等。

（三）自我介绍范文示例

李玲自传

小女孩一位，现年 13 岁，并非大家闺秀，其貌不扬，生于广西柳州市。祖籍浙江（为金庸之老乡），却从未涉足此地。4 岁随父进京，进入地科院幼儿园。人生地不熟，受小朋友之欺侮，常含泪缩于墙角，渐将爱动爱闹之习改掉，胆小慎微，直至现今。记得当时住于一小院，母亲教之读幼儿书报，增长见闻，并习钢琴，后受益匪浅。

6 岁半入小学，低年级时甚欢乐。班主任姓梁，极慈祥，伙伴亲密如一家。可惜好景不

长，三年级插班时并入二班，亦搬家至先住地。此班同学待人冷漠，妒性强，不以诚心相对；搬家后住处离小学甚远，与同学不能互通有无，更增隔膜。在此班中度日如年，几欲转学而不得，只得整日学习，以慰无聊。常受老师表扬，实不知乃出于无奈。

毕业后考入北京八中。此地环境优美，令人心怡。同学大都多才，且全班关系和谐。老师深得学生之心。平日同学高谈阔论（吾班谓之“扯”），我时常混于其中，其乐融融。吾不爱体育，便去打电脑看小说。生活充实学业得志，不亦乐乎！现升入初二，今后之事，还未得知。

吾从小到大爱好甚多，却无一成为特长。琴棋书画，只略知其一。小学时得过些奖：在市英语科技竞赛中，一、二、三等奖各获过一次，在新加坡数学竞赛中获过三等奖，钢琴过了九级。中学后便无一所获。目前无大志，只把心胸豁达作为最高追求，喜爱金庸先生之《笑傲江湖》及李白、辛弃疾之诗词。愿今后不负自己及家长之望，小事开心，大事顺利，少出差错，足矣。

——http：//www. baidu. com

点评：

这篇自传语言十分简练，小作者以时间为顺序，重点叙述了幼儿时期、小学时期和中学时期的情况，而且简要地叙述了自己的性格、爱好、特长以及取得的成绩。可谓重点突出，详略得当。

这篇自传的语言不仅简练，而且诙谐、生动。在充满朝气的文字中，一个多才多艺谦虚谨慎、健康向上而又诙谐活泼的阳光女孩脱颖而出，亭亭玉立于读者面前，煞是惹人喜爱。这篇自传中诙谐、幽默的语言有模仿《老舍自传》语言特点的痕迹，但在初学的时候，这种模仿借鉴是必不可少的，而且，是值得提倡的。

我这个人呀！

小时候，妈妈常埋怨我：“你这个调皮鬼呀！”长大了，我常自嘲：“我这个人呀，就这样了。”什么样？用同学们的话来归纳：“你这个人呀，真是个怪人！”

有时候，我希望自己能快点长大，做一番惊天动地的大事，让周围的人全都惊诧不已。可有时候，又希望自己永远也别长大，做父母身边的小公主。

有一次，我和同学一起上街，看见一个小贩在欺侮一个外地人，我便梗着脖子去和小贩吵，那外地人乘机走了，我却白挨了一顿骂。同学拉走我说：“你这个怪人呀，管这闲事干嘛？”过后想想，自己也叹口气，我这个人呀！

老师讲课时突然打个饱嗝，别的同学都没有声音，我却笑出了声，被老师狠瞪了一眼。为什么别的同学能不笑，我却忍不住呢？我这个人呀！

学校组织同学看电影《战争，让女人走开》，当看到影片中营长妻子和副连长妻子等人听说部队将要开拔后杀猪的场面，我哭了。周围正说笑着的同学都惊诧地看着我。我想忍住，却怎么也忍不住。别人不笑的时候，我笑了；别人不哭的时候，我又哭了。我就是这么个怪人。有人说应学会控制感情，可我学不会，我只能任感情的小溪自由地流淌。

夜里，对着窗外的夜空，看着柠檬一样的月亮，我想得很多。也许在周围人眼里我是个难以理解的怪人，但我认为这种“怪”是实在的、可爱的。我就是我，为什么要想方设法去改变，去隐藏呢？也许我永远也改变不了，可我并不觉得遗憾，尽管我会自嘲：我这个人呀！这就是我。

——http：//www. baidu. com

点评：

这篇自我介绍没有完全按照时间的顺序来写自己的生活经历，属于以事件为主来写人的类型。通过两三件事情的叙述，突出了自己“怪”的特点，以“我这个人呀”这个题目中的话作为贯穿全文的线索，充满了自嘲的精神，在自嘲中又有一种对自我的得意与欣赏。可以说，是一篇很不错的自我介绍。

【写的能力练习】

写一篇自我介绍，400 字左右。

【考核标准】

内容充实，表达流畅，能写出自己的特点，字迹清楚，卷面整洁的，合格。形象鲜明，文采突出的，优秀。

六、写作训练——新闻

（一）新闻写作常识

五年制高职学生学习新闻写作的目的，并不是为了将来做新闻记者。要知道，不论是在企业单位工作，还是在事业单位工作，或是自己创业，或是日常生活中，都有可能甚至免不了要对某些事情进行书面的客观陈述。陈述是否真实、客观、清楚、准确、流畅，往往会直接影响解决问题的实际效果，而新闻写作恰恰可以有效地训练这种能力。

那什么是新闻呢？有人给新闻做了如下定义：“新闻是对新近发生或发现的有社会意义的能引起广泛兴趣的事实的传播。”

明确了新闻定义，可进一步区别广义的新闻与狭义的新闻。广义的新闻包括消息、通讯、特写、调查报告、新闻评论等，是报纸、广播、电视等媒体中常见的报道体裁。狭义的新闻专指消息。

消息，是以简洁的文字迅速传播新近变动的事实，包括新近发生的事实、某些将要变动的事实。它是目前应用最广泛的一种新闻报道形式。它发稿迅速、及时，叙事直截了当，语言简洁明快，篇幅短小。一般来说，消息具备“五要素”，即：何时、何地、何人、何事、何故（亦称“5 W”）。在结构上，消息一般由标题、导语、主体、背景和结尾 5 个部分组成。

消息写作的文风应客观陈述，一般情况下不使用描写、议论、修辞等手法。

消息的写作方法如下：

1. 标题

消息的标题和其他文章的标题有很大的不同。例如，文艺作品的标题大多比较含蓄，不直接把文章的内容明示出来，有些甚至以《无题》这样的标题来掩盖文章的内容。而消息的标题恰恰相反，它要求简明实在，必须能揭示新闻的主要内容，透露其中的主要信息，使

读者产生急于阅读的欲望。

标题是消息的眼睛，拟写得好，可以吸引读者；拟写得差，好消息也可能会被埋没。可见标题有着向读者推荐的作用。如：《打假者竟成了被告》、《少儿办银行　这是第一家》、《回收地沟油　有了正规军》、《三番五次凌绝顶　为何不能过小山》等。

消息的标题必须简明、准确地概括消息内容，帮助读者理解报道的事实。

消息标题有主题（正题）、引题（眉题）、副题（次题）3 种。

主题：概括与说明主要事实和思想内容。

引题：揭示消息的思想意义或交代背景，说明原因，烘托气氛。

副题：提示报道的事实结果，或作内容提要。

这里，只要求五年制高职生能恰当地拟写出主题（正题）即可。

2. 导语

导语是指一篇消息的第一自然段或第一句话。它是用简明生动的文字，写出消息中最主要、最新鲜的事实，鲜明地提示消息的主题思想。

导语的要求，一是要抓住事情的核心；二是要能吸引读者看下去。要做到第一条，必须具备训练有素的分析能力；要做到第二条，则要有写作技巧。

导语的形式有多种，如叙述式、摘要式、评论式、综合式、解释式、提问式、结论式、号召式、描写式等。这里，我们只学习叙述式的导语，即用摘录或综合的方法，把消息中最新鲜、最主要的事实简明扼要地写出来。

3. 主体

主体是消息的主干部分。它位于导语之后，对导语作具体全面的阐述，具体展开事实或进一步突出中心，从而写出导语所概括的内容，表现全篇消息的主题思想。应按时间顺序或 逻辑顺序的结构来写，要先写主要的，再写次要的。所谓结构，就是各个组成部分的搭配和排列：

(1) 按时间顺序：根据事情发生的先后顺序安排层次。

(2) 按逻辑顺序：根据事物的内在联系，问题的发展逻辑来安排层次。

(3) 时间和逻辑顺序相结合：把时间顺序和逻辑顺序糅合在一起写。

4. 背景

这里的背景是指新闻事件的历史背景、周围环境及与其他方面的联系等。写新闻有时要交代背景，目的在于帮助读者深刻理解新闻的内容和价值，起到衬托、深化主题的作用，也就是回答“5 W”中的“Why（为什么）”。

西方新闻学认为背景就是对新闻事件作出的解释。美国新闻学家赖斯特说得很清楚：“我看不出新闻背景与解释有什么区别。”“解释，在我看来，就是新闻报道的深入化。就是把单一的新闻事件放到一系列的事件中去写”，“就是提供新闻的背景知识，从而使读者能够对新闻事件作出客观的判断”。

但是“解释”不是议论，解释本身就是事实，也就是说用事实去解释。所以新闻背景又称之为事实背景。

5. 结尾

新闻的结尾有小结式、启发式、号召式、分析式、展望式等。这些结尾的写作与一般记叙文结尾的写作并无大的不同。

需要注意的是：以上 5 个内容在一篇消息中并不意味着必须全部具备，一般情况下，除了标题、导语、主体部分不可少之外，背景和结尾部分可根据具体情况保留或省略。

（二）新闻（消息）写作范文示例

俄罗斯首任总统叶利钦昨逝世享年 76 岁（标题）

新华网莫斯科 4 月 23 日电 俄罗斯总统新闻局 23 日发布通报说，俄罗斯联邦首任总统鲍里斯·叶利钦当天在莫斯科突然去世，享年 76 岁。（导语）

俄总统机关事务管理局医疗中心随后通报说，莫斯科时间 23 日 15 时 45 分（北京时间 20 时 45 分），叶利钦因心脏病加重，在中央临床医院突然去世。据悉，1996 年 11 月 5 日叶利钦曾做过 7 个小时的心血管搭桥手术。

俄总统普京打电话向叶利钦的夫人及其家人表示最沉痛的哀悼。俄国家杜马（议会下院）主席格雷兹洛夫说，叶利钦将留在人们心中，他为国家做了很多事情。（主体）

叶利钦 1931 年 2 月出生于一个农民家庭。他 1976 年任苏共斯维尔德洛夫斯克州委第一书记。1991 年 6 月叶利钦在全民大选中当选为俄罗斯联邦首任总统，1996 年再次当选为俄联邦总统。1999 年 12 月 31 日叶利钦发表电视讲话，宣布提前卸任，并任命普京为代总统。（背景）

张龙龙刷新我校 25 年的跳高纪录（标题）

本报讯　又是一场欢呼，10 月 13 日上午，研究生院研一学生张龙龙在我校男子组跳高比赛中以 1.83 米的优异成绩打破了尘封 25 年的 1.81 米的原纪录。（导语）

在上午的预赛中，张龙龙都跳得比较轻松，一脸从容淡定。到下午的决赛，标杆横在 1.83 米的位置上时，只剩下张龙龙一个人来挑战纪录了。只见他往后退了退，拉长了助跑的距离，站在那里看着标杆，若有所思，然后起跑。第一跳，由于他的脚没有收缩好，碰掉了横杆。第二跳，他又拉长了助跑的距离，在助跑点注视横杆很久，然后再次起跑。这次，脚收缩得很好没有再碰横杆，腰部也发力到位，可惜，他的手却又碰到了横杆。

还剩最后一次机会，要是还跳不过，破纪录的目标就只能等到明年了。张龙龙从垫子上下来后，缓缓走到起跑点，做好起跑的姿势后又起身放松一下，再俯身凝视着标杆，看了许久。突然，他冲了过去，在起跑点奋力一跃，以完美的姿势飞过了横杆！（主体）

张龙龙每年都参加运动会，除了大二那一年的失常发挥，其余每届都是跳高赛的冠军。但是往年他都没能破前辈创下的纪录。对此，他说："那一直是我的目标。"（背景）

赛后在视频中发现，张龙龙这一跳的高度比 1.83 米的横杆超出了许多，于是他给自己又定下了明年的目标：冲击 1.88 米。（结尾）

——http：//zhidao. baidu. com

学院开展第四期赴新加坡学习交流人员培训活动（标题）

为了做好赴新加坡南洋理工学院交流访问的准备工作，2011 年 4 月 15 日下午在东区软件园第一会议室，由东区学办组织召开了学院第四批赴新加坡学习交流人员培训会。院长助

理董国东主讲，考察团的全体师生参加了此次培训。会议由东区学办主任张蓓主持。（导语）

首先由董校长为第四期考察团的全体成员详细介绍了我院与新加坡南洋理工学院开展交流互访活动的情况，将出访活动的行程安排进行了布置，对南洋理工学院的校园环境、课程体系进行了说明，还讲解了外事礼仪和出访注意事项。他希望老师和同学们通过交流访问活动开拓国际视野、增长知识，为学习和生活注入新活力。

随后由第四期学习交流考察团团长学院办公室主任侯彤讲话，她首先感谢董校长对出访工作的支持与指导，之后对出访活动提出了具体要求。接下来由东区学办张主任布置考察题目，组织填写相关表格。

培训结束后，在董校长的安排下团员们前往东区10号楼新加坡南洋理工学院在我院的研习基地参观，与南洋理工学院的蔡友德老师、研习学生进行了简短的交流。在南洋理工学院蔡老师的主持下，进行了“我认识的南洋理工学院学生”和“我知道他们研习活动题目”的有奖抢答游戏，气氛热烈，一片欢声笑语。（主体）

通过此次培训活动，第四期考察团的成员了解了学院与南洋理工学院友好合作的情况，清楚了活动的目的和意义，明确了出访的要求和纪律。相信经过充分准备，我们的学习考察活动一定会取得实效，同时我们也要努力成为两院合作的友好使者。（结尾）

——北京信息职业技术学院学生办（东区）2011年04月21日

数字媒体与艺术系学生与奥斯卡获奖大师对话（标题）

4月18日下午，数字媒体与艺术系在14号楼第四阶梯教室举办了专业课讲座，邀请ACG国际教育联盟巡讲团的罗伯特先生来我系进行讲座。（导语）

来自美国的罗伯特大师，在好莱坞工作多年，是《星球大战1》制作的特效总监，1978年获奥斯卡最佳视效奖。从那以后，开创了全球CG行业，也相继产生了《皮克斯》、《工业光魔》等全球知名的动漫企业。罗伯特先生可以说是世界顶级大师，CG行业的开山鼻祖。（背景）

罗伯特在讲座中，用自己的亲身经历为同学们做了精彩演讲，鼓励同学们努力学习专业知识，从基础工作开始，不断战胜困难。只有这样，最后才有可能获得成功。他分析说：“从《星球大战》、《侏罗纪公园》、《阿凡达》这三个贡献最大的特效电影的拍摄过程看，都是间隔16年，按此计算，下一个也就是2025年的特效电影会是什么样子？你的2025年又会在哪一个位置？”一番话引起了同学们的深思。罗伯特以此激励同学们2025年要做电影制作人，不要做电影观看人。（主体）

同学们被罗伯特先生的演讲深深打动，对本次精彩讲座报以热烈掌声，并纷纷和罗伯特先生合影留念。（结尾）

——北京信息职业技术学院数字媒体与艺术系2011年04月20日

【写的能力练习一】

将下面这篇新闻速写改为一则400字左右的消息。

今日1时许，两名的士司机后悔莫及，没想到“剁”客竟“剁”到副市长头上，“聪明”反被“聪明”误，连人带车被带到市交警支队出租车管理科待处理。

远镜头：昨晚是立冬第一夜，虽然已接近零时，且寒气逼人，但××市火车站仍人来人往。这时火车站出口处有3位外地游客模样的人在徘徊，像在等车。一名中年的士司机热情地把他们请上了车。

近镜头1：这3位乘客中，年长的一位穿西装打领带，外地口音，穿便服的中年人没说话，只有那小伙子讲普通话。的士司机猜想他们是“外地客”，心中暗暗高兴。

客人到省政府下车，的士记程表显示9.60元。的士司机收了10元钱，又伸出手来说：“还要5元钱。”“怎么还要5元呢?”客人实在不明白。的士司机理由十足，非要不可。他做梦也没想到，乘客中的年长的正是××市副市长张××，那位穿便服的中年人就是市交警支队的支队长王××，这辆名为湘G××××号的的士司机理所当然被“请”到有关部门接受教育和处罚。

近镜头2：过了一会儿，时针已指向9时零10分，一辆车号为湘F××××的的士驶来。这3位乘客上车后要求到长途汽车西站。这位青年司机不走直路而故意绕道再到长途汽车西站。到站时记程表显示出车费39.10元。司机却大大咧咧地说：“交65元钱。”乘客据理力争，司机的理由是：“过桥费5元，晚上每超过一公里加收2.4元，出城要加返城空车费50元，当然要65元了。”也算他倒霉，碰上微服暗访的张××副市长。

话外音：凌晨1时多，张××与另一组由市政府副秘书长×××带队的检查组在火车站广场碰了头，听他们汇报不同程度挨“剁”的情况后，他严肃地说：“我听到群众反映，某些的士、中巴‘剁’客，这种行为性质恶劣，影响很坏。交警、物价、工商等部门要切实加强管理，经常检查。我们相信，通过教育、整顿，一定能解决这个群众深恶痛绝的问题。”

——http：www.baidu.com

【写的能力练习二】

将老师播放的新闻视频内容，改写成一篇400字左右的消息。

【写的能力练习三】

根据最近本院（或本系、本班）发生的事情，写一篇400字左右的消息。

【考核标准】

“5W”具备，陈述完整、准确、客观，结构恰当的，合格。语言流畅，少有字、词、句、标点错误，字迹清楚，卷面整洁的，优秀。

七、写作训练——记叙文

（一）记叙文写作常识

记叙文是以叙述为主要表达方式，以人物的经历及事物发展变化为主要内容的一种文体。记叙文虽然以记叙为主，但往往也间有描写、抒情和议论，所以是一种形式灵活、写法多样的文体。记叙文有广义与狭义之分。广义的记叙文，包括记叙性的文学作品，如散文、小说等。狭义的记叙文是指以记人、叙事、写景、状物为主，对社会生活中的人、事、景、

物的情态变化和发展进行叙述和描写的一类文章，常见的如消息、通讯、特写、报告文学、游记、日记、参观记、回忆录及一部分书信等。因为记叙文写的是生活中的见闻，所以一定要表达出作者对于生活的真切感受。

写作记叙文要做到以下几点：

(1) 交代明白。无论记人记事，还是写景状物，一般都要交代明白时间、地点、人物、事件、原因、结果，否则文章就不完整。

(2) 线索清楚。虽然观察的角度、记述的方式可以不同，但每一篇文章都应当有一条关联材料、统贯全篇的中心线索，否则文章就会松散。

(3) 人称一致。无论用第一人称“我”记述，还是用第三人称“他”记述，都要通篇一贯，一般不宜随意转换，否则就容易造成混乱。

(二) 记叙文范文示例

1. 常州市区2008年中考优秀作文点评。

你在我心里

不觉三年的短暂时光已逝，我试图伸手去抓住那些我们共度的岁月，收回双手，指缝间留下的都是我们曾经美好的回忆。欢笑、悲伤、感叹交织，谱出动人的旋律。

下雨天的“赤脚大仙”

每学期的六月中旬，天公不作美，黄梅雨季的倾盆大雨总是如期而至。清晨本就很拥挤的校园门口更是水泄不通，那些送学生来校的车辆也被堵在了几十米远。你总是撑着一把伞站在门口，一看到那些没有带伞的学生头顶书包向校园奔去，你就第一时间冲上去为他遮风挡雨，嘴里不停地喊着：“孩子，慢点，小心水塘！”有时你嫌麻烦，索性脱了鞋子和袜子，卷起裤口在雨水里奔走。这雨一下有时就是一个星期，每天早晨都能看见你亲切的身影，从未间断，于是我们都调皮地称你为“赤脚大仙”。雨丝拍打着你的脸颊，脸上带着微笑，对我们的关爱浸透着汗水的你在我心里。

校门口的“交通警察”

早晨和下午的上下班高峰你都早早地站在马路的一边，等到有大部分学生来了，你便开始有条不紊地指挥起交通来，停止前行，继续前进，倒车……姿势摆得都很到位、标准，并大声指挥着学生们的通行。活脱脱地一个交通警察。司机和学生都十分配合你，为此你很有成就感。汽车的鸣笛声，学生们进出校园时的欢笑声为你助威。为保证学生出行的安全放弃自己时间的你在我心里。

食堂里的“工作人员”

每天中午你都会帮助工作人员在食堂里为我们盛汤，或者走到桌边询问我们的伙食情况。为了照顾我们九年级同学的学习时间，还特地提早了我们的吃饭时间。毫不忽略学生细节的你在我心里。

你鬓角的头发白了，眼角的皱纹也多了些，可你却还在为我们操劳。我多想劝你在办公室里休息一会儿，喝口茶。我虽离开了母校，可你却永远在我心里，老校长。

——http：//wenku. baidu. com

【点评】

一个平凡可亲、敬业爱生的老校长在作者的笔端如泉水般汩汩溢出，静静流动。没有豪言壮语，没有惊天壮举，也没有威严逼人，谆谆教诲。只有下雨天的“赤脚大仙”、校门口的“交通警察”、食堂里的“工作人员”在读者的眼前交织。三个小标题，三个不同的场景，三种不同的非校长“身份”，校长的大爱在平常、琐碎和细节里深深印在学生的心里。教我如何不“心里有你”！

三个场景独立而完整。叙事平实可看，全在不经意的遣词造句里，一个“试图伸手去抓住”“岁月”的举动，那种欲留却走的对岁月流逝的无奈，怎不令人悸动！如此悸动在文中还有多处，使文章字里含香，越嗅越浓。

2. 2009 年大连市中考作文点评。

亲切的怀恋

生命中是有许多值得我们去仔细品味、深深怀恋的东西的，比如，父亲的那双手。（开篇简洁明了，不拖沓，值得借鉴）

这是一双苍老干枯、布满褶皱、被时间的洪流冲刷得不成样子的手。但正是这样一双手，令我感到亲切，并深深地怀恋着。

父亲十分沉默寡言，并且他总是很忙，忙上班、忙加班、还忙着应酬，在家中来去匆匆，极少与我说话。就算偶尔一同吃饭，他也不看我一眼。这一切都曾让我心里积满了怨恨，认为他不爱我。直到那天下午。（此句不可没有）

那天，妈妈出差，我想着得自己洗袜子了。父亲竟然在家。我看到他的鞋时想：就算在家，他也不会为我做这样的事吧。想到这里，我不禁嘲讽地笑了笑。走进洗手间，一下子被眼前的景象惊呆了。（看来，作者是真的很善于运用每段的最后一句）

父亲挽着袖子，趴在洗面盆上，（“趴”字用得好，夸张而不离谱，形象而又生动）驼着背，一点一点地为我洗着袜子。那袜子（此处加上“原本”二字，是否更好）是纯白的，并不好洗，他在每一处污点上都打肥皂，（以常情度之，“袜子——污点”似不合适）然后仔细地搓洗着，那样子好像生怕遗漏了一点污迹。他那双手上沾满了肥皂泡，把那些斑点、皱纹都遮住了，（此处好，愈隐愈显，正话反说，意在言外）就像是一朵朵从父亲手上盛开的圣洁的白莲，（因为情感的提升，原本并不美的东西，反而可以自然地披上美丽的色彩，很好）它们闪着父爱的圣洁轻轻地飘了起来，那肥皂的清香也随之飞散开来。这股芬芳的香气不正是父爱那馥郁的馨香吗？这香气飘进了我的心房，那白莲也落入了我的心湖，生根于湖底那柔软的地方，心湖上芬芳弥漫，朦胧了我的双眼，一行晶莹的泪珠顺着脸颊滑落，那是心中的热血因父爱而沸腾。（作者不很懂得含蓄之美，含蓄是有张力的，有时候一语道尽反而会使人觉得兴味索然，兼有矫情之嫌）

泪眼蒙眬间，那些白莲的花瓣上似乎倒映着父亲为我剪指甲、系鞋带的情景，那时令我怨恨、觉得多事的一双手现在竟令我感到了亲切！我嗅到了那双手上萦绕的暗香，竟是如此

芬芳四溢！我竟毫无察觉。(此句稍显多余)

握指甲剪的手，干枯却让我怨恨；系着鞋带的手，苍老得让我内疚；沾满肥皂的手，则令我感到亲切的怀恋！(前文既无交代，后文也不再说明，如此没头没尾的话，是难以完成升华主题的任务的，不如不要。以此看出行文有法，即东坡所谓：行于所当行，止于所当止。恰好最好)

父亲的那双亲切的手，将是我心中永远的怀恋。

——http：//wenku. baidu. com

【点评】

本篇文章的最大亮点，在于层次的井然，行文推进的自然巧妙：第一自然段只看见一个“手”字，简劲有力，及时打住，余下空间留给第二自然段写出手的“样子”，并自然带出主题，这是比较干练的写法；到了第三自然段，尤其是最后一句的出现，于絮絮记述中忽然收束，一个转折，引出下文；第四自然段的最后一句，既设埋伏于前，又设悬念于后，使人一段读完，便急于知道下一段的内容，如此层层推进，作者真善于布局！

通篇详略得当，叙事、描写、抒情，应需而生，有条不紊，直给人以“瓜熟蒂落、水到渠成”的感觉。虽有微瑕，不掩瑜亮。

清晨上学记

庚午（1930年）之春，某日晨起，推窗一望，则大雨淋漓。遍地红花杂绿叶，夜来风雨洗春娇，可为斯咏也。未几，入书房携书上学。出门，狂风大雨，扑面飞来，大惧急退，入坐房中，无聊而观书。忽观至“讷尔逊冒雪返校”之事，醒吾心，一跃而起，再携书，奋勇出门。沿途花柳飘摇，泥泞满路，四望无人，独自前行，衣履尽湿，及到校后，乃更衣而坐，未几，钟遂鸣矣。窃思：吾人不为荣誉则已，若求荣誉，必坚忍耐劳，以战胜艰难辛苦，方能出人头地！不然，则畏风怕雨，为山九仞，功亏一篑矣，乃记之以自勉。

【原评】

老练精当。

——《小学模范作文》1947年上海国光书店再版

【读后感】

读文章，可以想见小作者是一个很有趣的人，初见狂风大雨而大惧急退，后观“讷尔逊冒雪返校”又奋勇出门，一个顶风冒雨的少年形象跃然纸上。

夜月采莲记

饭后斋中独坐，好友忽临，约往外游。乃束装偕往，盖月下泛舟也。舟次池中，举目四眺，则亭亭独立，不蔓不枝，微风吹来，摇曳波中者，凌波仙子也。而月影星光，益辅其美，殊可乐也！余以良宵美夕，人生难再，故至夜阑兴尽，始摇舟而归，并携莲一枝，置诸瓶内，以驱尘俗。归而记之。

【原评】

天真活泼。

——《小学模范作文》1947年上海国光书店再版

【读后感】

月下泛舟，池中观莲，何其美妙！置莲瓶内，以驱尘俗，何其高雅！此非濂溪先生乎？此篇作文文字之美倒在其次，生活态度大可玩味。

【写的能力练习一】

写一篇记事的记叙文，要求：①内容必须是本班或本系发生的事情；②在记叙真事的基础上，允许适当的艺术加工和虚构；③不少于600字；④用稿纸，字迹清晰，卷面整洁。

【写的能力练习二】

写一篇记人的记叙文，要求：①内容必须写自己的家庭成员或是本班的师生；②在记叙真人的基础上，允许适当的艺术加工和虚构；③不少于600字；④用稿纸，字迹清晰，卷面整洁。

【考核标准】

记叙的内容大体完整、清楚，表达基本准确，结构比较合理，字、词、句、标点的错误不太多，字体清晰、卷面整洁的，合格。在合格的基础上，情节引人、主旨明确、人物生动、文采突出的，优秀。

八、其他写作能力训练

（一）识字量达标训练

《现代汉语常用字表》——常用字（2500字）

笔画顺序表

一画

一 乙

二画

二 十 丁 厂 七 卜 人 入 八 九 几 儿 了 力 乃 刀 又

三画

三 于 干 亏 士 工 土 才 寸 下 大 丈 与 万 上 小 口 巾 山 千 乞 川 亿 个 勺 久 凡 及 夕 丸 么 广 亡 门 义 之 尸 弓 己 已 子 卫 也 女 飞 刃 习 叉 马 乡

四画

丰 王 井 开 夫 天 无 元 专 云 扎 艺 木 五 支 厅 不 太 犬 区 历 尤 友 匹 车 巨 牙 屯 比 互 切 瓦 止 少 日 中 冈 贝 内 水 见 午 牛 手 毛 气 升 长 仁 什 片 仆 化 仇 币 仍 仅 斤 爪 反 介 父 从 今 凶 分 乏 公 仓 月 氏 勿 欠 风 丹 匀 乌 凤 勾 文 六 方 火 为 斗 忆 订 计 户 认 心 尺 引 丑 巴 孔 队 办 以 允 予 劝 双 书 幻

五画

玉刊示末未击打巧正扑扒功扔去甘世古节本术可丙左厉右
石布龙平灭轧东卡北占业旧帅归且旦目叶甲申叮电号田由
史只央兄叼叫另叨叹四生失禾丘付仗代仙们仪白仔他斥瓜
乎丛令用甩印乐句匆册犯外处冬鸟务包饥主市立闪兰半汁
汇头汉宁穴它讨写让礼训必议讯记永司尼民出辽奶奴加召
皮边发孕圣对台矛纠母幼丝

六画

式刑动扛寺吉扣考托老执巩圾扩扫地扬场耳共芒亚芝朽朴
机权过臣再协西压厌在有百存而页匠夸夺灰达列死成夹轨
邪划迈毕至此贞师尘尖劣光当早吐吓虫曲团同吊吃因吸吗
屿帆岁回岂刚则肉网年朱先丢舌竹迁乔伟传乒乓休伍伏优
伐延件任伤价份华仰仿伙伪自血向似后行舟全会杀合兆企
众爷伞创肌朵杂危旬旨负各名多争色壮冲冰庄庆亦刘齐交
次衣产决充妄闭问闯羊并关米灯州汗污江池汤忙兴宇守宅
字安讲军许论农讽设访寻那迅尽导异孙阵阳收阶阴防奸如
妇好她妈戏羽观欢买红纤级约纪驰巡

七画

寿弄麦形进戒吞远违运扶抚坛技坏扰拒找批扯址走抄坝贡
攻赤折抓扮抢孝均抛投坟抗坑坊抖护壳志扭块声把报却劫
芽花芹芬苍芳严芦劳克苏杆杠杜材村杏极李杨求更束豆两
丽医辰励否还歼来连步坚旱盯呈时吴助县里呆园旷围呀吨
足邮男困吵串员听吩吹呜吧吼别岗帐财针钉告我乱利秃秀
私每兵估体何但伸作伯伶佣低你住位伴身皂佛近彻役返余
希坐谷妥含邻岔肝肚肠龟免狂犹角删条卵岛迎饭饮系言冻
状亩况床库疗应冷这序辛弃冶忘闲间闷判灶灿弟汪沙汽沃
泛沟没沈沉怀忧快完宋宏牢究穷灾良证启评补初社识诉诊
词译君灵即层尿尾迟局改张忌际陆阿陈阻附妙妖妨努忍劲
鸡驱纯纱纳纲驳纵纷纸纹纺驴纽

八画

奉玩环武青责现表规抹拢拔拣担坦押抽拐拖拍者顶拆拥抵
拘势抱垃拉拦拌幸招坡披拨择抬其取苦若茂苹苗英范直茄
茎茅林枝杯柜析板松枪构杰述枕丧或画卧事刺枣雨卖矿码
厕奔奇奋态欧垄妻轰顷转斩轮软到非叔肯齿些虎虏肾贤尚
旺具果味昆国昌畅明易昂典固忠咐呼鸣咏呢岸岩帖罗帜岭
凯败贩购图钓制知垂牧物乖刮秆和季委佳侍供使例版侄侦
侧凭侨佩货依的迫质欣征往爬彼径所舍金命斧爸采受乳贪
念贫肤肺肢肿胀朋股肥服胁周昏鱼兔狐忽狗备饰饱饲变京
享店夜庙府底剂郊废净盲放刻育闸闹郑券卷单炒炊炕炎炉

沫浅法泄河沾泪油泊沿泡注泻泳泥沸波泼泽治怖性怕怜怪
学宝宗定宜审宙官空帘实试郎诗肩房诚衬衫视话诞询该详
建肃录隶居届刷屈弦承孟孤陕降限妹姑姐姓始驾参艰线练
组细驶织终驻驼绍经贯

九画

奏春帮珍玻毒型挂封持项垮挎城挠政赴赵挡挺括拴拾挑指
垫挣挤拼挖按挥挪某甚革荐巷带草茧茶荒茫荡荣故胡南药
标枯柄栋相查柏柳柱柿栏树要咸威歪研砖厘厚砌砍面耐耍
牵残殃轻鸦皆背战点临览竖省削尝是盼眨哄显哑冒映星昨
畏趴胃贵界虹虾蚁思蚂虽品咽骂哗咱响哈咬咳哪炭峡罚贱
贴骨钞钟钢钥钩卸缸拜看矩怎牲选适秒香种秋科重复竿段
便俩贷顺修保促侮俭俗俘信皇泉鬼侵追俊盾待律很须叙剑
逃食盆胆胜胞胖脉勉狭狮独狡狱狠贸怨急饶蚀饺饼弯将奖
哀亭亮度迹庭疮疯疫疤姿亲音帝施闻阀阁差养美姜叛送类
迷前首逆总炼炸炮烂剃洁洪洒浇浊洞测洗活派洽染济洋洲
浑浓津恒恢恰恼恨举觉宣室宫宪突穿窃客冠语扁袄祖神祝
误诱说诵垦退既屋昼费陡眉孩除险院娃姥姨姻娇怒架贺盈
勇怠柔垒绑绒结绕骄绘给络骆绝绞统

十画

耕耗艳泰珠班素蚕顽盏匪捞栽捕振载赶起盐捎捏埋捉捆捐
损都哲逝捡换挽热恐壶挨耻耽恭莲莫荷获晋恶真框桂档桐
株桥桃格校核样根索哥速逗栗配翅辱唇夏础破原套逐烈殊
顾轿较顿毙致柴桌虑监紧党晒眠晓鸭晃晌晕蚊哨哭恩唤啊
唉罢峰圆贼贿钱钳钻铁铃铅缺氧特牺造乘敌秤租积秧秩称
秘透笔笑笋债借值倚倾倒倘俱倡候俯倍倦健臭射躬息徒徐
舰舱般航途拿爹爱颂翁脆脂胸胳脏胶脑狸狼逢留皱饿恋桨
浆衰高席准座脊症病疾疼疲效离唐资凉站剖竞部旁旅畜阅
羞瓶拳粉料益兼烤烘烦烧烛烟递涛浙涝酒涉消浩海涂浴浮
流润浪浸涨烫涌悟悄悔悦害宽家宵宴宾窄容宰案请朗诸读
扇袜袖袍被祥课谁调冤谅谈谊剥恳展剧屑弱陵陶陷陪娱娘
通能难预桑绢绣验继

十一画

球理捧堵描域掩捷排掉堆推掀授教掏掠培接控探据掘职基
著勒黄萌萝菌菜萄菊萍菠营械梦梢梅检梳梯桶救副票戚爽
聋袭盛雪辅辆虚雀堂常匙晨睁眯眼悬野啦晚啄距跃略蛇累
唱患唯崖崭崇圈铜铲银甜梨犁移笨笼笛符第敏做袋悠偿偶
偷您售停偏假得衔盘船斜盒鸽悉欲彩领脚脖脸脱象够猜猪
猎猫猛馅馆凑减毫麻痒痕廊康庸鹿盗章竟商族旋望率着盖
粘粗粒断剪兽清添淋淹渠渐混渔淘液淡深婆梁渗情惜惭悼

惧惕惊惨惯寇寄宿窑密谋谎祸谜逮敢屠弹随蛋隆隐婚婶颈
绩绪续骑绳维绵绸绿

十二画

琴斑替款堪搭塔越趁趋超提堤博揭喜插揪搜煮援裁搁搂搅
握揉斯期欺联散惹葬葛董葡敬葱落朝辜葵棒棋植森椅椒棵
棍棉棚棕惠惑逼厨厦硬确雁殖裂雄暂雅辈悲紫辉敞赏掌晴
暑最量喷晶喇遇喊景践跌跑遗蛙蛛蜓喝喂喘喉幅帽赌赔黑
铸铺链销锁锄锅锈锋锐短智毯鹅剩稍程稀税筐等筑策筛筒
答筋筝傲傅牌堡集焦傍储奥街惩御循艇舒番释禽腊脾腔鲁
猾猴然馋装蛮就痛童阔善羡普粪尊道曾焰港湖渣湿温渴滑
湾渡游滋溉愤慌惰愧愉慨割寒富窜窝窗遍裕裤裙谢谣谦属
屡强粥疏隔隙絮嫂登缎缓编骗缘

十三画

瑞魂肆摄摸填搏塌鼓摆携搬摇搞塘摊蒜勤鹊蓝墓幕蓬蓄蒙
蒸献禁楚想槐榆楼概赖酬感碍碑碎碰碗碌雷零雾雹输督龄
鉴睛睡睬鄙愚暖盟歇暗照跨跳跪路跟遣蛾蜂嗓置罪罩错锡
锣锤锦键锯矮辞稠愁筹签简毁舅鼠催傻像躲微愈遥腰腥腹
腾腿触解酱痰廉新韵意粮数煎塑慈煤煌满漠源滤滥滔溪溜
滚滨粱滩慎誉塞谨福群殿辟障嫌嫁叠缝缠

十四画

静碧璃墙撇嘉摧截誓境摘摔聚蔽慕暮蔑模榴榜榨歌遭酷酿
酸磁愿需弊裳颗嗽蜻蜡蝇蜘赚锹锻舞稳算箩管僚鼻魄貌膜
膊膀鲜疑馒裹敲豪膏遮腐瘦辣竭端旗精歉熄熔漆漂漫滴演
漏慢寨赛察蜜谱嫩翠熊凳骡缩

十五画

慧撕撒趣趟撑播撞撤增聪鞋蕉蔬横槽樱橡飘醋醉震霉瞒题
暴瞎影踢踏踩踪蝶蝴嘱墨镇靠稻黎稿稼箱箭篇僵躺僻德艘
膝膛熟摩颜毅糊遵潜潮懂额慰劈

十六画

操燕薯薪薄颠橘整融醒餐嘴蹄器赠默镜赞篮邀衡膨雕磨凝
辨辩糖糕燃澡激懒壁避缴

十七画

戴擦鞠藏霜霞瞧蹈螺穗繁辫赢糟糠燥臂翼骤

十八画

鞭覆蹦镰翻鹰

十九画

警攀蹲颤瓣爆疆

二十画

壤耀躁嚼嚷籍魔灌

二十一画

蠢 霸 露

二十二画

囊

二十三画

罐

《现代汉语常用字表》——次常用字（1000 字）

笔画顺序表

二画

匕 刁

四画

丐 歹 戈 夭 仑 讥 冗 邓

五画

艾 夯 凸 卢 叭 叽 皿 凹 囚 矢 乍 尔 冯 玄

六画

邦 迂 邢 芋 芍 吏 夷 吁 吕 吆 屹 廷 迄 臼 仲 伦 伊 肋 旭 匈 凫 妆 亥 汛 讳 讶 讹 讼 诀 弛 阱 驮 驯 纫

七画

玖 玛 韧 抠 扼 汞 扳 抡 坎 坞 抑 拟 抒 芙 芜 苇 芥 芯 芭 杖 杉 巫 杈 甫 匣 轩 卤 肖 吱 吠 呕 呐 吟 呛 吻 吭 邑 囤 吮 岖 牡 佑 佃 伺 囱 肛 肘 甸 狈 鸠 彤 灸 刨 庇 吝 庐 闰 兑 灼 沐 沛 汰 沥 沦 汹 沧 沪 忱 诅 诈 罕 屁 坠 妓 姊 妒 纬

八画

玫 卦 坷 坯 拓 坪 坤 拄 拧 拂 拙 拇 拗 茉 昔 苛 苫 苟 苞 茁 苔 枉 枢 枚 枫 杭 郁 矾 奈 奄 殴 歧 卓 昙 哎 咕 呵 咙 呻 咒 咆 咖 帕 账 贬 贮 氛 秉 岳 侠 侥 侣 侈 卑 刽 刹 肴 觅 忿 瓮 肮 肪 狞 庞 疟 疙 疚 卒 氓 炬 沽 沮 泣 泞 泌 沼 怔 怯 宠 宛 衩 祈 诡 帚 屉 弧 弥 陋 陌 函 姆 虱 叁 绅 驹 绊 绎

九画

契 贰 玷 玲 珊 拭 拷 拱 挟 垢 垛 拯 荆 茸 茬 荚 茵 茴 荞 荠 荤 荧 荔 栈 柑 栅 柠 枷 勃 柬 砂 泵 砚 鸥 轴 韭 虐 昧 盹 咧 昵 昭 盅 勋 哆 咪 哟 幽 钙 钝 钠 钦 钧 钮 毡 氢 秕 俏 俄 俐 侯 徊 衍 胚 胧 胎 狰 饵 峦 奕 咨 飒 闺 闽 籽 娄 烁 炫 洼 柒 涎 洛 恃 恍 恬 恤 宦 诫 诬 祠 诲 屏 屎 逊 陨 姚 娜 蚤 骇

十画

耘 耙 秦 匿 埂 捂 捍 袁 捌 挫 挚 捣 捅 埃 耿 聂 荸 莽 莱 莉 莹 莺 梆 栖 桦 栓 桅 桩 贾 酌 砸 砰 砾 殉 逞 哮 唠 哺 剔 蚌 蚜 畔 蚣 蚪 蚓 哩 圃 鸯 唁 哼 唆 峭 唧 峻 赂 赃 钾 铆 氨 秫 笆 俺 赁 倔 殷 耸 舀 豺 豹 颁 胯 胰 脐 脓 逛 卿 鸵 鸳 馁 凌 凄 衷 郭 斋 疹 紊 瓷 羔 烙 浦 涡 涣 涤 涧 涕 涩 悍 悯 窍 诺 诽 袒 谆 祟 恕 娩 骏

十一画

琐 麸 琉 琅 措 捺 捶 赦 埠 捻 掐 掂 掖 掷 掸 掺 勘 聊 娶 菱 菲 萎 菩 萤 乾
萧 萨 菇 彬 梗 梧 梭 曹 酝 酗 厢 硅 硕 奢 盔 匾 颅 彪 眶 晤 曼 晦 冕 啡 畦
趾 啃 蛆 蚯 蛉 蛀 唬 啰 唾 啤 啥 啸 崎 逻 崔 崩 婴 赊 铐 铛 铝 铡 铣 铭 矫
秸 秽 笙 笤 偎 傀 躯 兜 衅 徘 徙 舶 舷 舵 敛 翎 脯 逸 凰 猖 祭 烹 庶 庵 痊
阎 阐 眷 焊 焕 鸿 涯 淑 淌 淮 淆 渊 淫 淳 淤 淀 涮 涵 惦 悴 惋 寂 窒 谍 谐
裆 袱 祷 谒 谓 谚 尉 堕 隅 婉 颇 绰 绷 综 绽 缀 巢

十二画

琳 琢 琼 揍 堰 揩 揽 揖 彭 揣 搀 搓 壹 搔 葫 募 蒋 蒂 韩 棱 椰 焚 椎 棺 榔
椭 粟 棘 酣 酥 硝 硫 颊 雳 翘 凿 棠 晰 鼎 喳 遏 晾 畴 跋 跛 蛔 蜒 蛤 鹃 喻
啼 喧 嵌 赋 赎 赐 锉 锌 甥 掰 氮 氯 黍 筏 牍 粤 逾 腌 腋 腕 猩 猬 惫 敦 痘
痢 痪 竣 翔 奠 遂 焙 滞 湘 渤 渺 溃 溅 湃 愕 惶 寓 窖 窘 雇 谤 犀 隘 媒 媚
婿 缅 缆 缔 缕 骚

十三画

瑟 鹉 瑰 搪 聘 斟 靴 靶 蓖 蒿 蒲 蓉 楔 椿 楷 榄 楞 楣 酪 碘 硼 碉 辐 辑 频
睹 睦 瞄 嗜 嗦 暇 畸 跷 跺 蜈 蜗 蜕 蛹 嗅 嗡 嗤 署 蜀 幌 锚 锥 锨 锭 锰 稚
颓 筷 魁 衙 腻 腮 腺 鹏 肄 猿 颖 煞 雏 馍 馏 禀 痹 廓 痴 靖 誊 漓 溢 溯 溶
滓 溺 寞 窥 窟 寝 褂 裸 谬 媳 嫉 缚 缤 剿

十四画

赘 熬 赫 蔫 摹 蔓 蔗 蔼 熙 蔚 兢 榛 榕 酵 碟 碴 碱 碳 辕 辖 雌 墅 嘁 踊 蝉
嘀 幔 镀 舔 熏 箍 箕 箫 舆 僧 孵 瘩 瘟 彰 粹 漱 漩 漾 慷 寡 寥 谭 褐 褪 隧
缨

十五画

撵 撩 撮 撬 擒 墩 撰 鞍 蕊 蕴 樊 樟 橄 敷 豌 醇 磕 磅 碾 憋 嘶 嘲 嘹 蝠 蝎
蝌 蝗 蝙 嘿 幢 镊 镐 稽 篓 膘 鲤 鲫 褒 瘪 瘤 瘫 凛 澎 潭 潦 澳 潘 澈 澜 澄
憔 懊 憎 翩 褥 谴 鹤 憨 履 嬉 豫 缭

十六画

撼 擂 擅 蕾 薛 薇 擎 翰 噩 橱 橙 瓢 蟥 霍 霎 辙 冀 踱 蹂 蟆 螃 螟 噪 鹦 黔
穆 篡 篷 篙 篱 儒 膳 鲸 瘾 瘸 糙 燎 濒 憾 懈 窿 缰

十七画

壕 藐 檬 檐 檩 檀 礁 磷 瞭 瞬 瞳 瞪 曙 蹋 蟋 蟀 嚎 赡 镣 魏 簇 儡 徽 爵 朦
臊 鳄 糜 癌 懦 豁 臀

十八画

藕 藤 瞻 嚣 鳍 癞 瀑 襟 璧 戳

十九画

攒 孽 蘑 藻 鳖 蹭 蹬 簸 簿 蟹 靡 癣 羹

二十画

鬓 攘 蠕 巍 鳞 糯 譬

二十一画

霹 躏 髓

二十二画

蘸 镶 瓤

二十四画

矗

【写的能力练习一】

请做下列选择题。

(1) 下列词语中有错别字的一项是（　　）。

A. 覆盖 倒塌 凄婉 厮守　　B. 私塾 喧嚣 蜜饯 暴竹

C. 渺茫 省悟 诓骗 脊梁　　D. 驯鸽 苛求 龟裂 粗糙

(2) 下列词语中有两个错别字的一项是（　　）。

A. 警策 梗阻 棘手 睿智　　B. 精萃 瘪三 驰聘 檄文

C. 横亘 矗立 凝脂 蹩脚　　D. 质感 祈祷 游弋 羞涩

(3) 下列词语中有两个错别字的一项是（　　）。

A. 绿茵茵 黑魆魆 阴凄凄　　B. 胖墩墩 白皑皑 沉甸甸

C. 深遂 巍峨 笑靥 剽悍　　D. 悲怆 漂逸 淘冶 勉励

(4) 下列词语中有错别字的一项是（　　）。

A. 敬慕 慰藉 婉蜒 亵渎　　B. 胚胎 袪邪 濡染 噗嗤

C. 婀娜 哽咽 纷纭 嘻戏　　D. 否泰 彷徨 恬然 灵犀

(5) 下列词语中有三个错别字的一项是（　　）。

A. 蜉蝣 狼籍 芳磬 斑斓　　B. 魁武 嚣张 媲美 修茸

C. 纨绔 簇拥 杜撰 溺爱　　D. 迤逦 玷辱 尴尬 彤云

(6) 下列词语中有错别字的一项是（　　）。

A. 搭赸 瘐毙 丛冢 攫取　　B. 偏袒 寂廖 怪诞 惬意

C. 蹊跷 黯淡 咆哮 譬如　　D. 罪愆 谛听 窥伺 滂滂

(7) 下列词语中有错别字的一项是（　　）。

A. 浏览 隔阂 蓦然 阑珊　　B. 歉恭 沉吟 帷幕 束缚

C. 浩瀚 上溯 寥落 桀傲　　D. 黯然 噩耗 菲薄 喋血

(8) 下列词语中，错别字最多的一组是（　　）。

A. 舆论 浑名 煊赫 精辟 掣肘　　B. 箴言 决择 宫阕 收讫 媒界

C. 辍学 峻工 善长 病征 冒然　　D. 干炼 谙习 孪生 缅怀 颐养

(9) 下列词语中有错别字的一项是（　　）。

A. 旖旎 接踵而至 萌生 徘徊　　B. 翘首企盼 矫捷 脍炙人口 曼延

C. 淤泥 兴致勃勃 流逝 赋予　　D. 时移事迁 抗御 大快人意 呈现

(10) 下列词语中有两个错别字的一项是（　　）。

A. 悬念 翘盼 浑浑噩噩 凌驾　　B. 恶劣 洪伟 提纲挈领 遮蔽

C. 渲泻 判断 功亏一篑 发掘　　D. 奇迹 冷飕飕 永垂不朽 雄赳赳

【写的能力练习二】

请将下列成语补全。

高瞻远____　略见一____　万事____通　功亏一____　推心____腹　唇枪舌____

饮____止渴　破____沉舟　变本加____　草____人命　____揉造作　责无旁____

飞扬跋____　____名钓誉　委____求全　共商国____　运筹帷____　流言____语

杯盘狼____　不知所____　仗义____言　为虎作____　____疾忌医　买____还珠

和____悦色　好高____远　礼____往来　相辅相____　信口开____　张____失措

久负____名　惩前____后　____隐之心　墨守____规　怨天____人　乌烟____气

金碧辉____　分道扬____　雷____风行　如愿以____　因地____宜　____高气扬

胜____在握　发人深____　哗众取____　浮想联____　并行不____　____竹难书

望风披____　惹____生非　提心____胆　重蹈____辙　再接再____　当____不让

一____莫展　巧夺天____　不骄不____　苦心孤____　____精图治　谈笑风____

既往不____　无的放____　言简意____　良____不齐　百折不____　____柔寡断

自____自弃　一____不振　口____心非　____往开来　衣衫褴____　明____秋毫

肆无忌____　兴高____烈　毋____讳言　举一____三　戒骄戒____　中流____柱

先发____人　陈词____调　幅____辽阔　____然一体　____私枉法　金榜____名

妄自____薄　阴谋____计　义不容____　走____无路　甘____下风　明____是非

____炙人口　自____不凡　世外桃____　销声____迹　原形____露　____化变质

获益____浅　____轻怕重　坐收____利　____然一新

【考核标准】

选择题正确率 60% 以上的合格，80% 以上的优秀。成语填写正确率 60 以上的合格，80% 以上的优秀。

教师根据不同难度，随机抽取《现代汉语常用字表》中的 50 个常用字、20 个次常用字进行测试，学生会读、会写、会用（组词造句）60% 以上的合格，80% 以上的优秀。

（二）常见病句类型分析

从五年制高职生的写作练习中可以看出，能用准确、流畅的语言表达自己心中所想的同学并不多见。这种语言表达基本功较差的常见现象是：一篇几百字的习作中就有许多病句，少则三五句，多则八九句，甚至多半篇的文字都“句不达意”，从而严重影响全篇的表达。造成这种现象的原因很多，无需在此赘述，重新加强语言表达基本功的训练乃当务之急。

常见病句类型：

1. 语序不当

（1）定语次序不当：

病：王老师是一位很有趣的有 20 多年教学经验的北信学院的数学教师。

正：王老师是（北信学院的一位有 20 多年教学经验的很有趣的数学）教师。

提示：领属 + 数量 + 修饰语 + 属性 + 中心词

（2）状语次序不当：

病：在教室里同学们昨天都叽叽喳喳地与她吵个不可开交。

正：[昨天在教室里]，同学们 [都叽叽喳喳地与她] 吵个 <不可开交>。

提示：时间 + 地点 + （,）范围 + 情态 + 对象 + 中心词

（3）主客体次序不当：

病：成龙这个名字对许多中国人都很熟悉。

正：许多中国人对成龙这个名字都很熟悉。

（4）词序不当：

病：材料和观点的关系，是统帅和被统帅的关系。

正：观点和材料的关系，是统帅和被统帅的关系。

2. 搭配不当

（1）主谓搭配不当：

病：这优美的音色，一直在人们的耳畔回响着。

正：这优美的乐音（歌声、声音等），一直在人们的耳畔回响着。

（2）动宾搭配不当：

病：我们应该努力端正学习态度和方法。

正：我们应该努力端正学习态度和改进学习方法。

（3）主宾搭配不当：

病：天山的夏天简直就是一个美丽的大花园。

正：夏天的天山简直就是一个美丽的大花园。

（4）定中搭配不当：

病：蜜蜂每酿造一斤蜜，大约要采集 50 万朵的花粉。

正：蜜蜂每酿造一斤蜜，大约要采集 50 万朵花的花粉。

（5）状中搭配不当：

病：勇敢的战士们顽强地打击了敌人。

正：勇敢的战士们狠狠地打击了敌人。

（6）中（动）补搭配不当：

病：他把作业写得很细致、工整。

正：他把作业写得很工整。

（7）关联词搭配不当：

病：无论学习上有多少困难，但是他克服了。

正：无论学习上有多少困难，都被他克服了。

3. 成分残缺

（1）主语残缺：

病：通过老师的解释，使我懂得了学好语文的重要性。

正：老师的解释，使我懂得了学好语文的重要性。

（2）谓语残缺：

病：我们正在为把 2008 年奥运会办成最出色的奥运会。

正：我们正在为把 2008 年奥运会办成最出色的奥运会而奋斗。

（3）宾语残缺：

病：学习委员肩负着配合老师完成教学任务，组织同学学好各门功课，并组织好课外活动小组。

正：学习委员肩负着配合老师完成教学任务，组织同学学好各门功课，并组织好课外活动小组的责任。

4. 成分赘余

（1）主语多余：

病：他尽管身体不好，但是他从未缺过课。

正：他尽管身体不好，但是从未缺过课。

（2）谓语多余：

病：节日期间，百货大楼里人山人海，人头攒动，摩肩接踵。

正：节日期间，百货大楼里人头攒动，摩肩接踵。

（3）宾语多余：

病：我们在校门口热烈欢迎国际友人的到来。

正：我们在校门口热烈欢迎国际友人。

（4）定语多余：

病：这是一种可以促进人体健康的健康食品。

正：这是一种可以促进人体健康的食品。

（5）状语多余：

病：同学们从心里由衷地佩服居里夫人。

正：同学们从心里佩服居里夫人。/ 同学们由衷地佩服居里夫人。

（6）补语多余：

病：他患感冒的次数比从前略微少了一些。

正：他患感冒的次数比从前少了一些。/ 他患感冒的次数比从前略微少了。

（7）虚词多余：

病：村南的那片杏树林，早被人们所砍光了。

正：村南的那片杏树林，早被人们砍光了。

5. 结构混乱（句式杂糅）

病：你一定要努力学好英语课和计算机课不可。（一定要……/非……不可杂糅）

正：你一定要努力学好英语课和计算机课。/ 你非学好英语课和计算机课不可！

病：我们一班的人员主要成分是由办公班、营销班和软件班的同学组合而成的。

正：我们一班的人员主要是由办公班、营销班和软件班的同学组合而成的。/ 我们一班的人员主要成分是办公班、营销班和软件班的同学。

6. 表意不明（歧义）

（1）多义歧义：

病：躺了一会儿，他想起来了。

正：躺了一会儿，他想起床了。/ 躺了一会儿，他回想起来了。

（2）多音歧义：

病：这个人好说话。

正：这个人爱说话。/ 这个人好商量。

（3）指代歧义：

病：王老师的弟弟和他的爱人合写了一部小说——《到底是谁的爱人》。

正：王老师的弟弟和王老师的爱人合写了一部小说——《到底是谁的爱人》。/ 王老师的弟弟和王老师弟弟的爱人合写了一部小说——《到底是谁的爱人》。

（4）管辖范围歧义：

病：那里有三个师范学院的学生。

正：那里有师范学院的三个学生。/那里有三所师范学院的学生。

病：干部和职工的代表出席了会议。

正：干部代表和职工代表出席了会议。/全体干部及职工代表出席了会议。

7. 不合逻辑

（1）偷换概念：

病：既然现在都提倡保护野生动物，那么，田鼠也是野生动物，难道田鼠也应该保护吗？

正：前一个“野生动物”与后一个“野生动物”其内涵与外延均有所不同，不能用来表达同一个意思。如此表达则为偷换概念，通常用于诡辩，非正常、正确的表达。

（2）自相矛盾：

病：我们基本上消灭了全部敌人。

正：我们基本上消灭了敌人。/ 我们消灭了全部敌人。

（3）判断错误：

病：只要有病，就一定要吃药。

正：如果生了病，还是吃药比较好。

（4）概念关系错误：

病：北京市和西城区的中小学生都增强了环保意识。

正：北京市的中小学生都增强了环保意识。/ 北京市特别是西城区的中小学生都增强了环保意识。

病：初中生、高中生、三好生，全都行动起来了。

正：初中生和高中生全都行动起来了。

（5）否定不当：

病：你能否取得事业的成功，关键在于要有远大的理想和艰苦奋斗的精神。

正：你能否取得事业的成功，关键在于你有没有远大的理想和艰苦奋斗的精神。

8. 数量词使用不当

病：他们厂的产量增加了两倍，成本减少了一倍。

正：他们厂的产量增加了两倍，成本减少了 50%（或降低了 5 成）。

病：这种传染病的治愈率由 70% 增加了 90%。

正：这种传染病的治愈率由 70% 增加到 90%。

【写的能力练习】

请做下列病句分析练习题。

(1) 下列句子没有语病的一句是（　　）。

A. 全班同学把教室打扫得干干净净

B. 这里的景色对我来说，非常熟悉，并且能一一说出它的佳处来

C. 在老师的帮助下，使我的学习成绩提高很快

D. 今天，谁也不能否认地球不是围绕太阳运行的

(2) 下列句子没有语病的一句是（　　）。

A. 世界上第一次对子午线测量的是在我国唐代天文学家僧一行的倡议和领导下进行的

B. 倡议和领导世界上第一次测量子午线的是我国唐代天文学家僧一行

C. 世界上第一次测量子午线的是我国唐代天文学家僧一行倡议和领导下进行的

D. 倡议和领导世界上第一次测量子午线的工作是我国唐代天文学家僧一行

(3) 下列句子没有语病的一句是（　　）。

A. 从中国人民认识到再也不能错过历史机遇之日起，就开始了新的长征

B. 学习语文不能仅凭小聪明，一定要下苦功不可

C. 不远处有片树林，那是我练习打太极拳的地方

D. 在退休者中，有许多继续为四化建设贡献余热的专家学者

(4) 下列句子没有语病的一句是（　　）。

A. 一位农民向国家捐献了一枚古代玉佛珠，具有很高的工艺美术价值

B. 一位农民为国家捐献了一枚古代玉佛珠，它具有很高的工艺美术价值

C. 一位农民向国家捐献的一枚古代玉佛珠，具有很高的工艺美术价值

D. 一位农民向国家捐献了一枚古代玉佛珠，其工艺美术价值很高

(5) 下列句子没有语病的一句是（　　）。

A. “国际博物馆日”这天，组织了免费参观自然博物馆的活动

B. 练武术和学舞蹈的动作要领有点截然不同

C. 沉浸在幸福中的人，往往会觉得时间过得太快

D. 少年儿童佩戴的绿色胸卡，是环保活动的志愿者

(6) 下列句子没有语病的一句是（　　）。

A. 用“光尺”测量几十公里长的距离，误差比人的头发还细几倍

B. 如何防备展览会的贵重展品免遭盗窃，这是西方国家深感头痛的问题

C. 故宫博物院新近展出了一批两千多年前新出土的文物

D. 张老师退休了，但他无时无刻不在牵挂着那些孩子们

(7) 下列句子没有语病的一句是（　　）。

A. 这个人谁都不认识

B. 他看不上刘德华演的电影

C. 天色晚了，自行车没修好，修车的急坏了

D. 请打针的在注射室外等候

(8) 下列句子没有语病的一句是（　　）。

A. 这种全封闭的“蚕豆”式自行车，最高时速可达75.6公里/小时

B. 这种全封闭的“蚕豆”式自行车，最高时速为75.6公里以上

C. 这种全封闭的“蚕豆”式自行车，最高速度为75.6公里/小时

D. 这种全封闭的“蚕豆”式自行车，最高时速约为75.6公里

(9) 下列句子没有语病的一句是（　　）。

A. 同学们来信反映的情况，基本上是完全正确的

B. 学习是否努力，是我们取得优良成绩的关键

C. 秀丽的湖山与丰厚的文化，陶冶了一代又一代的杰出人物

D. 今年，我国将收回澳门的主权，结束在我国领土上最后的殖民主义痕迹

(10) 下列句子没有语病的一句是（　　）。

A. 现在可不比父亲那个时候，人要强干，才能生存

B. 教我们的李老师，每周一要到教师进修学院去上课

C. 王小刚的弟弟和王小刚的爱人要去上海进修法语

D. 我上山砍了3个月的柴

(11) 下列句子没有语病的一句是（　　）。

A. 他生长在偏僻的山区，因而从小就对农民有深厚的感情

B. 她告诉我，近几年来，她时时刻刻不忘搜集日本鬼子在南京大屠杀中的犯罪证据

C. 对社会深刻的观察，使他的批判往往独抒新见

D. 批评和自我批评是有效的改正错误提高思想水平的方法

(12) 下列句子没有语病的一句是（　　）。

A. 今年春节期间，这个城市的210辆消防车、3000多名消防官兵，放弃休假，始终坚守在各自执勤的岗位上

B. 教师应尽可能说标准的普通话，虽然不能完全像电台的广播员

C. 这学期期末考试，他五门功课平均都在90分以上

D. 为了防止这类交通事故不再发生，我们加强了交通安全的教育和管理

(13) 下列句子没有语病的一句是（　　）。

A. 在老师和同学们的帮助下，使我很快有了进步

B. 在冰雪覆盖的南极，我国建立了观测研究中心

C. 你们不怕困难，勇往直前，今后希望你们继续努力，不断前进

D. 在这几年中，她无时无刻不忘收集、整理民间故事与民歌

(14) 下列句子没有语病的一句是（　　）。

A. 县里的通知说，让赵乡长本月15日前去汇报

B. 睡眠三忌：一忌睡前不可恼怒，二忌睡前不可饱食，三忌卧处不可当风

C. 文件对经济领域中的一些问题，从理论上和政策上作了详细的规定和深刻的说明

D. 一个好的比喻，或为形似，或为神似，或为形神兼似，总是离不开相似这一根本特点

(15) 下列句子没有语病的一句是（　　）。

A. 只要尊重科学，养成良好的卫生习惯，就可以有效地预防不被SARS病毒感染

B. 软刀子是无形的，然而却比钢刀更凶猛，受害也更深

C. 但必须看到，反腐败斗争和党风廉政建设要贯穿于改革开放和现代化建设的全过程，是一项长期而艰巨的任务

D. 公交汽车总公司为了提高服务质量，征求了许多顾客广泛的意见

【考核标准】

病句分析解题正确率60%以上的，合格，80%以上的，优秀。

（三）标点符号的应用

中华人民共和国国家标准标点符号用法

（国家技术监督局1995年12月13日发布，1996年6月1日施行）

1　范围

本标准规定了标点符号的名称、形式和用法。本标准对汉语书写规范有重要的辅助作用。

本标准适用于汉语书面语。外语界和科技界也可参考使用。

2　定义

本标准采用下列定义。

句子 sentence

前后都有停顿，并带有一定的句调，表示相对完整意义的语言单位。

陈述句 declarative sentence

用来说明事实的句子。

祈使句 imperative sentence

用来要求听话人做某件事情的句子。

疑问句 interrogative sentence

用来提出问题的句子。

感叹句 exclamatory sentence

用来抒发某种强烈感情的句子。

复句、分句 complex sentence，clause

意思上有密切联系的小句子组织在一起构成一个大句子。这样的大句子叫复句、复句中的每个小句子叫分句。

词语 expression

词和短语（词组）。词，即最小的能独立运用的语言单位。短语，即由两个或两个以上的词按一定的语法规则组成的表达一定意义的语言单位，也叫词组。

3　基本规则

3.1　标点符号是辅助文字记录语言的符号，是书面语的有机组成部分，用来表示停顿、语气以及词语的性质和作用。

3.2　常用的标点符号有16种，分点号和标号两大类。

点号的作用在于点断，主要表示说话时的停顿和语气。点号又分为句末点号和句内点号。句末点号用在句末，有句号、问号、叹号3种，表示句末的停顿，同时表示句子的语气。句内点号用在句内，有逗号、顿号、分号、冒号4种，表示句内的各种不同性质的停顿。

标号的作用在于标明，主要标明语句的性质和作用。常用的标号有9种，即：引号、括

号、破折号、省略号、着重号、连接号、间隔号、书名号和专名号。

4　用法说明

4.1　句号

4.1.1　句号的形式为“。”。句号还有一种形式，即一个小圆点“.”，一般在科技文献中使用。

4.1.2　陈述句末尾的停顿，用句号。例如：

a）北京是中华人民共和国的首都。

b）虚心使人进步，骄傲使人落后。

c）亚洲地域广阔，跨寒、温、热三带，又因各地地形和距离海洋远近不同，气候复杂多样。

4.1.3　语气舒缓的祈使句末尾，也用句号。例如：

请您稍等一下。

4.2　问号

4.2.1　问号的形式为“?”。

4.2.2　疑问句末尾的停顿，用问号。例如：

a）你见过金丝猴吗?

b）他叫什么名字?

c）去好呢，还是不去好?

4.2.3　反问句的末尾，也用问号。例如：

a）难道你还不了解我吗?

b）你怎么能这么说呢?

4.3　叹号

4.3.1　叹号的形式为“!”。

4.3.2　感叹句末尾的停顿，用叹号。例如：

a）为祖国的繁荣昌盛而奋斗!

b）我多么想看看他老人家呀!

4.3.3　语气强烈的祈使句末尾，也用叹号。例如：

a）你给我出去!

b）停止射击!

4.3.4　语气强烈的反问句末尾，也用叹号。例如：

我哪里比得上他呀!

4.4　逗号

4.4.1　逗号的形式为“,”。

4.4.2　句子内部主语与谓语之间如需停顿，用逗号。例如：

我们看得见的星星，绝大多数是恒星。

4.4.3　句子内部动词与宾语之间如需停顿，用逗号。例如：

应该看到，科学需要一个人贡献出毕生的精力。

4.4.4　句子内部状语后边如需停顿，用逗号。例如：

对于这个城市，他并不陌生。

4.4.5　复句内各分句之间的停顿，除了有时要用分号外，都要用逗号。例如：

据说苏州园林有一百多处，我到过的不过十多处。

4.5　顿号

4.5.1　顿号的形式为“、”。

4.5.2　句子内部并列词语之间的停顿，用顿号。例如：

a）亚马孙河、尼罗河、密西西比河和长江是世界四大河流。

b）正方形是四边相等、四角均为直角的四边形。

4.6　分号

4.6.1　分号的形式为“；”。

4.6.2　复句内部并列分句之间的停顿，用分号。例如：

a）语言，人们用来抒情达意；文字，人们用来记言记事。

b）在长江上游，瞿塘峡像一道闸门，峡口险阻；巫峡像一条迂回曲折的画廊，每一曲，每一折，都像一幅绝好的风景画，神奇而秀美；西陵峡水势险恶，处处是急流，处处是险滩。

4.6.3　非并列关系（如转折关系、因果关系等）的多重复句，第一层的前后两部分之间，也用分号。例如：

我国年满十八周岁的公民，不分民族、种族、性别、职业、家庭出身、宗教信仰、教育程度、财产状况、居住期限，都有选举权和被选举权；但是依照法律被剥夺政治权利的人除外。

4.6.4　分行列举的各项之间，也可以用分号。例如：

中华人民共和国的行政区域划分如下：

（一）全国分为省、自治区、直辖市；

（二）省、自治区分为自治州、县、自治县、市；

（三）县、自治县分为乡、民族乡、镇。

4.7　冒号

4.7.1　冒号的形式为“：”。

4.7.2　用在称呼语后边，表示提起下文。例如：

同志们，朋友们：现在开会了。……

4.7.3　用在“说、想、是、证明、宣布、指出、透露、例如、如下”等词语后边，表示提起下文。例如：

他十分惊讶地说：“啊，原来是你！”

4.7.4　用在总说性话语的后边，表示引起下文的分说。例如：

北京紫禁城有四座城门：午门、神武门、东华门和西华门。

4.7.5　用在需要解释的词语后边，表示引出解释或说明。例如：

外文图书展销会

日期：10 月 20 日至 11 月 10 日

时间：上午 8 时至下午 4 时

地点：北京朝阳区工体东路 16 号

主办单位：中国图书进出口总公司

4.7.6 总括性话语的前边，也可以用冒号，以总结上文。例如：

张华考上了北京大学，在化学系学习；李萍进了中等技术学校，读机械制造专业；我在百货公司当售货员：我们都有光明的前途。

4.8 引号

4.8.1 引号的形式为双引号““””和单引号“‘’”。

4.8.2 行文中直接引用的话，用引号标示。例如：

a）爱因斯坦说：“想象力比知识更重要，因为知识是有限的，而想象力概括着世界上的一切，推动着进步，并且是知识进化的源泉。”

b）“满招损，谦受益”这句格言，流传到今天至少有两千年了。

c）现代画家徐悲鸿笔下的马，正如有的评论家所说的那样，“神形兼备，充满生机”。

4.8.3 需要着重论述的对象，用引号标示。例如：

古人对于写文章有个基本要求，叫做“有物有序”。“有物”就是要有内容，“有序”就是要有条理。

4.8.4 具有特殊含意的词语，也用引号标示。例如：

a）从山脚向上望，只见火把排成许多“之”字形，一直连到天上，跟星光接起来，分不出是火把还是星星。

b）这样的“聪明人”还是少一点好。

4.8.5 引号里面还要用引号时，外面一层用双引号，里面一层用单引号。例如：

他站起来问：“老师，‘有条不紊’的‘紊’是什么意思?”

4.9 括号

4.9.1 括号常用的形式是圆括号“( )”。此外还有方括号“[ ]”、六角括号“〔〕”和方头括号“【】”。

4.9.2 行文中注释性的文字，用括号标示。注释句子里某些词语的，括注紧贴在被注释词语之后；注释整个句子的，括注放在句末标点之后。例如：

a）中国猿人（全名为“中国猿人北京种”，或简称“北京人”）在我国的发现，是对古人类学的一个重大贡献。

b）写研究性文章跟文学创作不同，不能摊开稿纸搞“即兴”。(其实文学创作也要有素养才能有“即兴”)

4.10 破折号

4.10.1 破折号的形式为“——”。

4.10.2 行文中解释说明的语句，用破折号标示。例如；

a）迈进金黄色的大门，穿过宽阔的风门厅和衣帽厅，就到了大会堂建筑的枢纽部分——中央大厅。

b）为了全国人民——当然也包括自己在内——的幸福，我们每一个人都要兢兢业业，努力工作。

4.10.3 话题突然转变，用破折号标示。例如：

“今天好热啊！——你什么时候去上海?”张强对刚刚进门的小王说。

4.10.4 声音延长，象声词后用破折号。例如：

“呜——”火车开动了。

4.10.5 事项列举分承，各项之前用破折号。例如：

根据研究对象的不同，环境物理学分为以下五个分支学科：

——环境声学；

——环境光学；

——环境热学；

——环境电磁学；

——环境空气动力学。

4.11 省略号

4.11.1 省略号的形式为“……”，六个小圆点，占两个字的位置。如果是整段文章或诗行的省略，可以使用十二个小圆点来表示。

4.11.2 引文的省略，用省略号标示。例如：

她轻轻地哼起了《摇篮曲》：“月儿明，风儿静，树叶儿遮窗棂啊……”

4.11.3 列举的省略，用省略号标示。例如：

在广州的花市上，牡丹、吊钟、水仙、梅花、菊花、山茶、墨兰……春秋冬三季的鲜花都挤在一起啦！

4.11.4 说话断断续续，可以用省略号标示。例如：

“我……对不起……大家，我……没有……完成……任务。”

4.12 着重号

4.12.1 着重号的形式为“.”。

4.12.2 要求读者特别注意的字、词、句，用着重号标示。例如：

事业是干出来的，不是吹出来的。

4.13 连接号

4.13.1 连接号的形式为“—”，占一个字的位置。连接号还有另外三种形式，即长横“——”（占两个字的长度）、半字线“-”（占半个字的长度）和浪纹“~”（占一个字的长度）。

4.13.2 两个相关的名词构成一个意义单位，中间用连接号。例如：

a）我国秦岭—淮河以北地区属于温带季风气候区，夏季高温多雨，冬季寒冷干燥。

b）复方氯化钠注射液，也称任-洛二氏溶液（Ringer-locke solution），用于医疗和哺乳动物生理学实验。

4.13.3 相关的时间、地点或数目之间用连接号，表示起止。例如：

a）鲁迅（1881—1936）中国现代伟大的文学家、思想家和革命家。原名周树人，字豫才，浙江绍兴人。

b）“北京——广州”直达快车。

c）梨园乡种植的巨峰葡萄今年已经进入了丰产期，亩产1000~1500公斤。

4.13.4 相关的字母、阿拉伯数字等之间，用连接号，表示产品型号。例如：

在太平洋地区，除了已建成投入使用的HAW-4和TPC-3海底光缆之外，又有TPC-4海底光缆投入运营。

4.13.5 几个相关的项目表示递进式发展，中间用连接号。例如：

人类的发展可以分为古猿—猿人—古人—新人这四个阶段。

4.14　间隔号

4.14.1　间隔号的形式为“·”。

4.14.2　外国人和某些少数民族人名内各部分的分界，用间隔号标示。例如：

列奥纳多·达·芬奇

爱新觉罗·努尔哈赤

4.14.3　书名与篇（章、卷）名之间的分界，用间隔号标示。例如：

《中国大百科全书·物理学》

《三国志·蜀志·诸葛亮传》

4.15　书名号

4.15.1　书名号的形式为双书名号“《》”和单书名号“〈〉”。

4.15.2　书名、篇名、报纸名、刊物名等，用书名号标示。例如：

a）《红楼梦》的作者是曹雪芹。

b）你读过鲁迅的《孔乙己》吗？

c）他的文章在《人民日报》上发表了。

d）桌上放着一本《中国语文》。

4.15.3　书名号里边还要用书名号时，外面一层用双书名号，里边一层用单书名号。例如：

《〈中国工人〉发刊词》发表于1940年2月7日。

4.16　专名号

4.16.1　专名号的形式为“______”。

4.16.2　人名、地名、朝代名等专名下面，用专名号标示。例如：

司马相如者，汉蜀郡成都人也，字长卿。

4.16.3　专名号只用在古籍或某些文史著作里面。为了跟专名号配合，这类著作里的书名号可以用浪线“﹏﹏”。例如：

屈原放逐，乃赋离骚，左丘失明，厥有国语。

5　标点符号的位置

5.1　句号、问号、叹号、逗号、顿号、分号和冒号一般占一个字的位置，居左偏下，不出现在一行之首。

5.2　引号、括号、书名号的前一半不出现在一行之末，后一半不出现在一行之首。

5.3　破折号和省略号都占两个字的位置，中间不能断开。连接号和间隔号一般占一个字的位置。这四种符号上下居中。

5.4　着重号、专名号和浪线式书名号标在字的下边，可以随字移行。

6　直行文稿与横行文稿使用标点符号的不同

6.1　句号、问号、叹号、逗号、顿号、分号和冒号放在字下偏右。

6.2　破折号、省略号、连接号和间隔号放在字下居中。

6.3　引号改用双引号“『』”和单引号“「」”。

6.4　着重号标在字的右侧，专名号和浪线式书名号标在字的左侧。

【写的能力练习】

请做下列标点符号练习题。

(1) 下列句子中，标点符号使用有误的一项是（　　）。

A. 敢于这样做的人，难道不是一个英雄吗？

B. “如何教育好他呢？”王老师几天来一直在思考这一问题。

C. 只有一张电影票，是你去？还是我去？

D. 小明说：“妈妈说，她今天下班后带我们去看电影。”

(2) 下列句子中，标点符号使用有误的一项是（　　）。

A. 敢于这样做的人，难道不是一个英雄吗！

B. “如何教育好他呢？”王老师几天来一直在思考这一问题。

C. 白杨树实在是不平凡，我赞美白杨树！

D. 周朴园：她还在？不会吧？我看见她河边上的衣服，里面有她的绝命书。

(3) 下列句中，标点符号使用不正确的一项是（　　）。

A. 鲁迅先生有两句诗：“横眉冷对千夫指，俯首甘为孺子牛。”

B. “庄稼”指的是小麦，荞麦，谷子，高粱等。

C. 马走在花海中，显得格外矫健；人浮在花海上，也显得格外精神。

D. 是不是只有生物界有这种情形呢？不！一切事物都有复杂性，多样性。

(4) 下列句子中标点符号使用没有错误的一项是（　　）。

A. 你去打听一下，电影放映队来了没有？

B. 上哪儿找考试题呀，你？

C. 这次实验是否正确？是值得论证的。

D. 是他脑子笨呢？还是太不用心？

(5) 指出下列句子中标点符号使用不当的一项（　　）。

A. “妈妈我考上了，祝贺我啊！”

B. 这是多么平静的一个原野。

C. “你看住金子！……拿来放在我面前！”

D. 我哪儿比得上她呀？

(6) 下列句子中，标点使用正确的一句是（　　）。

A. 村长说：“这里原来是一片荒野，走出四五十里地也见不着一个人。”

B. 这件好事是不是你们班班长干的？等我们了解清楚之后再给你们答复。

C. 刘老师说：“古人说：‘少壮不努力，老大徒伤悲。’同学们一定要珍惜时光，努力学习”。

D. 面对激烈的商业竞争，应该怎样提高服务的质量？是我们今天要谈论的问题。

(7) 下列四句话中，问号用得正确的一句是（　　）。

A. 你走，我不拦你，家里怎么办？

B. 这个周末，我们是去郊游呢？还是去健身房？

C. 请你问问他住在哪里？

D. 我们怎样开放、搞活？这是一个十分重要的问题。

(8) 下列四句话中，标点使用不正确的一项是（　　）。

A. 应该懂得："一个人的良好素质是需要天天培养的。"

B. 当面不说，背后乱说；开会不说，会后乱说。

C. 我想：希望本无所谓有也无所谓无的。

D. "我……对不起……大家，我……没有……完成……任务。"

(9) 下面句子中，标点使用正确的一句是（ ）。

A. 她一生共得了十项奖金，十六种奖章，一百零七个名誉头衔，特别是两次诺贝尔奖。

B. 机遇、友情、成功、团圆等等……它们都酷似幸福，但它们并不等同于幸福。

C. 党八股的第四条罪状是，语言无味，像个瘪三。

D. 韩愈在月夜里听见贾岛吟诗，有"鸟宿池边树，僧推月下门"两句，劝他把"推"字改成"敲"字。

(10) 下列句中，标点符号使用正确的一项是（ ）。

A. 老师当堂布置了《春天的脚步》的作文题。

B. "这个……"她想了一想说，"是的，他今天一早就去了。"

C. 我在读书时，时常会联想到唐朝诗人贾岛的诗句："只在此山中，云深不知处。"

D. 他看到街上挂着有关《全国第八届中国山水画展》的横幅。

【考核标准】

标点符号练习题正确率60%以上的，合格，80%以上的，优秀。

（四）修辞常识

1. 比喻

比喻就是打比方，是利用本质不同的事物的相似点，以一事物描绘另一事物。比喻可使说理浅显易懂，可使叙事化抽象为具体，更清楚明白，可使状物形象生动，印象深刻。

比喻有三种——"明喻甲像乙，暗喻甲是乙；见乙不见甲，借喻略本体。"（甲——本体；乙——喻体）

(1) 明喻（甲像乙）：

例：这世道就像一杆秤，不会总摆不平。（冯骥才《神鞭》）

例：这初秋之夜如一袭藕荷色的纱衫，飘起淡淡的哀愁。（何其芳《秋海棠》）

注意：除了"像"、"好像"、"好似"、"如"、"如同"、"仿佛"之类的喻词，还有"……一样"、"……一般"、"……似的"等。

例：小女孩儿那花儿一般的小圆脸儿，煞是可爱。=小圆脸儿像花儿

例：丧家狗似的美国兵跑得比兔子还快。=美国兵像丧家狗

(2) 暗喻（甲是乙）：

例：认识美的本能是上帝给我们进天堂的一把秘钥。（徐志摩）

例：他简直就是一头死拧死拧的犟牛。

例：生活是一杯酒，饱含着人生的酸甜苦辣。

例：天地之间有杆秤，那秤砣是老百姓。

注意：除了"是"之外，还有"变成"、"形成"、"成为"、"等于"等喻词。

例：长时间紧张单调的计算机操作，都快把他这个人变成计算机了。

例：半天工夫，宝宝就把我的写字台变成了垃圾场。

例：得到这份工作，就等于抱个大金娃娃。

（3）借喻（见乙不见甲，无“像”、“是”类喻词）：

例：在求职的道路上，一不留神，就会掉进陷阱。

例：他觉得天上总会掉个大馅饼的，所以老去买彩票。

例：燕雀安知鸿鹄之志哉？

另外，用多个喻体去说明和描述一个本体的称之为“博喻”。

例：人的一生像金，要刚正，人格须挺立；人的一生像木，……人的一生像水……像火……像土。

例：一个是琅苑仙葩，一个是美玉无瑕，一个是水中月，一个是镜中花……

2. 借代

借代是用与人或事物有关的东西来代替人或事物。借代的作用是可以简代繁、以实代虚、以奇代凡，特征突出，形象鲜明。

例：不怕让你的上级知道了，摘走你的乌纱帽？（部分代整体）

例：“大胡子”直眉瞪眼地进来了。（部分代整体）

例：人民浴血奋战赢得的胜利，又将为血泊所淹没。（具体代抽象）

例：黄浦江汽笛声声，霓虹灯夜夜闪烁，西装革履与黄袍马褂摩肩接踵，四方土语与欧语交相斑驳，你来我往，此胜彼败……（部分代整体）

注意：借代和借喻有时不大好区分，借代是代而不喻，不能改为比喻。

例：“大胡子”直眉瞪眼地进来了。不能改为：像大胡子的某人直眉瞪眼地进来。

例：人民浴血奋战赢得的胜利，又将为血泊所淹没。不能改为：像血泊一样的战争。

借喻是喻中有代，可以改为明喻或暗喻——对比前面相同的例句。

例：在求职的道路上，一不留神，就会掉进像陷阱一样的招聘骗局。（明喻）

例：他总觉得会像天上掉个大馅饼似的发意外之财，所以老去买彩票。（明喻）

例：那些目光短浅的人像小燕雀；怎知像翱翔万里的鸿鹄一样的我的志向呢？（明喻）

3. 比拟

比拟是把物当人或把人当物来描述，或把甲物当乙物来描述，强调“拟”——模拟动作、思维、情感等，大多运用动词。比拟的作用可使语言生动、形象、活泼、富于变化，能充分抒发感情。比拟分为两种，一种是拟人，一种是拟物。

（1）拟人：

例：海睡熟了。大小的岛屿拥抱着，偎依着，也静静地朦胧地进入了梦乡。

例：所有的英文字母全在我脑子里跳疯狂的舞蹈。

例：九月的热浪隔着门帘和厚厚的墙壁顽强地挤了进来。

（2）拟物：

例：三月的微风舔舐着我的脸颊，弄得我浑身痒酥酥的。（拟猫狗）

例：踏上岛便感到四周充满威胁，每道石缝都在咬牙切齿，晶亮的口涎滴嗒着。（拟猛兽）

4. 夸张

夸张的手法简单说来就是故意言过其实。运用夸张手法可深刻、生动地揭示事物本质，增强语言感染力，给人以深刻印象。夸张可分为三种：扩大夸张，缩小夸张，超前夸张。

（1）扩大夸张：

例：母亲已经哭得再哭不出声，几天间老了几十岁。

例：不过几个小时，他却觉得仿佛过了几个世纪。

例：趁着年轻，我一口气赶了四十里山路，回到老家。

例：白发三千丈，缘愁似个长。

（2）缩小夸张：

例：他的心眼儿比那针尖儿还小呢！

例：走出国门，才发现原来看到的只是巴掌大的一块天。

（3）超前夸张：

例：看着这漫天飘舞的雪花，大家已经看到了来年的好收成。

例：还没见面呢，他就先在心里把花轿准备好了。

5. 对偶

对偶也叫对联，包括起句和对句两个部分。这两个部分字数相等，意义相关，结构相同或相似。对偶有严对和宽对的区别。严对除了字数相等，意义相关，词性相对之外，还要求结构相同，平仄和谐。宽对则相对比较宽松，字数相等，词性、结构大致相对即可。运用对偶手法可使语言整齐匀称，富于韵律，内容凝练，便于吟诵。

（1）严对：

例：无边落木萧萧下，不尽长江滚滚来。（杜甫）

例：疏影横斜水清浅，暗香浮动月黄昏。（林逋）

例：梅须逊雪三分白，雪却输梅一段香。（梅尧臣）

例：闲静时如娇花照水，行动处似弱柳扶风。心较比干多一窍，病如西子胜三分。（曹雪芹）

例：横眉冷对千夫指，俯首甘为孺子牛。（鲁迅）

（2）宽对：

四面江山来眼底，万家忧乐到心头。

板凳要坐十年冷，文章不写一句空。

虚心使人进步，骄傲使人落后。

辛苦我一个，幸福千万家。

6. 双关

双关是借助语音或语义的联系，同时表达两种意思，言在此而意在彼。运用双关手法可使语言含蓄、幽默，能加深语意，给人深刻印象。双关有谐音双关和语义双关两种。

（1）谐音双关：

例：吴天宝说："我又不是盐店掌柜的，谁当咸人？"（说的是当闲人）

例：我失骄杨君失柳，杨柳青飏直上重霄九。（毛泽东《答李淑一》，"杨柳"谐音杨开慧、柳直荀二烈士的姓氏）

例：杨柳青青江水平，闻郎江上踏歌声。东边日出西边雨，道是无晴却有晴。（刘禹锡《竹枝词》，“晴”谐音“情”）

例：老虎拉车——谁赶（敢）？

例：窗户眼吹喇叭——鸣（名）声在外。

（2）语义双关：

例：夜正长，路也正长，我不如忘却，不说的好吧。（鲁迅《为了忘却的纪念》，“夜”——国民党统治的黑暗，“路”——革命的道路）

例：“我以为他们已经护送你出城了呢，没想到你现在还站在这十字街口！”（姚雪垠《李自成》，“十字街口”——犹豫不定，不知走哪一条路）

例：他们没想到包马脚的麻袋片全烂掉在路上，露出了他们的马脚。（曲波《林海雪原》，“露出……马脚”——暴露踪迹）

7. 排比

排比是用一组（三个以上）结构相似、句式相同的语句，表达相关的内容。排比的作用是加强语势，强调内容；可使说理充分透彻，抒情充沛浓烈，写人细致生动。

例：白天，我被求生的本能所驱使，我谄媚，我讨好，我妒忌，我要各式各样的小聪明。（张贤亮《绿化树》）

例：她需要防范，需要警觉，需要佯装不知地刺探，需要不动声色地窥视。

例：我爱动，爱看动的事物，爱活泼的人，爱水，爱空中的飞鸟，爱车窗外掣过的田野山水。（徐志摩《自剖》）

8. 设问

设问是故意先提出问题，然后自问自答。运用设问手法可引起读者注意，启发思考，设置悬念。

例：什么叫自律？自律就是自己管束自己的行为。

例：语文真的很难吗？我看不是。

例：读书是件苦差事吗？不见得，要看是谁，有很多人乐在其中！

9. 反问（或反诘）

反问是为了加强语气，用疑问来表示确定。通常否定表肯定，肯定表否定。运用反问手法可加强语气，使表达更强烈，感染读者。

例：谁能思不歌？谁能饥不食？（否表肯）

例：不劳动，连株花也养不活，这难道不是真理吗？（否表肯）

例：你说，这比山还高，比海还深的情谊，我们怎么会忘记？（肯表否）

例：不刻苦学习，怎么可能拥有充实快乐的生活？（肯表否）

10. 对比

对比是把两种不同的事物或者同一事物的两个方面，放在一起相互比较。运用对比，必须对所要表达的事物的矛盾本质有深刻的认识。对比的两种事物或同一事物的两个方面，应该有互相对立的关系，否则就不能构成对比。运用对比手法，能把好与坏、善与恶、美与丑、对与错等的对立揭示出来，给人以深刻的印象和启示。

例：有的人活着，他已经死了；有的人死了，他还活着。

例：朱门酒肉臭，路有冻死骨。

例：对人是马克思主义，对己是自由主义。

★修辞的综合运用

例：高粱好似一队队的“红领巾”，悄悄地把周围的道路观察。（比喻、借代、拟人）

例：天上的云姿态万千，变化无常，有的像羽毛，有的像鱼鳞，有的像羊群，有的像雄师，还有的像奔马，像河川……（比喻、排比）

例：考试将在酷暑中举行，祖国的花骨朵儿们又要被“烤”几天了。（借喻、双关）

例：这些揭示人类生命奥妙的串串符号是空谷幽兰，荒原杜鹃，老林中的人参，冰山上的雪莲，泰山绝顶的灵芝，戈壁荒滩的牡丹。（暗喻、排比、对偶）

例：你从雪山走来，春潮是你的风采；你向东海奔去，惊涛是你的气概。（拟人、暗喻、对偶）

【写的能力练习】

请做下列修辞练习题。

（1）含有比喻和比拟两种修辞方法，并且使用都恰当的一句是（　　）。

A. 车在奔驰，风在欢笑，将要成熟的晚稻像片片彩霞落在辽阔的大地上

B. 雄伟庄严的天安门经历了千万次战斗的风雨，带着亿万人民胜利的豪情，傲然屹立

C. 当代艺术界、体育界、卫生界的不少女性，都有许多辉煌的成就，岂止不让须眉，还多占几分春色

D. 在那夜阑人静屋暖花香的氛围里，她的话正如打开闸门的潮水，快活地向外奔

（2）根据对偶的要求，下列四个诗句的下句，依次应为（　　）。

时挑野菜和根煮，________________。（杜荀鹤《山中寡妇》）

但愿暂成人缱绻，________________。（朱淑真《元夜》）

细水浮花归别涧，________________。（元好问《淮右》）

沧海月明珠有泪，________________。（李商隐《锦瑟》）

①蓝田日暖玉生烟　②断云含雨入孤村　③旋斫生柴带叶烧　④不妨常任月朦胧

A. ②①③④　　B. ③①②④　　C. ②④①③　　D. ③④②①

（3）选出修辞手法运用不同的一项（　　）。

A. 站同山肩的月亮，将她银色的轻纱掷给大海做一件睡衣

B. 诗人的感情的浪花要与人民喜怒哀乐的感情的潮水汇合

C. 蓝空里的星星，仿佛怕冷似的，不安地眨着眼睛

D. 敌人对我们的狂吠，无损于我们的一根毫毛

（4）下面是表现某种生活观的句子，请从修辞手法的角度找出不同的一项（　　）。

A. 风风雨雨过日子，炎炎凉凉看世态

B. 朱门酒肉臭，路有冻死骨

C. 文学似海乐无边，官爵如花荣有限

D. 宁为八方苦水“流浪鱼”，不作一棵树上“吊死鬼”

（5）下列句子修辞手法运用不恰当的一项是（　　）。

A. 图书馆是书籍的宝库，那里贮藏着无数的人类智慧的结晶

B. 蚂蚁身躯虽小，但力量很大，一只蚂蚁可搬动一粒米，一群蚂蚁不就可以翻江倒海了吗

C. 那翠绿的叶片，那满树的繁花，给我这小小的书房带来了一室的春光，一室的清香，一室的暖意

D. 盛开的藤萝只是深深浅浅的紫，仿佛在流动，在欢笑，彼此推着挤着，好不热闹

(6) 下面句中的修辞方法运用不恰当的一项是（　　）。

A. 她那红润的脸蛋犹如盛开的梨花

B. 南京的“金城”摩托车在广交会上赫然登场

C. 阅览室里安静得连针掉到地上的声音都能听见

D. 谁会欢迎脱离实际的空头理论家呢

(7) 对下列句子所使用的修辞方法及其意义分析理解正确的一项是（　　）。

A. 想起它（纺车），就像想起旅伴，想起战友，心里充满着深切的怀念。
——运用比喻，抒发作者对延安纺车深厚真挚的感情

B. 你们是早晨初升的太阳，希望寄托在你们身上。
——运用拟人，抒发老一辈无产阶级革命家对朝气蓬勃的青年一代寄予厚望

C. 奋斗，是改变现实的杠杆，是亿万人民共攀现代化高峰的坚实阶梯。
——运用排比，使抽象的概念和道理变得更加严谨

D. 你就是调尽五颜六色，又怎能画出祖国的面貌呢？
——运用夸张，意在表明多调一些颜色，祖国的面貌是可以画出来的

(8) 下面句子中没有运用比喻修辞的一项是（　　）。

A. 他病好以后，像过去一样，天天练长跑

B. 胡须很打眼，好像浓墨写的隶体“一”字

C. 少年时代的生活，恰似流光溢彩的画页，也似一曲跳跃着欢快音符的乐章

D. 细雨烟似的被秋风扭着卷着，不分方向地乱飞

(9) 下列句子没有运用修辞手法的一句是（　　）。

A. 十月革命的隆隆炮声，给中国送来了马克思列宁主义这一先进理论

B. 这种埋头做事不动脑筋的人简直是——说得不客气一点——跟牛马一样

C. 回想起来，那只哨子给我带来的悔恨远远超过了给我的快乐

D. 马克思主义是我们认识和改造世界的强大思想武器，是指导中国革命、建设和改革的指南

(10) 下面没用比拟手法的句子是（　　）。

A. 烟囱发出呜呜的声响，犹如在黑夜中哽咽

B. 被暴风雨压弯了的花草儿伸着懒腰，宛如刚从睡梦中苏醒

C. 远处传来阵阵的脚步声，那是母亲下夜班回来了

D. 偎依在花瓣、绿叶上的水珠，金光闪闪，如同珍珠闪烁着光华

(11) 修辞归类正确的一项是（　　）。

① 在我们脚下，波浪轻吻着岩石。

② 得道多助，失道寡助。

③ 穷困像秋天的阴雨蒙蒙。

④ 对人是马克思主义，对己是自由主义。

A. ①②/③/④　　B. ①/②④/③

C. ①③/②④　　D. ①/②③/④

(12) 能与“四面云山来眼底”构成对偶的一句是（　　）。

A. 千树万树梨花开　　B. 万紫千红总是春

C. 万家忧乐在心头　　D. 千锤万凿出深山

(13) 古都南京，历史名城。南朝旧事、明代余韵、民国风雨，都在这座古城留下了深深的印痕，浸染出浓浓的意蕴。玄武湖舒展，鸡鸣寺空灵，秦淮河的桨声灯影，夫子庙的热闹繁华，无不让人流连忘返。不少地名还可组成比较工整又非常有趣的对子。例如：

石头城　对　燕子矶

朝天宫　对　阅江楼

凤凰台　对　麒麟门

请从“无想寺”、“状元楼”、“白马湖”三个地名中，选出最恰当的分别填在下面的横线上。

乌龙潭 对__________

莫愁湖 对__________

总统府 对__________

(14) 与“终岁不闻丝竹声”一句中运用的修辞手法相同的一项是（　　）。

A. 在荣誉、利益、艰苦、危险、责任、义务等面前，上前一步或退后一步，往往是检验人的思想品格的试金石

B. 泉声咽危石，日色冷青松

C. “你教的‘子曰诗云’么?”他惊奇地问

D. 残星几点雁横塞，长笛一声人倚楼

(15) 对下列句子运用的修辞手法，判断无误的一组是（　　）。

(1) 墙上芦苇，头重脚轻根底浅；山间竹笋，嘴尖皮厚腹中空。

(2) 闭塞眼睛捉麻雀。

(3) 对于共产党员来说，个人地位，只是“大海中之一滴”罢了。

(4) 他的头脑就像一艘停在军港里升火待发的军舰，准备一接到通知就开向任何思想的海洋。

A. (1) 对偶、比拟　(2) 比喻　(3) 引用、比喻　(4) 比喻

B. (1) 对偶、讽刺　(2) 比喻　(3) 引用、夸张　(4) 比喻

C. (1) 夸张、比喻　(2) 比喻　(3) 引用、比喻　(4) 夸张

D. (1) 对偶、夸张　(2) 夸张　(3) 引用、比喻　(4) 象征

(16) 对画线部分的修辞方法判断正确的一项是（　　）。

实现四化是一场史无前例的大进军，是一次重大的社会变革。我们要像英雄那样，心里装着大棋盘，一切行动听从党的召唤，当好一兵一卒。

A. 明喻，因为句中有比喻词“像”

B. 夸张，因为实际上心里装不下“大棋盘”

C. 借代，因为“大棋盘”是用来指代实现四化这一大局的

D. 借喻，因为“大棋盘”是用来比喻实现四化这一大局的

17. 从下列各句中的“红”来看，使用了相同修辞手法的一组是（　　）。

A. ①日出江花红胜火，春来江水绿如蓝。
②问花花不语，乱红飞过秋千去。

B. ①看万山红遍，层林尽染。
②不恨此花飞尽，恨西园落红难缀。

C. ①蜘蛛也惜春归去，网着残红不放飞。
②落红不是无情物，化作春泥更护花。

D. ①今年花胜去年红，可惜明年花更好，知与谁同？
②惜春常怕花开早，何况落红无数。

(18) 下列诗句中，不是对偶句的一项是（　　）。

A. 旦辞爷娘去，暮宿黄河边

B. 野径云俱黑，江船火独明

C. 浮云游子意，落日故人情

D. 乱花渐欲迷人眼，浅草才能没马蹄

(19) 下边是一首七言律诗，括号处应填入的最恰当的一句是（　　）。

江风送月海门东，人到江心月正中。
（　　　　），一船鸡犬欲腾空。
帆如云气吹将灭，灯近银河色不红。
如此宵征信奇绝，三更三点水晶宫。

A. 半帆风雨宜织锦　　B. 千年[illegible]竹老不死

C. 半树佛花香易散　　D. 万里鱼龙争照影

(20) 以“梨花院落溶溶月”为出句，下面能与它构成对偶句的一项是（　　）。

A. 柳絮池塘淡淡风　　B. 榆荚临窗片片雪

C. 带水芙蕖点点雨　　D. 丁香初绽悠悠云

【考核方法】

修辞练习题正确率60%以上的合格，80%以上的优秀。